U0902650

欧博工厂案例 1

曾伟　曾子豪◎著

生产计划管控对话录

中华工商联合出版社

图书在版编目（CIP）数据

生产计划管控对话录/曾伟，曾子豪著．—北京：中华工商联合出版社，2014.4
（欧博工厂案例；1）
ISBN 978-7-5158-0908-3
Ⅰ.①生…　Ⅱ.①曾…　②曾…　Ⅲ.①工业企业管理—生产管理—案例　Ⅳ.①F406.2

中国版本图书馆 CIP 数据核字（2014）第 061056 号

欧博工厂案例 1：生产计划管控对话录

作　　者：曾　伟　曾子豪
责任编辑：于建廷　效慧辉
责任审读：郭敬梅
封面设计：久品轩设计
责任印制：迈致红
出版发行：中华工商联合出版社有限责任公司
印　　刷：三河市文阁印刷厂
版　　次：2014 年 6 月第 1 版
印　　次：2014 年 6 月第 1 次印刷
开　　本：787×1092 毫米　1/16
字　　数：320 千字
印　　张：20
书　　号：ISBN 978-7-5158-0908-3
定　　价：56.00 元

服务热线：010-58301130
团购热线：010-58302813
地址邮编：北京市西城区西环广场 A 座
19-20 层，100044
http：//www.chgslcbs.cn
E-mail：cicap1202@sina.com（营销中心）
E-mail：gslzbs@sina.com（总编室）

博瑞森图书：企业视角　本土实践

亲爱的读者朋友：

也许您是博瑞森图书的老读者，也许是新朋友，欢迎您阅读博瑞森图书！

当今中国，各行各业都存在着转型升级的压力与机遇。博瑞森图书与您一同应对转型挑战并发现其带来的机遇。

我们一直在问：什么样的书能为您解决管理难题并带来启发？

我们一直在找：哪些作品最能帮助企业从跟随到领先？

我们一直在做：把最好的作品以最便捷的方式呈现给您，纸质版、电子版、听读版、书摘邮件、微信……

我们策划图书的原则是：

- 企业视角——与您一样，做水中的游泳者，而非岸上的观众或教练，企业的困惑就是我们的任务。
- 本土实践——与您一样，立足本土环境，追求卓越实践，传播最适合当下中国企业的管理之道。

针对部分读者朋友提出的“道理都懂了，但还是不知道怎么做？”2014 年，我们将推出“作者见面会”，内容涉及营销、管理、生产、HR 等诸多领域。让来自实战一线的专家作者现场指点、传授。

如果有一天，您把博瑞森图书视为您优秀的事业伙伴、管理助手，我们也就实现了自己的梦想。

博瑞森图书

010－51900529

bookgood@126. com

凡购买本书的读者，都将免费获赠本书精华电子版、同类图书推荐，发送短信“4052”和您的电子邮箱至 13611149991 即可获赠。

前言

这套案例（共23个）代表着一套完整的工厂管理模式，是作者从广东欧博企业管理研究所（以下简称欧博）团队驻厂辅导十二年所做的上千个案例中提取出来的精华。其中有思想、有方法、有动作、有工具、有表单、有方案、有系统、有细节，是作者带领几百人的研究团队与几万名企业管理人员，投入上亿元资金，精心辅导四百多家工厂形成的管理研究成果，可称为当前中国企业研究最具规模、最具深度、最见实效的一次伟大的管理实践！

对工厂各部门的管理者而言，在“行”的层面，此套案例是难得而有效地解决问题的模板；在“知”的层面，则是工厂老板和高管认识工厂、理解管理的思维工具。它让大家对工厂管理的很多核心问题，如人的执行力问题、效率低下问题、交货不及时问题、品质不稳定问题、采购物料不及时问题、材料损耗严重问题、员工积极性问题、人难留难管问题等都能有一个明明白白的答案，并且能从我们对这23个案例实施过程的详细描述中，找到切实有效的方案和动作，以及拿来就能用的表单、制度、文件、流程。

这套案例共分三大部分（三册）：

第一大部分（第一册）为生产计划管控模块，共八个案例。针对的企业问题是：

- ERP系统数据不准，计划无法真正指导生产。
- 很多工厂的生产过程极不稳定，从接订单到采购物料、生产加工、出货，可以说整个过程都异常频发。对于异常频发的工厂，我们无法根据理论计算来安排生产计划、管理生产过程，怎么办？

这八个案例从滚动计划、备料排查、采购管控、快速清尾、分段控制等多个方面展示了一套专门针对异常频发的工厂的生产管控模式。

第二大部分（第二册）为品质、技术、效率管理模块，共十个案例。

前五个品质管控案例针对的问题是：

企业产品品质问题层出不穷，客户投诉不断。企业内部设立了品质管控部门，每天也召开品质改善会议，实施品质管控动作，但问题依旧。久而久之，企业内会产生一种企业问题是“行业难题”的情况，仿佛企业的问题都是些高深的技术问题，非一般人能解决，大家在问题面前止步不前。

这五个案例从目标设定、组织保障、责任到人、动作细化、频繁检查和每日激励六个非常简单的管理动作入手，让大家看到真正改善企业的产品品质，不需要多么高深的知识和技术，只需要现场对老员工和基层管理者进行调动和约束。

中间两个技术管理案例针对的问题是：

- 技术人员经常以技术工作充满灵感和创意为理由而排斥企业管理。
- 技术人员会以自己的技能为资本挑战公司权威。
- 技术工作较难进行工作任务的细化、时间分段和进度跟进，难以进行以天为单位的考核。

这两个案例从技术部门的流程规范到技术人员的工作细分、任务的时间分段、每日考核等方面，让大家看到技术部门和技术人员照样需要管理，而且技术管理带来的效益绝不少于技术创新带来的效益。

后三个案例针对的问题是：

- 现场管理混乱，车间半成品堆积。
- 工效达标率低，拉线不平衡问题严重，企业没有统筹改善的部门和人员。
- 有的企业有统筹改善的部门和人员，但这些人不下现场、不去改善，其职能职责流于形式。
- 员工操作随意性大，大量浪费无人关注。

这三个案例从现场频繁调整、制定数据标准、随时觉知偏差等动作入手，让大家看到提升效率其实非常简单，重要的是你要随时随地去观察、去调整。

第三大部分（第三册）为人员管控模块，共五个案例。

前三个薪酬改革与绩效考核案例针对的问题是：

- 公司薪酬体系不合理，很难留住老员工，员工流失率居高不下；或者老员工混日子，新员工没有积极性。
- 很多企业也有绩效考核，但主观评分的比重大，很难客观评估每个人的工作绩效，导致员工一考就跑，要么就变成变相调工资。
- 有的企业的绩效考核搞得像模像样，但数据不真实，最终，企业不肯兑现承诺，员工情绪很大。
- 绩效考核指标定得太多或太高，员工根本达不到，最终，考核流产。

这三个案例从生产运作流程的理顺、岗位职责的动作规范、指标的逐步完善等方面，让大家看到有效的考核是帮人而非控人的思想。

后两个执行力提升的案例针对的问题是：

- 企业管理人员朝夕相处，“凡事过得去就行”的现象随处可见，相互究责意识淡薄。

- 口头文化严重，随意承诺盛行，检查机制缺失。

这两个案例从横向问责机制的建立及稽核机制的建立入手，让大家看到反复检查和相互究责的力量，更让大家明白企业的管理重在发挥每个员工的管理作用。

要相信：执行是检查出来的，执行率比执行力有用得多。

这套案例采取一人讲述、一人点评的方式，互动探讨使案例展示的过程、细节更加生动和深刻。

欧博的曾子豪副总经理担任此套案例的讲述工作。他长期负责欧博企业管理研究所的项目管理工作，可以说，每个案例的细节策划和跟进调整，他都参与其中，他的讲述将使你身临其境。

本人作为欧博的创始人及领导者，主持了所有案例项目的策划管理工作。在本人的意识中，所有案例都在陈述一件事：工厂有巨大的潜力可挖，工厂的人有巨大的潜力可挖，但他们因为不自信及产生错觉而一直低效甚至无效地工作。

欧博经过十二年几百家企业上千个案例的经历证明：只要我们转变观念，一步一步脚踏实地地改变自己、改变做法，我们的工厂、我们自己都会得到巨大的回报。相信我！这是真的！

我们不需太多的知识和技能，只需要改变，而且是很细小的改变。一直改下去，奇迹就会发生！

非常感谢许兆锋、赵贵忠、张应春、吴永和、王建华、陈阳左、甘国轩、陈生、陆永满、衡阳、刘应佑、刘红军、付继清、陈宋云、曾明、毛万会、田科学、罗正纯等人的辛苦付出，他们是这些案例的执行人、实操者，向他们致敬！

中国的管理学界应该记住一群普通人的名字：徐军、陈志国、贺绍德、邱顺华、谭炳炎、黄一平、王雁秋、洪光波、杜斌、段兰勇、冯景宏、唐海雄、梁冬春、邓辉龙、李永强、邹意中、张勇、陈湘君、蔡炎军、李军辉、赖东海、孙亚军、毛阳涛、钟顺达……他们与前面那些战友一道，都同属于欧博团队。他们的工作都是为了同一个目标：为中国大量的普通工厂找到一个属于自己的管理模式！

一个制造业大国一定有属于自己的、可以复制的工厂管理模式！这是欧博人坚定的信念，他们为此而工作、而生活、而痛苦、而快乐、而永恒！

曾伟

2014 年 3 月 12 日于广州

目录

案例一 ZG 公司如何提高订单准交率与生产效率

案例二 SS 公司如何通过物料排查提高生产效率

案例三　LD 公司如何通过实物备料提升效率

案例四　FZ 公司如何提升采购准交率

案例五　OB 公司如何管控来料的品质

案例六 CY 公司如何控制外发、缩短生产周期

案例七 BJH 公司如何通过 PMC 运作提高订单准交率

案例八 YS 公司如何通过“分段控制法”提升效率

案例一

ZG 公司如何提高订单准交率与生产效率

ZG家具有限公司创建于1995年，是一家集研发、生产、销售、服务为一体的现代办公家具、酒店家具的制造型企业，主要产品有实木班台系列、会议台系列、职员桌系列、屏风系列、沙发系列、办公座椅和酒店家具系列。旗下拥有柳州总部、象州分部两个生产基地，占地总面积达172000平方米，基地员工近1200人，年生产总值近3亿元。

（曾副总）：2013年2月26日，欧博项目组进驻这家企业，3月21日召开管理变革誓师大会，项目正式进入实施阶段。图1－1是ZG公司的产品图片。

图1－1　ZG公司的产品图片

一、进驻前，ZG公司的四大问题现状

：进驻ZG公司后，经现场初步调研及与管理人员访谈，发现公司有以下四个主要问题。

（一）问题 1：车间半成品堆积，产品无标识

：通过现场调研和访谈管理人员，发现的第一个问题就是整个车间半成品堆积，产品无标识（如图 1－2 所示）。大家不要认为这是仓库，其实这是车间。

图 1－2　车间堆积的半成品

3 月 2 日，在进行调研的时候，欧博项目组的老师在开料车间看到一些半成品，询问班组长，才知道原来 2 月 24 日就已经开好物料，这些半成品已在开料车间放了整整 7 天。说实话，大部分的工厂都会遇到这种情况。

（曾教授）：曾副总，ZG 公司有这么多半成品堆积在车间，究竟说明了什么问题呢？

：说明工厂半成品的流动性，以及最后的配套性非常差。家具企业的产品往往由很多部件构成，各部件最终要进行组装。如果半成品大量积压，那就证明最后组装的配套性非常差，半产品不能及时组装好，就大量堆积在车间了。

：配套性差的原因又是什么呢？

：因为计划性非常差。例如，一个产品，正常来说，最后各个部件到组装生产的时间应该是同步的，但因为计划性差，不知道各部件什么时候完成。只有等到组装生产的时候，才发现这个产品少侧板，那个产品少背板，这样就没有

办法组装。

：这家企业有PMC（计划部门），既然有计划部门，那为什么它的生产计划性还那么差呢？

：应该说这家企业很了解欧博，在2011年的时候就接触了欧博，了解了我们的很多动作。所以，在2011年的时候它就已经成立了计划部门（PMC）。但是成立计划部，并不代表计划就能真正得到落实。

从后面的案例讲解中，大家可以看到计划部只是发挥了传递订单的作用。也就是销售部门接到订单并发给PMC，PMC根据订单要求时间，把订单转化成内部生产通知单，确定产品的出货时间，然后发给车间。具体每一道工序，什么时候生产这种产品、生产哪一个部件、生产多少，计划部门都不管，这些都由车间自主安排。

：也就是PMC只是一个形式，对车间没有发挥很好的管控作用，生产由车间自己说了算，从而造成产品的配套性差、流动性差，造成半成品到处堆积。

（二）问题2：车间现场看板未更新

：欧博项目组的老师在前期调研时发现的第二个问题就是现场看板没有及时更新。图1－3是他们的现场看板图片，图左边下方写着12月27日，表明看板上的内容都是12月27日填写的。实际上，欧博项目组的老师下车间的时间是3月1日，也就是说，这张看板已经有两个多月没有更新了。

：明明有看板，而且也要求填写，为什么就没有及时更新呢？

：那时候欧博项目组的老师也就这个问题问过车间班组长和车间主管，他们觉得填看板没有太大的作用，而且自己一天到晚有很多事情，哪记得每天填这些看板，所以，**一段时间后就不填了。**

：看板用来做样子、走形式，和计划没有发挥作用是有关系的。也就是说，他们没有真正依靠计划来管控生产，所以，这张看板填不填也就无所谓了。

：对，没有任何人使用这张看板。

图1－3　看板照片

（三）问题3：车间无日生产计划，自主安排生产

：欧博项目组的老师进驻企业发现的第三个问题是车间无日生产计划，只有一份计划部下达的交货指令，车间生产是自主安排。很多工厂有计划部门，甚至成立的时间还比较早，但真正发挥管控生产作用的却不多，未能发挥协调统筹整个生产过程的作用。

在对300多家企业进行调研的过程中，我们发现一个问题，就是**一些企业的计划部门只发挥传达订单的作用，相当于一个文员的作用**。这么简单的事情文员都可以做了，但实际往往是整个计划部门在做，做而无效，并最终导致车间没有计划。

像ZG公司的员工，**他们拿的是计件工资，哪些东西好做，哪些单价高，哪些做了之后能拿到更多的钱，他们往往就先做，但这些先做的东西不一定是先出货的，**所以就出现图1－2中的景象。

：如果是计划部安排生产，车间主管可能就会说："论车间生产，车间的人比计划部的人熟悉多了，因为我了解我的现场，了解我的产能，了解我的实际生产情况，由我安排生产和由计划部来安排生产，应该是我更好，凭什么听计划部的指挥呢？"

：比计划部更了解实际产能，更了解产品工艺并不代表就能准确制订生产计划。第一，计划的制订要考虑物料的问题，把计划安排好，让车间生产，但可能没有物料。第二，计划的制订要考虑出货的问题。如果不是急需出货的，生产出来的东西就堆在车间，要不然就堆在仓库，占用空间、资金不说，还会导致客户投诉和客户流失，因为客户急着要的产品企业没有及时发给他。

而车间主任或车间主管是没有办法掌握出货信息的，也没有办法控制物料采购，除非他自己去问业务、追采购、问仓库……从部门职能来说，企业并没有赋予车间主管这样的职责，他没有办法也没有权力要求采购部门、业务部门配合他的工作、执行他的要求。最后，大家就只有相互扯皮了。

：我看到的现象就是车间主管整天跑来跑去，车间的生产管理人员整天跑来跑去，他们在干什么呢？催物料，找品管，甚至直接跟业务沟通，被业务追得满世界跑。为什么？因为没有计划部从中协调。车间主管为了生产不得不跟这些部门不断沟通，而他的本职工作实际上是抓效率、抓生产。他把大量的精力和时间都花在和横向职能部门的沟通上，这是一种非常大的浪费，而车间的工作效率恰恰没有被非常好地关注。

所以，实际上你的意思就是要把车间主管做不了的这些事分离出来，由计划部门去跟采购部门协调，确保物料到位；由计划部跟业务部门协调，搞清楚紧急出货的订单有哪些；由计划部跟品质部门协调，处理异常情况；甚至由计划部跟设备部门协调，出现设备异常该怎么办。总之，必须要有一个总的协调部门，这个部门就是生产计划部。如果完全由车间、生产部门自己来解决这些问题，他们是做不到，也做不好的。

（四） 问题4： 车间堆积的货物没有明显的标识

：欧博项目组的老师发现的第四个问题是，车间现场堆积的货物的配套性、数量、状态不清楚，货物没有明确的标识，员工主要依靠经验和感觉来找部件。

欧博项目组的老师在ZG公司调研的时候，有一天看见一个员工在现场不做事，在到处转，欧博项目组的老师就问这个员工在干吗，员工说他在找东西。欧博项目组的老师问他找什么东西，他说他现在找不到接下来要做的这款产品的加工物料了。欧博项目组的老师问："找不到怎么办呢？你都找了这么久了。"这位员工很不客气地对欧博项目组的老师说："找不到关你什么事！"欧博项目组的老师说可以帮他找，员工说不用，找班组长就可以了。然后，他找到班组长，班组长也找了几分钟才找到。

从这个案例我们可以看出，生产过程中的很多作业时间都被员工浪费了。浪费在哪里？浪费在找物料的过程中。

对新员工来说，他不了解产品，不了解用料。如果货物没有明显的标识，他不知道这款产品属于哪种产品，这个部件属于哪一个产品，属于哪一张订单。他要花很长时间找物料，甚至要老员工帮忙，这也直接导致企业的生产效率低。

综合上述几种现象，同时与企业方总经理进行沟通，项目组发现，当前 ZG 公司急需解决的问题是出货，这也是公司老板直接提出来的。他当时对欧博项目组的老师说："其他事情如品质完善、流程建设等可以先放一放，首先帮我把出货问题解决了，因为我们现在的生产效率非常低，订单准交率非常低，因而订单都压在车间，货出不去。"

：你说生产效率低，ZG 这家企业我也了解，甚至我在很多企业都发现大家整天忙得一塌糊涂，你会经常看到工人加班加点，管理人员急急忙忙，到处跑。这样看来，他们都很忙很累。这种忙和累，难道还是一种效率低的表现？为什么忙忙碌碌效率反而低了？

："忙而无效"说的就是这一类情况。我们跟踪过一些管理人员，看他们每天到底干了什么。我们发现大家确确实实特别忙，但忙来忙去，真正解决问题获得效果的情况却不多见。

：也就是说一方面无效劳动时间很多，员工是在做事，但实际上没有产生价值，没有产生真正的效果；另一方面就是个体的效率高，大家拼命生产，但生产出来的东西配套性差、流动性差，最终还是无法出货。无法出货就代表整体效率低，所以，**个体效率高，整体效率低是一对矛盾**。个体效率高，不代表企业整体的效率就高，也许整体效率还是很低。

企业要的不是个体效率，每个人忙到死也未必有用。只要无法出货，只要货不能发给客户，款就收不回来！所以，前面说的生产效率低，我们还要从整体效率和个体效率这对矛盾来分析。

二、第一层觉知：订单准交率到底是多少

（一）变革前：数据凭感觉

：知道订单不能准交的问题，但没有统计订单准交率的准确数据，所以到底一个月准交多少订单，未准交多少订单，不知道！每张订单的交货周期是多少天，不知道！未准交的订单延误多少天，不知道！

（二）变革后：统计出具体数据

统计3月第一周和第二周的订单准交率，发现第一周订单准交率是28%，第二周订单准交率是25%。

：这就到了解决生产效率低、订单准交率低的思路和动作了，我们把它叫作**层层排查、层层觉知、层层解决**。换一种说法是六层觉知，第一层觉知主要是针对订单准交率数据统计。

：欧博一般把解决问题的思路分成六层觉知，这是为什么？

：其实企业的管理人员对企业的问题也是清楚的。

例如，ZG公司的老板也知道订单准交率低，但要真正解决这个问题，仅仅知道订单准交率低远远不够。至少要知道数据，但管理人员往往不知道。

知道数据之后，我们才能进行原因分析，完成原因分析之后才能去构思改善动作——我们要知道导致准交率低的动作到底是什么。

这些问题并不同时出现在同一个层面，包括数据、原因，包括执行改善动作引发的问题，包括是否每天考核、考核的结果等，这些问题不可能在同一时间全部被发现。相关问题**只有在边生产边实施的过程中，一步一步、一层一层地暴露出来，然后，我们才能针对每一个暴露出来的问题制订相应的对策并解决**。所

以，我们把这种解决问题的方式叫作层层排查、层层觉知、层层解决。意思就是一层层地去觉知，去解决。我们欧博的做法一般把它分为六层，所以叫六层觉知。

：你说的这种方式可以这样理解：企业存在的问题，其实企业方是有感觉的。他有觉，但是一种感性的觉，所以，称之为感觉。例如，准交率低，低到什么程度？他并不清楚，只是感觉低；交货延迟，通常会延期多长时间，他没有确切的数据，只是感觉经常延迟。

而我们欧博所说的觉知，是把事情搞得清清楚楚、明明白白：准交率究竟是多少，延期究竟延迟了多少天，究竟是什么原因导致延期的……对一件事情我们特别注重从感性到理性的分析，强调用数据说话。

我们提出觉知理论就是希望企业把那种模模糊糊的感性认识，变成数据化的理性认知，因为只有这样才能解决问题，以及问题有没有解决自己也心中有数，这是觉知的第一层意思。

我们提出了六层觉知，为什么有六层呢？这是相对于企业人的思维习惯来讲的。很多企业的人就喜欢对着一个问题左思右想。例如做生产计划，他非要在一个点上把所有问题都搞清楚了才肯做计划。订单生产周期多长？采购周期多长？标准工时多少和仓库物料有没有？他认为要把所有的问题都搞清楚，他才能制订出一个很好的计划，做出一个很好的决策。

但实际上，这些很好的计划往往在执行过程中不可行，为什么？因为会遇到很多异常。例如，采购周期，供应商没有完全按照采购周期交货，他有各种各样的异常，甚至生产周期、标准工时都会经常出现异常，我们开始的构想就经常会因为各种各样的异常而泡汤。

所以，“思考”不是解决问题最有效的手段。要解决问题，我们就要随着异常的出现、随着问题的进展，一步一步地快速掌握信息、快速的反应，这就是觉知的第二层意思。准确地说，**层层觉知就是企业人员要养成快速反应的习惯，而不是整天坐在办公室里，靠想去解决问题。**

：第一层觉知是订单准交率的数据统计。欧博项目组的老师调研的时候，发现企业以前的一些工作习惯，很多管理人员知道订单不能准交的问题，却没有统计订单准交率的准确数据。

例如，一个月到底准交了多少单，未准交多少单，管理人员不知道。欧博项目组的老师问，他们就说大概是多少，问有没有准确的数据统计、有没有相关的表单，他们说没有。问他们同一交货周期的订单有多少，没有准交的订单有多少，没有准交的订单延误了多少天，他们也回答不上来。

针对以上情况，他们统计3月第一周、第二周的订单准交率后，发现第一周只有28%，第二周只有25%。老板看到数据都吓一跳，他说他也知道订单不准交的问题，但没想到将近四分之三的订单没有按时交货。所以，感觉和理性的数据统计所带来的结果大大不同。

我去另外一家企业调研的时候，那家企业的老板告诉我，他经营的企业仓库账务卡的相符率应该在98%左右。我说："这么高啊，你们做得挺好的。"

但通过10天的调研，我们发现这家企业的仓库账务卡准确率只有48%！这位老板终于知道为什么他的物料需求计划总是完不成，因为他根据仓库电子账得到的物料需求数据都是错的。很多企业的人养成了一种工作习惯，做事靠感觉，凭印象，不愿意每天、每周、每月统计真实的数据情况。

：我想问一下，这么简单的事情，企业的人怎么不愿意做呢？像准交率，把它统计一下不就知道了吗？每张订单到底延误了多长时间，这都是可以统计出来的，为什么他们不愿意做这件事呢？

：说到底是怕麻烦，觉得每天这样做太麻烦了，反正做不做也没人知道，老板也没要求，老板自己也不看数据。有些老板可能要求管理人员统计数据，但管理人员到底有没有统计，他也不管不问。管理人员觉得，反正老板不会来问，费那劲干吗？

：老板为什么不要求统计数据呢？他为什么不看数据呢？

：很多老板觉得没有必要看这些数据，这些数据又不用来考核管理人员，准交率低他可能会很着急，但他更关心是不是赚钱。

：可不可以这样说，老板不看这些数据是因为这些数据是中间数据，而准交率也只是中间数据。很多老板有一个很不好的习惯就是口口声声说只要结果，不管过程，也就是说他只管是不是赚钱，不管准交率，因为赚钱与否跟准交率还是有一定区别的。可以这样理解，老板不知道过程和结果之间的因果关系，他只关心那个果，而不重视那个因。

但是，我认为应该还有一个原因，**就是企业对数据不重视，很大程度上是因为它们没有在真正解决问题**。如果在真正解决问题，就一定要有数据。例如，现在要提高订单准交率，就要有方案有目标，但假如不设定数据、不统计数据，到最后怎么衡量到底有没有实现目标呢？

总之，老板只重结果，不重过程。**只重果，不重因，是企业不重视数据统计的第一个原因，第二个原因反映了企业员工其实没有抱着解决问题的心态来工作，只是每天上班下班而已。**

：对，通过第一层觉知，通过两周的订单准交率的数据统计，我们搞清楚了这家企业的订单准交率到底是多少。接下来，针对订单准交率低，我们去了解、去分析实际的生产运作出了什么问题，这就是第二层觉知。

三、第二层觉知：整个生产运作过程是怎样的

（一）变革前的问题

> 从订单接收到成品出货的整个订单处理过程，除了总经理以外，谁都不能准确描述。各部门都只是根据经验对订单进行处理，以前怎么做，现在就怎么做。至于为什么这样做，这样做有什么问题，不是很了解也不去关心。

：第二层觉知是针对订单准交率低、生产效率低所做的实际生产运作的分析。

正常来说，采购员要根据物控的请购单进行采购，同时还要把请购单给采购经理审核。但欧博项目组的老师发现，实际的作业过程是采购直接根据车间、仓库提报的需求下采购单，同时他的采购单不一定会交给采购经理审核。

欧博项目组的老师就这种情况问采购员为什么不按流程规定来做，他的回答则是：第一，以前的采购员教他这样做；第二，把请购单给采购经理他也不会看，反正他只签字，又不可能一张张去核对物料情况，等他审核完还要不要采购。所以，还不如省事一点，直接去采购。

很多管理人员对流程规定不以为然，他们不知道为什么要这样做，这样做有没有问题，反正以前是这样做的，现在就这样做，怎么方便怎么做。

：我觉得他们不仅搞不清为什么要这样做，甚至该怎么做，以及实际怎么做的他们都不知道，这是很奇怪的一件事。就好像吃东西，别人问你吃什么了，你不知道，

你忘了！我们整天做事，但究竟怎么做的，竟然大家都回答不出来，这说明什么呢？

：说明大家在做事的过程中没有保持觉知，也就是说没有搞清楚这件事情应该怎么做。

：这也是我们经常在企业中看到的现象，**很多人整天在做事，但这件事情究竟怎么做、怎么发生的，他们完全没有注意。**也就是说企业的管理者也好，基层员工也好，大家在做事的时候，没有身心合一地做。看起来大家是在做事，但注意力不在事的上面。

有一次到一家五金厂，五金厂的老板就开玩笑地问我："曾教授，你做过五金行业吗？"我回答没做过。他说："你都没做过这个行业，你怎么知道我这个行业该怎么做呢？我请你来指导，你没做过这个行业，你怎么指导我呢？"我到制衣厂可能也会遇到这样的问题。所以，现在企业的员工有一种经验主义，他认为自己在行业里做了十年、二十年，一个外行难道比他这个内行还厉害？

我在某些行业比他们内行，但我不可能在所有的行业比他们内行，不可能在所有行业的经验都比他们丰富，这就面临一个问题了，企业员工很有经验，那么这些经验是不是就是他们解决问题的工具呢？

我经常会问企业员工一个问题。例如，我们在三楼开会，我经常会问某个人，知道从一楼走到三楼有多少级台阶吗？他回答不出来。我说："你天天上楼梯，你都不知道有多少级台阶？我告诉你有 19 级。"我问了一百人，没有一个人能回答。为什么天天上楼梯的人不知道，而我第一次来就知道呢？很简单，我数了而已。

所以，工作当中，注意和不注意是天壤之别的。很多人整天在做事，自以为经验很丰富，但他的工作经验最终并不能解决他的实际问题。就像楼梯一样，你从来不去数它，从来不去注意它，到底有多少级你是不知道的。

（二）变革后：清楚从订单接收到成品出货的整个过程

：欧博项目组的老师和总经理、各部门主管了解了现有的订单处理过程，并结合现场实际的调研，确定了原有的运作过程（如图 1－4 所示）。

如图 1－4 所示，从订单接收到订单评审分成两条线，一条是物料链，另一条是计划链。物料链是从物料需求计划到采购处理、备料，最后到车间。计划链是根据物料的实际到达情况，制订各个车间的周、日计划，然后下达出货通知，最后进行进度跟进，成品入库。

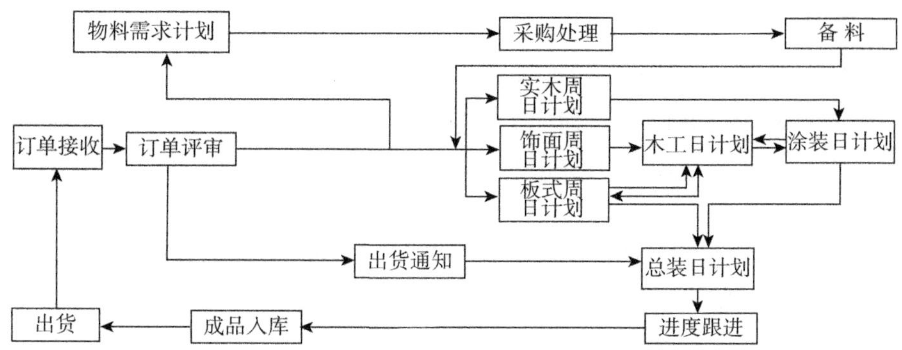

图1-4　从订单接收到成品出货的整个过程

从图1-4可以看出，ZG的生产运作流程还是比较完善的，应该有的管理动作、各节点都有，但为什么订单准交率、生产效率还会这么低呢？

：可以说，尽管他们有很多动作，甚至表单，但是这些动作并没有真正做到位，并没有围绕着提高准交率来实施。这些动作能不能提高准交率，他们也没有进行过考核和评估。**这是企业很不好的一个习惯：每一件事情都在做，但做了以后又不去讨论、总结这件事给企业带来了什么，觉得每个人都在努力工作就可以了。**

四、第三层觉知：每张订单的状况，一定要清清楚楚

（一）变革前的问题

问题1：订单评审只针对定制

订单评审只针对定制

对常规订单不进行评审，甚至卖场都不要求交期，交期由生产部门说了算。评审也只评审车间的完成时间，不评审其他部门（研发部、品质部、采购部）的工作完成时间。所以，常规订单什么时候需要、什么时候能交，都不确定。

：正常来说，订单评审要求技术部门、品质部门、采购部和车间共同参与，大家共同确定物料到达的时间，工艺图纸、生产报表完成的时间，品质检验标准确定的时间，各车间预计完成的时间，并最终确定出货时间，业务人员再把出货时间反馈给客户。

但在ZG公司，订单评审实际上只是形式。只评审车间的完成时间，不评审其他部门（研发部、品质部、采购部）的工作完成时间。所以，常规订单什么时候需要、什么时候能交，都不确定。

：为什么不在评审过程中，把研发部、品质部和采购部未完成工作的时间确定下来呢？

：因为一旦评审确定，就代表着压力。例如，评审的时候，确定采购的物料具体哪天到，如果物料没有到，管理人员就会有压力。管理人员觉得反正老板也没要求，也没必要让自己承担这种工作压力，所以他们就不评审了。

：本来评审就是要对每个部门进行约束，对每个部门遇到的问题进行预测，然后提前解决它，同时把压力分摊给每个部门。各部门确定的时间点才是我们回复给客户的交期。但现在，很多部门的时间点没有办法控制，交期肯定就被延误了。

问题2：订单状态模糊不清

订单评审后没有确定各车间内部的工序完成时间，没有进行订单汇总，没有表单显示所有订单在各车间的完成时间，各项订单生产到了哪道工序，所在车间是否生产完成、是否有欠数、欠数是多少，都不确定。

：**这就导致一个问题，这个问题我们在企业经常遇到，那就是随意回复交期。**

例如，客户追货了，本来3月6日要交货的，客户3月4日打电话问业务员这张订单3月6日能不能交。这时会出现两种情况：

第一种，业务员不知道怎么回答，他会说等问过车间再回复。业务员问车间主管这张订单的生产情况，车间主管回答说可能到涂装了吧。再问生产了多少，车间主管说查一下再说。车间主管查来查去，花了很长时间也没有办法得到准确的时间，业务员就只好回复客户一个大概的时间。

第二种，业务员忽悠客户。客户要求3月6日到，业务员就回答肯定能按时到。客户3月4日询问，业务员回答肯定没问题，差不多都入库了，还有十几件在赶工，3月5日能全部入库，他先稳住了客户再说。到了3月6日的时候，他就告诉客户，生产出了一个异常，交期将要延到哪天。

之所以出现这些情况，原因就在于工厂没有一张能够查询订单进度、订单状况的汇总表，业务员只能凭经验、凭感觉去回复客户交期。

：一家工厂整体的生产情况，包括订单的整体状况，没有一个人清楚。例如，车间主管在生产现场看到一个半成品，这个半成品他知道，但这个半成品是哪张订单的，他未必知道；这张订单什么时候要出货，他也未必知道。

我记得我在浙江遇见过一个老板，他和我讲了他和他客户的一些事。他欠一个客户货物，这个客户问他："你欠我货没问题，但你能告诉我，你还要欠多少天吗?"他答不出来。客户再问："你还要拖多久?"他说不知道。客户最后问："那你能告诉我这张订单究竟在你哪个车间做吗?"他还是说不知道。

实际上，很多工厂的老板都不知道接到客户的订单后究竟什么时候才能把货交给客户。订单的进度怎样，物料有没有到齐，各部件完成了多少都是一笔糊涂账，这是我们现在提出要觉知的一个原因。

哪张订单在哪个车间做，一定要清清楚楚。你不知道，是因为你没有注意，这不需要思考，只要觉知就可以了。什么叫觉知？就是去看。现在企业人员缺的不是思考，而是觉知。

问题3：车间根据实际情况生产，订单完成时间未知

PMC下达车间日计划只是根据订单评审后确定的时间下达，车间是否能够按时生产，是否能够按时完成，不确定。

：ZG公司订单评审完成之后，会得出每一个车间大概所需的生产时间，例如3月1日做订单评审，确定3月15日涂装车间要开始上线生产，3月17日生产完成。

到3月14日制订3月15日涂装车间日生产计划的时候，PMC往往怎么做的

呢？PMC不管客户要求的出货时间有没有调整，不管前工序做的那些部件到底有没有送到，也不管3月15日涂装能不能做，反正就按照订单评审的时间，在3月14日把3月15日确定的订单安排给涂装车间。

：意思就是到了生产计划要真正安排下去的那一天，PMC不管这个过程中出现多少异常，原来的计划怎么订的现在就怎么下，不做任何排查、不做任何调整，很死板地往下走。

10天以前的计划与现实情况就已经不吻合了，最后生产部门只能说没法按计划执行，只按实际情况来生产。因此，计划和生产就成了两张皮。

问题4：出货情况与订单实际需要匹配情况未知

(1) 总装车间当天是否有欠数，欠数什么时间能够完成，什么时间能够全部配套出货，不清楚。

(2) 业务部每天下达当天的出货通知单，但是否能够按时出货，不确定！车间生产出来的产品是不是业务部需要的，不确定！

：曾经有一家企业的老板娘告诉我，一到旺季她就很辛苦。为了追货，老板娘经常要守在工厂。明天要出的货，今天要带着业务员各个车间追，并且晚上必须全部入库，这样她才能安心回家。

：**其实大家，包括老板，都到最后的那个果上才去追，拼命地追，但不在前面的排查、预防等上面用力**。就像佛家说的，在果上用力，不在因上去求。就是该做的排查不做、该调整的工作不调整，到了最后，大家像消防队员一样。不做消防，只做救火，最后的结果肯定就是这样。

（二） 变革后的动作

：欧博项目组的老师结合欧博300多家咨询案例的实战经验，通过现场调研，与企业管理人员研讨后确定新的动作（如表1-1所示）。

表1－1　新确定的管理动作

问题	实施动作
常规订单什么时候需要，什么时候能交，不确定	制订新的订单评审表，对所有订单进行评审，在订单评审表中增加研发部、品质部、PMC等职能部门的完成时间
各项订单生产到了哪道工序，订单所在车间各工序是否生产完成，是否有欠数，欠数是多少，不确定	（1）对订单状态进行重新评审和梳理，建立主生产计划表，主生产计划表中形成交期分解，明确每一个车间的上线时间、完成时间以及尾数，数据每天更新 （2）对主生产计划表进行跟进，推行主生产计划跟进表，PMC每天根据生产情况进行更新，在表中将订单状况分解到工序，通过此表了解各张订单、产品状态
当天需要出货的订单能不能出，不确定！车间做的是不是出货要的，不确定	（1）根据订单评审、交期分解实施周出货计划，业务部每天滚动制订接下来7天需出货订单的出货计划 （2）PMC每周根据主计划以及7天滚动的出货计划形成车间生产周计划，对各个车间每周的生产任务进行明确
PMC下达车间日计划只是根据订单评审后确定的时间下达，车间是否能够生产、是否能够达成，不确定	（1）每天滚动排查出货计划排查表，将评审的交期、要紧急出货的订单作为排查的重点，打好提前排查量 （2）制订物料日排查表，召开物料对单会，每天PMC与车间核对和排查订单的生产进度，以及各车间后3天生产计划所需物料的情况 （3）根据出货计划排查和物料日排查结果，PMC每天制订工序滚动日计划，保证计划能够执行
总装车间当天是否有欠数，欠数什么时间完成，不确定	PMC每天根据总装完成情况制订车间清尾日计划，对没有按计划完成及紧急出货的订单进行重点跟进

针对问题1：订单评审表

：从表1－2大家可以看到，研发部的图纸什么时候完成，还要研发部门的主管在评审表上签字确认。签字确认的目的是如果没有按时完成，要追究责任。采购部、品质部和PMC都要在订单评审过程中确认各自工作的完成时间。

表1－2　订单评审表

客户单号：		公司评审日期：　　年　　月　　日
客户名称		客户下单日期：　　年　　月　　日
订单数量		客户要货日期：　　年　　月　　日
□首次量产（样品承认：□是　□否）		□再次量产（工程变更：□是　□否）
参评部门	评审意见	

续表

<table>
<tr><td rowspan="4">业务部
跟单部</td><td colspan="4">(1) 订单信息是否完善：</td></tr>
<tr><td colspan="4">(2) 客户特殊要求是否明确：</td></tr>
<tr><td colspan="4">(3) 客供物料回厂时间：</td></tr>
<tr><td colspan="4">签名确认：</td></tr>
<tr><td rowspan="4">研发部</td><td colspan="4">(1) 图纸完成时间：</td></tr>
<tr><td colspan="4">(2) 包材尺寸和包装方式提供时间： BOM 表提供时间：</td></tr>
<tr><td colspan="4">(3) 新产品资料准备时间：(BOM 表．图纸、模板、刀具、夹装、首样)</td></tr>
<tr><td colspan="4">签名确认：</td></tr>
<tr><td rowspan="6">采购部</td><td>板材回厂时间：</td><td colspan="3"></td></tr>
<tr><td>五金件配件回厂时间：</td><td colspan="3"></td></tr>
<tr><td>包材回厂时间：</td><td colspan="3"></td></tr>
<tr><td>外购件回厂时间：</td><td colspan="3"></td></tr>
<tr><td>其他</td><td colspan="3"></td></tr>
<tr><td colspan="4">签名确认：</td></tr>
<tr><td rowspan="5">品管部</td><td colspan="4">品质要求：</td></tr>
<tr><td colspan="4">是否有检验标准： 工艺图纸包装方式是否已确定：</td></tr>
<tr><td colspan="4">员工作业操作动作注意事项：</td></tr>
<tr><td colspan="4">根据以往经验将会有什么品质异常：</td></tr>
<tr><td colspan="4">签名确认：</td></tr>
<tr><td></td><td colspan="4">生产流程：</td></tr>
<tr><td rowspan="4">生产部</td><td>板式车间生产时间</td><td></td><td>涂装车间生产时间</td><td></td></tr>
<tr><td>饰面车间生产时间</td><td></td><td>总装车间生产时间</td><td></td></tr>
<tr><td>木工车间生产时间</td><td></td><td>实木车间生产时间</td><td></td></tr>
<tr><td>瓶颈工序：</td><td></td><td></td><td></td></tr>
<tr><td rowspan="3">计划物控部</td><td colspan="4">物料需求计划完成时间：
确认生产上线时间：</td></tr>
<tr><td colspan="4">确认交期： 型号
数量 入库/装柜</td></tr>
<tr><td colspan="4">型号 数量 入库/装柜 签名确认：</td></tr>
<tr><td>业务/跟单
审核判定</td><td colspan="2">□接受；□不接受；□待定（请说明原因）：</td><td colspan="2">签名确认</td></tr>
</table>

：订单评审由哪个部门主导？

：计划物控部（PMC）主导。

：这是不是就意味着计划物控部可以凌驾于其他几个部门之上呢？

：不是，计划物控部的职责权限企业的相关文件有规定，只能在文件规定的范围内对各部门进行约束。

：实际上，计划物控部更多的是对其他相关部门进行相关事情的管控，而不是对人的管控，因此可以将其定位为管事，而不是管人。它跟其他部门如品质部、研发部、生产部是平行部门，但在事情上可以对这些部门进行管控，就像人力资源部门管控跟人力资源相关的事情一样。

可能很多企业会问为什么要设一个计划物控部呢？厂长安排这一切不可以吗？

：原因很简单，厂长精力有限，无法考虑到每一件事。例如，下达一份生产计划之前要做很多排查动作，而厂长不可能每天去查去问每一款物料都到了没有，他没这精力，没有时间去完成这样的细致工作。

：而且厂长的工作除了管事之外，还要管人。管各个车间的主管，管人各方面的问题，包括人的心态、效率等。所以，PMC等于分担了很大一部分厂长的工作。

：PMC在文件规定的范围内要求各个部门的时候，各个部门的人员不认同，不按照PMC要求的方法做。PMC没有权力直接处理其他部门的人员，它只能把相关情况反馈给厂长，这个时候厂长的作用就体现出来了。

：厂长居中协调。

针对问题2：主生产计划表及跟进表

：针对各项订单生产到哪道工序，订单所在车间各工序是否已生产完成，是否有欠数，欠数是多少，不确定的问题。欧博项目组推出的动作是：第一，对订单状态进行重新评审和梳理，建立主生产计划表。在主生产计划表中形成交期分解，明确每一个车间的上线时间、完成时间以及尾数，数据每天更新（如表1-3所示）。

表 1-3 主生产计划表

下单日期	客户	类别	客户 P/O	生产批号	型号	颜色	订单数量	订单余数	交期	重排周出货计划	饰面车间（5 天）			板式车间（5 天）			实木车间（15 天）			木工车间（6 天）			涂装车间（4 天）			总装车间（2 天）		
											开工时间	完成时间	生产余数	开工时间	完成时间	生产余数	开工时间	完成时间	生产余数	开工时间	完成时间	生产余数	开工时间	完成时间	生产余数	开工时间	完成时间	生产余数
3/22	客户 1	××类	10313032101		GB 订制 1.8 米主席台	V/柚木	3	3	4/10	4/10			0			0			0	3/24	4/1	3	4/2	4/5	3	4/6	4/9	3
3/22	客户 2	××类	10113032103		GB 订制 311-3615 会议桌	V/胡桃	1	1	4/3	4/3			0			0			0	3/23	3/28	1	3/29	3/31	1	4/1	4/2	1
3/14	客户 3	××类	20113031101		GB 订制 311-4212	V/胡桃	1	1	3/29	3/31			0			0			0	3/17	3/23	1	3/24	3/27	1	3/28	3/29	1
3/19	客户 4	××类	10713031308		GB 订制 334-1506 主席台	V/胡桃	5	5	4/8	4/8						0			0	3/25	3/31	5	4/1	4/5	5	4/6	4/8	5
3/22	客户 5	××类	10113032101		GB 订制 369-9025 会议桌	V/胡桃	1	1	4/13	4/13			0			0			0	3/24	4/5	1	4/6	4/9	1	4/10	4/12	1
3/7	客户 6	××类	10313030503		GB 订制 9.8 米会议桌	V/胡桃	1	1	3/26	3/31	OK	OK	0			0			0	3/16	3/20	1	3/20	3/26	1	3/26	3/26	1
3/19	客户 7	××类	10713031308		GB 订制电脑桌	V/胡桃	60	60	4/8	4/8						0			0	3/25	3/31	60	4/1	4/5	60	4/6	4/8	60
3/3	客户 8	××类	10113030501		GB 订制固定门	红樱桃	2	2	3/25	3/31			0			0			0	3/14	3/19	2	3/25	3/27	2	3/28	3/29	2
3/3	客户 9	××类	10113030501		GB 订制嵌入式活动柜-1	红樱桃	3	3	3/25	3/31			0			0			0	3/14	3/19	3	3/25	3/27	3	3/28	3/29	3
3/22	客户 10	××类	10113032103		GB 订制书柜	V/胡桃	16	16	4/3	4/3			0			0			0	3/23	3/28	16	3/29	3/31	16	4/1	4/2	16

：从表 1－3 中，大家可以看到有客户订单号、生产批号、型号，同时确定了交期和每一个车间的完成时间。

以 10713031308 订单为例，客户要求的交期是 4 月 8 日，那么木工车间 3 月 25 日就要上线，3 月 31 日完成；涂装车间的上线时间是 4 月 1 日，完成时间是 4 月 5 日；总装车间是 4 月 6 日上线，4 月 8 日完成生产，最后保证出货。这就是我们讲的交期分解。

通过订单评审，把评审出来的时间填入表 1－3 中。这张表要每天更新，计划物控部门要根据各个车间实际生产的订单来更新。

：可以这样理解，**通过订单评审，就有了每一张订单在每一个部门的时间节点，就可以确定生产部门的上线时间、下线时间，然后把这些汇总，就形成了一份主生产计划**。主生产计划表把订单的情况列得详详细细、清清楚楚，而且每天更新。

：所以以前客户问企业什么时候能交货时，业务员也没法回答，他只能忽悠。现在有了这张表，事情变得简单了。这张表要与计划物控部门、车间部门和业务部门共享。车间部门和业务部门看着表，马上就能查到每一张订单的进展情况，如产品在哪里加工，加工了多少，整个情况怎么样等。

：**这张表使像黑箱子一样的工厂，一下子变得透明**。业务员需要与客户及时沟通的就及时沟通，客户需要承诺，他也可以跟客户做出承诺，不能承诺的，他就不会去瞎承诺。甚至老板通过这张表也明白整个工厂的走势怎么样，差在哪里了，需要他做什么。所以，**这张表对于整个工厂来说就是一个指挥棒，非常重要。**

关于表格的每天更新，我还要补充一下。因为我们发现很多企业也有类似的表格，但被制订出来后没人管，一个月才更新一次。这样管理人员就不可能每天觉知其中的问题，中间发生了什么就只能靠想了，这是欧博最反对的。应该每天更新一次，清清楚楚。

：其实所有的计划都是从这张表中分解出来的。这张主生产计划表是谁使用呢？是 PMC 经理。这张主生产计划表将每一张订单的每一个产品分解到了每一个车间。表 1－4 是木工车间对主生产计划表的跟进表，PMC 每天根据生产情况进行更新，将订单的状况分解到工序，通过这张表我们可以了解订单的产品部件的生产状态。

表 1－4　ZG 公司木工车间进度表

序号	下单日期	客户	类别	单号	型号	颜色	订单数量（套）	订单余数	交期	部件名称	单位	开料			CNC			面板			冷压			封装			封边			排钻			木皮			木磨			合计
												开工时间	完成时间	生产余数	开工时间	完成时间	生产余数	开工时间	完成时间	生产余数	开工时间	完成时间	生产余数	开工时间	完成时间	生产余数	开工时间	完成时间	生产余数	开工时间	完成时间	生产余数	开工时间	完成时间	生产余数	开工时间	完成时间	生产余数	

：表1-4与主生产计划表有什么区别呢？它们格式是一样的，但这张表更详细。在表1-4中，产品名分解到了每一个部件、每一道工序，从开料到CNC、面板，冷压、封装等，每一道工序的开工时间都在表中列明。

这张表由谁来使用呢？各个车间的计划员，这就相当于**主生产计划又在各个车间内部分解了一次**。通过这张表，业务员就可以知道，这张订单的这种产品的这个部件到底在哪一个车间的哪一道工序，在这道工序还欠多少。

：**主生产计划表是针对车间的，主生产计划跟进表是针对工序的；主生产计划表是部门经理使用，或者PMC使用，但主生产计划跟进表是车间的计划员使用，而且主计划完成的时间点也来源于这张跟进表**。因为跟进表是根据现场的每一个部件填写的，它反映了现场部件的信息，再汇合到主计划表中，然后让各个部门分享。主生产计划表以大套小，粗中带细。通过主生产计划表和主生产计划跟进表，企业最基层的管理人员和中层管理人员就可以完成一次次配合。

：通过前面三个动作，我们可以清楚地了解订单的生产状态，如生产到了哪道工序、欠多少、什么时候能出货等。把一张订单从最初的出货时间分解到各道工序的上线时间以及完成时间，我们称之为前推。

：为什么叫前推呢？

：因为它从订单接收开始，通过订单评审，一步一步推导出各道工序和车间的完成时间，从前往后推。

：这个“推”应该有两层意思：一方面指管理动作从接单到评审、交期分解、主计划时间节点的形成，到主计划跟进表的形成，管理动作发挥了推动的作用；另一方面，从物料的情况来说，从开料到后面的每一道工序，物料是推着往后走的。管理动作一层一层往后推进，物料的移动也一步一步往后推进。

针对问题3：滚动计划、层层排查

动作1：周出货计划

：针对问题3，我们的第一个动作是，根据订单评审、交期分解实施周出货计划，业务部每天滚动制订后7天需出货订单的出货计划。

ZG公司以前也有周出货计划，但他们是这周制订下周的。例如，这周五制订下一周的出货计划，完成之后就不动了，而我们要求他们每天制订后7天的滚动出货计划。例如，3月1日要制订3月2日至3月8日的出货计划，3月2日要制订3月3日至3月9日的出货计划，也就是出货计划每天往后滚动7天，为什么要这样做呢？

表1-5 3月25日至3月30日的周出货计划

下单日期（月日）	客户	类别	单号	型号	颜色	订单数量	订单余数	计划出货日期（月日）
			88813013001	GB603-1206	柚木	21	21	3-25
3-1			10213021901	GB603-1206	柚木	29	29	3-25
2-27			20130221	GS9820 沙发面板/侧板	柚木	480/960	480/960	3-25
1-24			99912112101	GB5391	胡桃	400	70	3-25
2-25			99913022001	GB728-3-1L	柚木	30	30	3-26
			PO28972L	KEN-63T	MAH	5	5	3-26
3-7			10313030503	GB728-2-2	胡桃	8	8	3-26
3-7			10313030503	GB 订制 332-1204 条形桌	胡桃	10	10	3-26
3-7			10313030503	GB 订制 9.8 米会议桌	胡桃	1	1	3-26
3-8			10313030704	GB 订制展示柜	胡桃	3	3	3-26
			PO28972L	KEN-43	MAH	80	80	3-27
			PO28836LNJ	KEN-93	MAH	20	20	3-27
			PO28836LNJ	KEN-96	MAH	20	20	3-27
			PO28836LNJ	KEN-45	MAH	20	20	3-27
3-12			PO30224L	NAP-10	CHY	17	17	3-28
3-12			PO30224L	NAP-109	CHY	8	8	3-28
3-12			PO30224L	NAP-15	CHY	75	75	3-28
3-15			GCON130315	GB728-3GA	胡桃	1	1	3-28
1-12			PO29433L	KEN-129	LCH	80	80	3-29
1-12			PO29433L	MEN-94	MAH	80	80	3-29
1-12			PO29433L	MEN-94	CHY	120	120	3-29
1-12			PO29433L	MEN-98	MAH	80	80	3-29
3-12			PO30224L	842T25-C	CHY	2	0	3-30
3-12			PO30224L	NAP-11	CHY	25	0	3-30
3-12			PO30224L	NAP-20	CHY	20	0	3-30
2-27			88813013001	GB608-1508	胡桃	1	1	3-30
2-27			88813013001	GB608-7575	胡桃	1	1	3-30

因为这家公司，特别是很多做内销的企业，客户要求的出货时间是经常变动的。例如，这周五跟客户确定交货日期，客户要求下周四交货，但可能到了下周一，这个客户又将交货日期从周四提前到周二。如果这周制订下一周的计划，就容易导致我们没有办法真正按计划进行生产，我们所制订的日计划就不会很准确。

：**7天滚动的目的就是把各种异常综合起来，便于快速反应**。如果按照他们以前制订计划的方式，要一个星期才能调整一次，而我们这种滚动方法，可以每天考虑客户的新信息、新异常，然后相应地调整计划。

：**这也是制约业务部的一个动作，它逼着业务部去跟客户频繁地确认某张订单具体的出货时间，这样也减轻了生产部的压力**。以前生产部没有办法按时出货，业务员不管三七二十一会经常责备生产部。在工厂，由于业务部直接为企业带来收入，所以，老板往往更多地偏向业务部，生产部就会有很多抱怨。

：原则上要求业务部每天都要跟客户确认出货时间，即使不一定每天都要打电话，但至少要给客户一种感觉，一有异常或变动要马上反馈给我们的业务，不然业务没有及时通知生产部门，要挨批。

给业务员压力，让他时刻关注市场的变动，企业就会把握生产的主动权。不然按以前的方式，业务员不频繁跟进客户，异常不能及时被解决，影响准交率。

动作2：车间生产周计划

：第二个动作，PMC每周根据主计划以及7天滚动的出货计划形成车间生产周计划，对各个车间每周的生产任务进行明确。周生产计划从哪里来？根据主生产计划，因为主生产计划已经明确了每一张订单在每一个车间的生产时间，然后再结合7天滚动出货计划。

例如，做面漆车间生产周计划的时候，计划员首先从主生产计划里面找到3月25日至3月30日面漆车间要生产的东西，并形成计划，但这个计划是不是就可以下达给车间了呢？肯定不行，因为还要结合出货需求。主生产计划里的出货时间是订单评审的时候确定的，而制订车间周生产计划已隔了一段时间，这期间客户的出货时间可能会有调整。以前客户可能3月31日要货，但现在制订3月25日至3月30日的计划时，客户可能3月27日就要。这时就必须结合7天滚动出货计划，对周计划进行调整。

：也就是说，假如我的生产主计划是以月为单位，分为四周，我就不能在第三周的时候，将主计划里原来的第三周排程作为我第三周的生产计划。原因是订单评审时制订的第三周计划，在生产计划已进行了两周后，这中间可能已经发生了各种异常，计划员必须考虑这些异常，才能形成第三周的周计划，而不是将原来主计划表中的第三周内容作为第三周的周计划。

所以，这种计划模式最大的特点是一方面考虑了原来的计划，另一方面也考虑了过程中的变化，把计划和变化进行了统一，形成实际的计划，而按企业以前的做法完全行不通。

：也没办法执行。

：因为没有考虑变化。我们经常说计划没有变化快，很多企业就以此为理由，不做计划，或者死板地硬推计划，这些都不可取。**我们要把计划和变化结合起来，结合方式就是这种滚动式计划。**

：在我们欧博的计划模式里面，把针对问题 3 所做的两个动作叫作后拉。根据出货需求确定前面的生产需求，确定生产部到底要做什么，出货拉动了生产。

：前推是由订单接收时形成的订单评审推动的，所以它是起点。而后拉由最终的出货拉动，因为订单接收和最终出货有时间差，中间会有很多异常，所以后拉就是根据客户的最终出货时间对前工序进行拉动，前工序要按照出货的要求加工。既考虑前推，又考虑后拉，综合起来叫前推后拉。

：到这里为止，我们制订出了一周的生产计划，但这个计划是不是真正可行的呢？不是，为什么？**周出货计划是结合出货做的，只是保证了周生产计划里面的东西是出货所需要的，但不代表车间一定能够生产，因为我们还要考虑物料的问题，那么接下来的这几个动作是针对物料进行的频繁排查。**

保证计划执行动作 1：滚动出货计划排查表

：那么针对这个问题的第一个动作是，每天排查滚动出货计划排查表，将评审的交期、要紧急出货的订单做为排查的重点。

表1-6　4月2至4月11日出货计划排查表（部分）

下单日期（月日）	客户	类别	单号	型号	颜色	订单数量	剩余数量	单位	出货日期（月日）	仓库欠数	总装欠数	面漆欠数	板式	实木	备注
3-13		GB 类	10113031103	GB 订制 310-4217 会议桌	V/胡桃	1	1	张	4-2	0	0	0			
				GM001-12 实木床	胡桃	30	30	张	4-2	0	0	0			
3-5			10113030501	GB 订制嵌入式活动柜-1	红樱桃	3	3	个	4-2	0	0	0			
			10113030501	GB 订制嵌入式活动柜-2	红樱桃	1	1	个	4-2	0	0	0			
			10113030501	GB 订制嵌入式活动柜-3	红樱桃	2	2	个	4-2	0	0	0			
			10113030501	GB 订制嵌入式活动柜-4	红樱桃	1	1	个	4-2	0	0	0			
			10113030501	GB 订制嵌入式活动柜-5	红樱桃	1	1	个	4-2	0	0	0			
			10113030501	GB 订制嵌入式活动柜-6	红樱桃	1	1	个	4-2	0	0	0			
			10113030501	GB 订制嵌入式活动柜-7	红樱桃	1	1	个	4-2	0	0	0			
			PO28835LNJ	KEN-13LCH	LCH	15	15	件	4-2	15	15	0			
			PO28971L	KEN-44HLCH	LCH	25	25	件	4-2	25	25	0			仓库已有46套，4-1已在总装生产
			PO28971L	KEN-4DWLCH	LCH	25	25	件	4-2	25	25	0			
			PO28835LNJ	KEN-4DWLCH	LCH	20	20	件	4-2	20	20	0			
			PO28971L	KEN-50LCH	LCH	20	20	件	4-2	20	20	0			
			PO28971L	KEN-52LCH	LCH	6	6	件	4-2	6	6	0			
			PO28971L	KEN-55LCH	LCH	12	12	件	4-2	12	12	0			4-1已在总装生产
			PO28971L	KEN-58BLCH	LCH	10	10	件	4-2	10	0	0			
		9000#	PO28835LNJ	KEN-65LCH	LCH	57	57	件	4-2	57	57	0			
		9000#	PO28971L	KEN-82LLCH	LCH	15	15	件	4-2	15	15	0			4-1已在总装生产
		9000#	PO28971L	KEN-82RLCH	LCH	10	10	件	4-2	10	0	0			
3-14		GB 类	10213031208	GB308-39155 订制会议桌	V/胡桃	1	1	件	4-2	1	1	0			4-1已在总装生产
41294		GB 类	99912112101	GB728-2M	V/胡桃	100	100	件	4-3	100	100	0			

：表1－6是4月2日至4月11日需要出货的计划表，根据出货计划排查出来的结果，在表中会有体现。

以第一张订单为例，它的出货时间是4月2日，仓库没有欠数，那就表示这张订单所有需要的产品已经入库了，4月2日可以正常出货。

再看99912112101订单（有阴影一栏），它所要求的出货时间是4月3日，通过排查我们发现仓库还欠100件，那么这100件是哪个车间欠的呢？从表里可以看到，是总装车间。通过这种排查，我们就能很清楚地知道即将出货的产品到哪种程度了。

：滚动出货计划排查表的作用就是弄清楚出货的真实状况，不断地排查就能够查到产品所处的状态，我们就能够明白产品什么时间可以生产出来，把情况搞清楚了，我们才能准确地安排生产任务。

保证计划执行动作2：物料日排查表

：第二个动作是制订物料日排查表，召开物料对单会，每天PMC与车间核对和排查订单的生产进度，以及各车间后3天生产计划所需物料的情况。

通过出货计划和滚动排查，我们确定了今天、明天和后天生产部门要加工的订单和产品。通过物料排查查什么？**通过物料排查确定这些订单和产品能不能生产，查前工序有没有把部件和产品按时送至后工序，能不能及时送到车间进行生产**。如果都没有问题，那计划就可以准确地传达下去。

：周出货计划排查表检查车间，物料日排查表检查工序，它们通过工序对单知道订单部件在哪道工序生产。物料日排查表和各车间的主生产计划进度跟进表的内容是一样的，也就是说它比周出货计划排查表查得更细。

：出货计划排查表保证出货计划要在3天以内发给车间，保证生产和出货的对应性。但车间能不能生产不知道，因为还不能确定前工序能不能把物料送过来。

假设3月3日要生产A订单，3月1日排查的时候把生产计划发给面漆（涂装）车间，但面漆车间是不是能做还不一定，为什么？因为要考虑前工序能不能把物料送过来。物料对单会其实就是要确定3月1日面漆车间要生产的物料木工车间能不能及时交过来，如果能送过来，那么A订单的任务就能安排给面漆车间了。

保证计划执行动作3：工序滚动日计划

：第三个动作是根据出货计划排查物料日排查结果，PMC每天制订工序滚动日计划（如表1－7所示），并保证计划是能够执行的。“能够执行”指什么？指的是**这个计划是对应3天以后出货内容的，这个计划安排给车间不会出现欠料，是完全能够生产的，完全可以考核的。**

表1－7　车间生产工序滚动日计划表

车间：　　　　　班组：　　　　　计划日期：3月15日

序号	下单日期	客户	类别	单号	型号	颜色	订单数量（套）	部件名称	计划数量			实际完成数量	计划达成率	备注
									16日	17日	18日			
标准	（1）此表由计划物控部在每天16：30按时送至各车间，由车间主任下发给各班组 （2）各车间领班根据当天生产情况填写实际完成数量（如所生产的产品不在车间生产工序日计划表内，车间领班必须详细填写计划外生产的产品明细） （3）此表由车间领班在每天8：30前上交车间主任，车间主任审核签名后在9：00前交计划物控部 （4）此表填写必须工整、规范、字迹清晰，所要填写的内容不得有空白													
制约	（1）车间主任对车间领班是否按规定上交、填写车间生产工序日计划表进行检查 （2）计划物控部对车间主任是否按时上交车间生产工序日计划表进行检查 （3）车间主任对计划物控部是否按时上交车间生产工序日计划表进行检查													
责任	（1）各责任人未按时填写及上交生产计划报表，乐捐5元/次 （2）各责任人如存在漏填，乐捐2元/每空													

制表：　　　　　　　　　　审核：

：从表1－7大家可以看到，制订计划的时间是3月15日，安排的是3月16至3月18日的生产任务，填制订计划的时间是便于计划员掌握时间界限。表里有“制约”一项，表示谁检查这个动作、谁保证这个动作能够落实。“责任”

项的意思是如果检查发现谁没有按要求做，谁就要承担相应的责任。

：这张表有三个要素：第一，做什么事情、怎么做标准要明确；第二，做的过程中，做了没有、做到什么程度要有人检查，有人制约；第三，做了怎么样，不做又怎么样，要有奖罚。标准、制约和责任三个要素缺一不可，这是车间生产工序滚动日计划表与一般的表单不同的地方。

车间生产工序滚动日计划表为什么要有三个要素？因为我们要考虑人的执行问题，否则生产的人不按照表单要求，你也不能强制要求他。另外，还要把规定要做的事情在表单上写得清清楚楚。我想问一下，3 天的计划是不是也是滚动的？

：是的。

：就是说 3 月 15 日制订 3 月 16 日、3 月 17 日和 3 月 18 日的计划，3 月 16 日制订 3 月 17 日、3 月 18 日和 3 月 19 日的计划。那为什么要滚动呢？

：这也是给我们自己一个提前期。例如，假设 3 月 15 日制订 3 月 16 日、3 月 17 日和 3 月 18 日的计划，要求 3 月 16 日的计划百分之百冷冻。冷冻的意思就是不允许调整，不管是业务部想插单，还是车间不按计划做，都不行，车间只能完成 3 月 16 日规定的任务。

：它为什么可以冷冻呢？

：前面的排查动作保证了这一天（3 月 16 日）的任务是可执行的，它是根据出货进行的。

：也就是经过排查，排除了物料异常，排除了设备异常，排除了品质异常，人员也是正常的，前工序到时间就一定会把东西送到后工序，后工序车间就必须完成任务。

例如，3 月 15 日排查 3 月 16 日、3 月 17 日和 3 月 18 日的计划，3 月 16 日又要排查 3 月 17 日、3 月 18 日和 3 月 19 日的计划，3 月 17 号又要排查 3 月 18 日、3 月 19 日和 3 月 20 日的计划，那么就等于 3 月 18 日的计划在真正冷冻之前已被排查了三次。3 月 18 日要生产的产品物料有没有，设备是否正常，人员够不够，通过提前 3 天的不断排查，排除了各种异常，那么 3 月 18 日的计划就必须完成。排查是确保计划执行的关键动作，3 月 16 日是完全被冷冻的，那么 3 月 17 日呢？

：3 月 16 日是 100% 的冷冻，3 月 17 日是 60% 的冷冻，3 月 18 日是 40% 的冷冻。

：**要不断地考虑和综合各种异常**。为什么很多企业觉得没有必要制订日计划，或者认为不可能制订日计划，因为在他们看来，每天把任务安排的很准确是很难的。

：为什么要做日计划？因为只有做了日计划才能每天对车间管理人员进行评价考核，以日为单位对他们进行规范管理。我们说的日计划与大家平常讲的日计划有什么区别？我觉得区别是我们对日计划会进行考核。很多企业也制订日计划，但真要对日计划进行考核，车间部门不愿意。

：我去过很多企业，这些企业说自己也在制订日计划，我马上就问他们有考核吗？我为什么要这样问？因为这样一问就能问出真相，就能知道他们的日计划是真的还是假的。大多企业因为日计划不真实，所以不敢考核。他们也只是把日计划下给车间由车间看着办。如果真搞考核，大家就集体做假。那为什么他们的日计划不能考核呢？不能考核说明日计划没有办法真正执行，它卡在什么地方呢？

：主要卡的地方就是没有滚动排查动作。

：对，因为如果是前工序导致的异常、采购导致的异常影响了日计划，那么企业对车间员工进行考核就不公平。PMC把计划安排下去之前，特别是把日计划安排下去之前，要通过不断地排查排除可能出现的异常，为日计划的执行和完成做各种准备，也就是**服务在先、管控在后**。很多企业做生产计划的人没有这样的思想：在制订计划、下达命令之前还要为计划的达成做很多服务工作。排查动作体现了欧博计划模式的管理理念：**服务在前，管控在后。**

针对问题4：车间清尾日计划

：针对总装车间当天是否有欠数，不确定欠数什么时间完成的问题，我们的动作是PMC每天根据总装完成情况制订车间清尾日计划，对没有按计划完成及紧急出货的订单进行重点跟进。

表1－8是涂装车间面漆组的清尾日计划表。清尾是什么意思呢？

例如，今天给面漆车间安排10张订单，要求生产100个产品，3月16日只完成了93个产品，还有7个没完成，这7个就是3月16日这天生产的尾数。针对这个尾数，我们要制订清尾计划，将尾数安排到17日的任务里去，而且清尾计划优先于日计划。

第二天（3月17日）面漆组首先要完成的是清尾计划，再按照车间下达的日计划进行生产，这样就保证了各订单每个产品的生产进度能够和出货时间吻合。

表 1－8　涂装车间面漆组清尾日计划表

车间：涂装车间					班组：面漆					计划日期：2013年4月6日			
序号	下单日期	客户	类别	单号	型号	颜色	订单数量	部件名称	计划数量	实际完成数量	计划达成率	产值	备注
									7日				
1	1/12		实木	PO29433L	MEN－98MAH	MAH	21	整套	21				
2			9000#	PO28971L	KEN－47GMLCH	LCH	1	侧板	1				
3			9000#	PO28835LNJ	KEN－45LCH	LCH	7	侧板	7				
4			GB类	99912112101	GB5152	V/胡桃	5	面板	5				
标准	（1）此表由计划物控部在每天16：30按时下发至各车间，由车间主任下发给各班组 （2）各车间领班根据当天生产情况填写实际完成数量，如所生产的产品不在车间生产工序日计划表内，车间领班必须详细填写计划外生产的产品明细 （3）此表由车间领班在每天8：30前上交车间主任，车间主任审核签字后在9：00前交计划物控部 （4）此表填写必须工整、规范、字迹清晰，所要填写的内容不得有空白												
制约	（1）车间主任对车间领班是否按规定上交、填写车间生产工序日计划表进行检查 （2）计划物控部对车间主任是否按时上交车间生产工序日计划表进行检查 （3）车间主任对计划物控部是否按时上交车间生产工序日计划表进行检查												
责任	（1）各责任人未按时填写及上交生产计划报表，乐捐5元/次 （2）各责任人如存在漏填，乐捐2元/每空												
	制表：				审核：				车间确认：				

：所以关于完成计划，可以用两句话来概括：一是滚动排查、前推后拉；二是两头卡、中间清。其实，尾数是制订生产计划的老大难问题，很多企业都对尾数问题一筹莫展，不知道怎么解决。

很多中小企业想完全杜绝尾数，但基本上做不到，为什么呢？因为品质合格率不高。由于各道工序可能产生品质异常，如返工、返修，甚至报废，使品质极其不稳定。而这些品质异常会导致包装时欠数，就是我们所说的尾数。

解决尾数靠什么？靠我们查清楚每道工序究竟出现了多少异常，产生了多少损耗或返工。查清楚后，该补的补，需要返工的马上返工。

只有一道工序一道工序地清（清尾），每天查每道工序，查完以后马上补，把这些尾数、欠数补到位，才能在包装、总装的时候杜绝欠数。也就是说，**解决尾数问题要靠每天清理每道工序**。

：根据前面的这么些动作，最后形成计划流程的简图（如图1－5所示）：

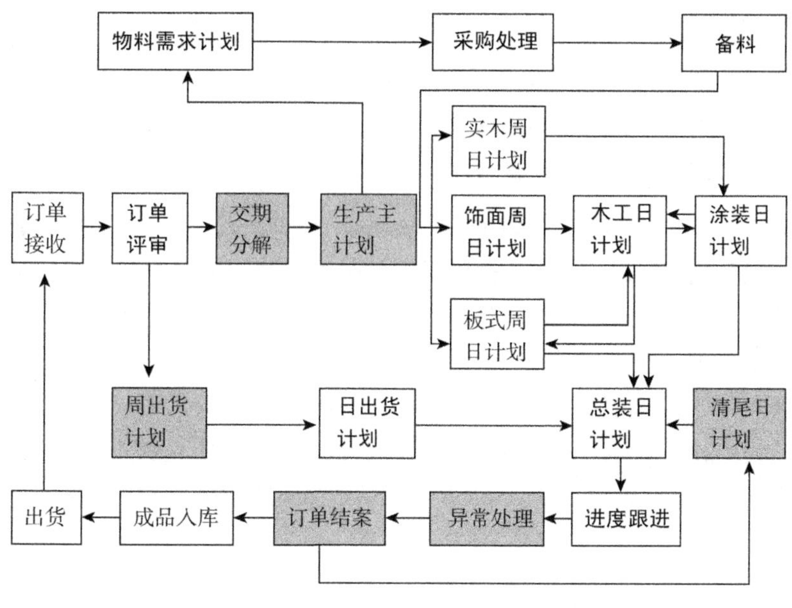

图1－5　计划流程简图

如图1－5所示，通过各种动作的运作，形成了ZG公司从订单接收到成品出货订单处理新的主要动作。有灰色底纹的部分是增加的动作，增加了交期分解、生产主计划、周出货计划、清尾日计划、异常处理和订单结案，字体加粗部分是在原有基础上进行了调整、优化和完善的部门。

五、变革动作必须反复检查，发现变革执行的问题点

（一）变革前的问题

随意检查或者不检查攻关动作是否执行，检查了也没有结果记录和数据统计，不关注每一次动作执行结果的好坏。每天的改善动作是否执行，不完全确定。

：不检查，没有数据统计这是很多企业管理人员的坏习惯。例如，部门领导、经理经常会对下面的员工有所要求，他们觉得只要要求了，员工就会去做。他们不会频繁检查员工到底有没按他们的要求做，也不确定计划员、物控员和仓管员是否按要求执行了改善动作。

：我们做任何一个管理动作的时候都要同时做两个动作，要明确两点：**第一，要求员工做什么；第二，员工不这样做，怎么办。**第一个动作是安排给员工的任务是什么、标准是什么、要求是什么；第二个动作是员工不这样做怎么办，两个动作需要配套进行。

欧博经常提倡要相信别人说的话，要防止别人说假话，这看起来矛盾。相信别人说的话是相信这个人，这个人内心可能不想说假话；要防止别人说假话是指这个人可能由于各种客观原因、习惯等，他答应的结果不能实现，所以要防止这种情况。

（二） 变革后的动作

：以计划更新和下达为例，有四个动作：

（1）PMC 经理每天检查文员是否按时更新主生产计划表。

（2）PMC 经理每天检查计划员是否按时更新及发送主生产计划跟进表到 ZG 公司论坛（订单信息共享平台）业务板块中。这个信息共享平台是 ZG 公司论坛的一个业务板块，业务部通过这个信息共享平台查询主生产计划更新表，这样他们就能清楚地了解每一张单到底在哪道工序、还差多少、多久能交货等信息。

（3）各车间主任监督计划员是否按时下达车间生产工序滚动日计划。

（4）稽核部每天频繁检查计划相关动作是否执行。

这四个动作里面包含了三种检查方式：

第一种是行政式的检查，由上而下，属于领导对下属的检查。

第二种是车间对计划部门的检查，我们把它叫作横向检查。因为在整个流程当中，车间在计划部门的后面，计划部每天有没有按时下达日计划车间最清楚，它对计划部有制约和监督。

第三种是专项检查，每个项目都有检查和稽核部门，稽核部门每天会对核心动作进行频繁检查。

三种方式的检查保证了管理变革动作能够真正落实。

：这四个动作中，（1）和（2）动作都属于行政式检查，（3）属于横向检查，

（4）是专项检查，四个动作三层检查。那么稽核部是什么呢？

：稽核部是欧博项目组帮企业做管理变革时专门成立的用来保证动作落实的检查监督部门。

：像古代的钦差大臣一样。

：通过频繁检查我们发现**ZG公司主生产计划表计划的准确性不高，计划员每天没有及时下发日计划，计划员报怨工作量大**。企业有这样一种现象，当计划不准确的时候，大家总认为是计划部的工作不到位造成的。

前段时间我到一家企业调研，发现这家企业的计划部下达的计划确确实实不准确，计划员、车间和老板的抱怨都很大。计划员抱怨工作量太大，每天没有时间完成这么多的工作；车间抱怨下达的计划总是不准确，而规定又要求车间按计划执行；老板则抱怨PMC人员的能力不行。老板把计划不准确归结为人员的能力不行，归结为人员的工作态度、心态、责任心和执行力等方面存在问题，他想换人，把计划部给撤掉。

这种现象在工厂里面经常发生，通过接下来的第四层觉知，我们发现计划不准确部分原因可能来自计划部，但像ZG这家公司，包括其他很多企业，计划不准不只是计划部的原因。

六、第四层觉知：通过检查发现主计划更新不准确的原因

（一）变革前的问题

问题1：产品状态标识不清

现场产品的状态标识不清楚，摆放在车间的半成品属于哪张订单，属于哪个产品，不确定。

：这就导致一个问题，计划员跟进进度的时候，要花很多时间确认每一张订单到底在哪道工序生产。因为订单的前期情况通过报表反馈，如工序交接表、生产日报表，但计划员还要去抽查，确定车间反馈的数据到底准确不准确。如果车间现场的产品标识不清楚，计划员就没有办法确定，当他想去确定的时候就要花很长时间。

问题2：工序无交接或交接数据不准确

> 不进行工序交接或者有交接但是数据不准确，上工序交给下工序多少，不确定！上车间到下车间多少，不确定！各订单到底在哪个车间、在哪道工序，不确定！

：不进行工序交接或交接数据不准确会导致主生产计划出现错漏。有一家陶瓷厂，它的工序交接很有意思，下工序加工的比上工序交下来的产品还多，这在工序表单有体现。例如，下工序完成了100套，但实际上，上工序只交给下工序95套，还有5套不知道从哪里拿到的半成品，下工序也不管，照做。

：那就说明，交接的时候，交接表上的数量不真实，实际上安排了100套生产任务，但交接表上只反馈了95套，数据写错了。这家公司不重视交接数据，所以PMC更新主生产计划的时候就经常出错。

问题3：车间管理人员不按照计划执行

> 车间现场管理人员还没有养成按计划生产的意识，不按照计划上确定的任务执行。

：以前的计划模式让车间管理人员、员工养成了不按计划执行的习惯，现在计划准确了，他们还是不按照计划执行。挑订单生产，好做的、单价高的先做，单价低的放到后面再做。

问题4：车间管理人员不愿意做基础管理动作

车间管理人员对现场标识票、看板、交接和5S等动作不理解，执行不到位，理由是觉得这些动作没什么用，浪费时间。

：车间应该做到的事情没有做到，它所反馈的数据就不会很准确，这样就导致计划部门要花大量的时间去确认数据的真实性、去收集车间的真实数据。

：我们开始也提到ZG公司的现场看板很久没更新，没有产品标识，为什么会这样呢？因为那时没有真正实行这种计划模式，但实施了我们这种新的计划模式后，如果还是没有看板的准确填写，没有交接表、标识票的准确填写，就没有办法制订计划，排查的工作量就会很大，就需要对着实物一个个去查。如果现场的看板是很准确的、标识票是很准确的，那么排查的工作量就大大减少了。

在这种计划模式下，标识票、看板和交接单的真实性就显得非常重要。而如果没有这样的计划模式，企业就算有标识票、看板和交接单都没用，这些东西真不真实都没关系，所以很多东西企业做不做与需要不需要是有关系的。

计划不能仅仅局限在计划部的办公室里，计划做出来后，计划部还要到车间做大量的现场排查工作，那么标识票、看板和交接单就应该是车间要做的。对于计划部来说，必须将标识票、看板和交接单纳入管理范围。因为计划部不去管，车间的工人就有可能不认真做了。工人不认真做，计划部的计划就难执行。

在欧博的计划模式里，计划的概念已延伸到了车间现场。所以我们欧博经常提一种概念，就是**PMC计划30%的准确性来源于内部，70%来源于现场排查。**因为现场排查准确，才能制订出准确的计划，包括仓库物料的排查，甚至包括对采购供应商的生产状况排查。对一切情况的排查是做好计划的前提，排查甚至占了计划70%的工作量，PMC的人员要做好心理准备。

不要把计划当作计算，欧博计划模式的核心在排查。而排查地点不完全在电脑前，不完全在账面，**最终的排查点在现场，**不管是车间现场、仓库现场，还是供应商的生产现场，总之都在现场。离开现场别谈计划，这是欧博计划模式的一大特色。

抓现场才能够制订计划，这样的计划才能提高准交率，否则制订出来的计划只是一个形式，没办法真正缩短生产周期，不能提高准交率，不能带来数据变化。

我们曾经遇到过这种情况，计划部门什么工作都做了，交期分解、主计划和日计划都做了，但准交率还是没有提高，数据没有改变。后来经检查，发现是现场工作做得不扎实。计划和现场密不可分，这是我们应该树立的新计划思想。

：对中小企业来说，如果计划员从来不下车间，物控员从来不去仓库，那基本可以下一个结论：计划是不真实的，是形式上的，实际的生产绝对不会按照这个计划执行。

（二） 变革后的动作

：针对变革前的四个问题，欧博项目组提出了相应的管理动作变革。

问题	实施动作
现场产品的状态标识不清楚，摆放在车间的半成品属于哪张订单、属于哪个产品，不确定	（1）以帮助为主，欧博项目组的老师协助、跟进，组织计划员、车间领班对现场进行盘点 （2）制订产品标识票，把它作为每个产品的“身份证”
不进行工序交接或者有交接但是数据不准确，上工序交给下工序多少，不确定！上车间到下车间多少，不确定！各订单到底在哪个车间、在哪道工序，不确定	（1）制订工序交接单（部件流动），通过此表单，让 PMC 和车间管理人员了解每个部件的状况 （2）制订车间交接表，通过此单让 PMC 和车间管理人员了解上下车间的配套情况和交接状况
车间现场管理人员还没有养成按计划生产的意识，不按照计划上确定的任务执行	（1）制订车间整体生产进度看板，车间每天更新，通过此看板了解车间整体的生产进度和生产的产品 （2）制订车间工序进度看板，车间每两小时更新一次看板，通过此看板了解各个工序的生产进度和生产的产品 （3）制订工序滚动日报表，让各道工序每天进行填写，让每天各工序的部件生产情况一目了然 （4）制订车间生产日报表，让各个车间每天进行填写，让每天各车间的产品生产情况一目了然
车间管理人员对现场标识票、看板、交接和 5S 等动作不理解，执行不到位，理由是觉得这些动作没什么用，浪费时间	（1）老师组织召开案例分析会，对现场动作与车间管理人员进行集中沟通，讲解现场推行动作的必要性 （2）总经理带队进行现场稽核，发现问题及时纠偏 （3）进行每周稽核执行率排名，在每周二变革例会上公布，排名最低的车间管理人员扣除岗位工资 100 元，连续三周排名最低的，免除管理职务

针对问题1：产品标识票

：针对问题制订的产品标识票如表 1－9 所示。

表 1－9　产品标识票

生产批号：	
产品型号：	
本工序名称：	
部件名称：	
颜色：	
本工序责任人：	
下工序名称：（流入工序名称）	
数量（PCS）：	
生产日期：	
品管确认：	

：从表 1－9 中可以看到，产品标识票包含了这些信息：半成品到底属于哪个生产型号，在哪道工序生产，这个部件的名称是什么，要生产多少，生产日期是什么时候，品质是否合格，有没有进行检验等。通过产品标识票，计划员、主管、班组长和员工都能够清楚地知道摆在车间的产品具体信息。

针对问题2：工序交接单

：针对不进行工序交接或者有交接但数据不准确的问题，制订工序交接单（部件流动），具体如表 1－10 和表 1－11 所示。

表 1－10　ZG 公司________工序与________工序半成品交接单

流水编号（NO）：　　　　　　　　　　　　　　　　交接日期：

序号	生产批号	产品型号	部件名称	颜色	交接数量	交接人	接收人	接收时间	品管员	备注

续表

序号	生产批号	产品型号	部件名称	颜色	交接数量	交接人	接收人	接收时间	品管员	备注

标准：
(1) 此表由各交接车间的物料员与接收部门文员、组长、主管填写，交接日期、数量及签名确认
(2) 此单不允许随意修改，有修改的地方需双方签字
(3) 此单一式三联，由交接双方在交接时当即签名确认，交接部门收回第一联白联，接收部门留存第二联红联，第三联黄联交财务，交接部门主管审核后交部门文员处存档
制约：由部门/班组/交接双方相互监督检查，稽核部门不定时抽查
责任：每漏填错填一项者，乐捐2元/次，如有不执行者，主管及上级发现一次，将对责任人予以双倍处罚

表1-11 ZG公司________工序与________工序物料交接单

流水编号（NO）： 交接日期：

序号	生产批号	产品型号	部件名称	颜色	交接数量	交接人	接收人	接收时间	品管员	备注

标准：
(1) 此表由各交接车间的物料员与接收部门文员、组长、主管填写，交接日期、数量及签名确认
(2) 此单不允许随意修改，有修改的地方需双方签字
(3) 此单一式三联，由交接双方在交接时当即签名确认，交接部门收回第一联白联，接收部门留存第二联红联，第三联黄联交财务，交接部门主管审核后交部门文员处存档
制约：由部门/班组/交接双方相互监督检查，稽核部门不定时抽查
责任：每漏填错填一项者，乐捐2元/次，如有不执行者，主管及上级发现一次，将对责任人予以双倍处罚

：制订车间交接表，通过此表让PMC和车间管理人员了解上下车间的配套情况和交接状况，具体如表1-12所示。

表 1－12 ________车间________车间交接表

产品名称	GB152－16	部件名称	单套数量	生产数量	交接日期	交接数量	接收人签名	品管员	交接日期	交接数量	接收人签名	品管员	交接日期	交接数量	接收人签名	品管员
客户		面板	1	200												
生产批号	99912112101	门桶	1	200												
生产数量		抽桶	1	200												
颜色		脚	2	400												
外观尺寸	1600×800×760	键盘面	1	200												
开始交接日期		键盘架	1	200												
最后交接日期	门板	1	200													
简图		抽面	3	600												
		层板	1	200												
		背板	1	200												
		活层	1	200												
		抽侧板	6	1200												
		抽前后	6	1200												
		键盘底	1	200												
		抽底板	3	200												
		笔槽	1	200												

标准：	此表由文员根据生产订单进行制作，并下发至涂装车间与总装车间，由接收部门负责保存，在与车间交接半成品时使用
制约：	由部门/班组/交接双方相互监督检查，稽核部门不定时抽查
责任：	每漏填错填一项者，乐捐 1 元/项，如有不执行者，主管及上级领导发现一次，将对责任人予以双倍处罚

：车间交接表与工序交接表有所不同，不同点在哪里？主要是车间交接表单以产品为最终的交接要求。

例如，实木车间与面漆（涂装）车间交接表上有各个部件的名称，交接日期有3个，什么意思呢？也就是每一次交接，实木车间不可能等整套产品全部做好了才交给面漆车间，第一次交接的有可能是整套产品的5个部分，写明交接时间和交接人，最后品管签字确认，这样分3个批次交接。**总之，只有当这个产品的所有部件从实木车间交接给面漆车间之后，车间交接表才算填完，才可以发至PMC以及财务部门。**

：**车间交接表是控制配套性的一个很好的工具，**它的功能相当于一张看板，能很好地控制其他配套动作，不然交接了多少不清楚，交接了哪些产品配件、没交接哪些也不知道。通过这张表能很好地控制，车间不必等完全配套了再往下交接。

：例如，出货排查的时候，看这张表就知道面漆（涂装）车间已经将全部部件交给总装车间了，这些东西还在总装，就不需要到现场核查实物了。

：总之，我觉得PMC的核心工作就是把所有的情况搞清楚，就是觉知。这是制订好生产计划最基本也是最关键的步骤。**随时通过看板、交接单，保持觉知，了解情况，是解决问题的关键。**

针对问题3：看板管理，频繁检查

：针对车间现场管理人员还没有养成按计划生产的习惯，不按照计划执行的问题，欧博项目组制订了车间整体生产进度看板（如表1－13所示）。车间每天更新，通过看板了解车间整体的生产进度和生产的产品。

：表1－13与计划员使用的主生产计划跟进表内容是相同的，只是在车间形成一张进度看板。车间主管要去关注进度看板，不能仅仅只有计划员在关注，车间主管必须安排车间文员填写进度看板，这样计划员到现场看一下看板就能够大概知道整个进度情况，就能够更新主生产计划跟进表。

制订车间工序进度看板后，车间要每两小时更新一次，通过看板了解各道工序的生产进度和生产的产品。

表 1－13　涂装车间整体生产进度看板日期

序号	订单号	产品型号	类别	颜色	交期	订单总数量	累计完成数量	UV 线			底着色			底漆			底磨			二度底漆			油磨			面漆			备注
								开工时间	完成时间	余数	开工时间	完成时间	余数	开工时间	完成时间	余数	开工时间	完成时间	余数	开工时间	完成时间	余数	开工时间	完成时间	余数	开工时间	完成时间	余数	
1																													
2																													
3																													
4																													
5																													
6																													
7																													
8																													
9																													
10																													
11																													
标准： 由车间统计员根据各工序看板进度每天上午 9：00 前更新																													
制约： 生产经理、计划员和稽核员对进度看板填写状况进行检查																													
责任： 每天未及时更新，统计员乐捐 2 元/次，车间主任连带责任 2 元/次																													

大家看表1－14中的时间设置，8：00－10：00、10：00－12：00、13：30－15：30和15：30－17：30，为什么要进行每两小时的跟进？因为计划员下到车间之后，他会以两小时的产量评估这两小时的生产有没有异常。假设今日计划数量是100个，每两小时完成25个为正常标准，那么8：00－10：00只完成了十八九个，这样计划员马上就知道车间出现了异常，车间主管也知道这道工序出现了异常，马上就能快速解决。

表1－14 ________工序生产看板

日期：

序号	生产批号	产品型号	部件名称	颜色	订单总数量	累计完成数量	今日计划数量	今日完成情况					
								8：00－10：00	10：00－12：00	13：30－15：30	15：30－17：30	晚上加班	不良品合计
1													
2													
3													
4													
5													
6													
7													

异常情况描述	发生时间	责任人	解决措施	完成情况	备注
1.					
2.					
3.					
4.					
5.					

标准：车间组长按表格要求及时填写（填写的数量以交下工序车间半成品数据为准），解决措施一栏由责任人描述

制约：（1）车间主任监督车间组长是否按要求及时填写

（2）车间组长监督异常责任人对异常的处理情况（异常责任人也包括车间主任自己）

（3）稽核部对看板的填写情况、车间组长的监督情况作不定时抽查

责任：（1）车间组长未按要求及时填写乐捐2元/次。异常责任人无解决措施描述乐捐3元/次

（2）一个星期内车间组长被乐捐2次或以上，车间主任负连带责任，乐捐5元/次

：这样的看板很多企业都有，但是看板下面的三个要素是很多企业没有注意的。他们**有看板、有表单，但没有人监督、检查，没有追究责任。**

我们在每一张表单、每一张看板上都有标准、制约和责任，督促员工一定要执行。只要求员工做没有用，还要检查他做了没有，没有做要追究责任，这是贯穿我们欧博整个管理动作的核心思想。

：制订工序滚动日报表（如表 1－15 所示），让各道工序负责人每天填写，让每天各工序的部件生产情况一目了然。

表 1－15　车间生产工序滚动日计划报表

车间：　　　　　　　　　　　　班组：　　　　　　　　　　计划日期：3 月 15 日

<table>
<tr><th rowspan="2">序号</th><th rowspan="2">下单日期</th><th rowspan="2">客户</th><th rowspan="2">类别</th><th rowspan="2">单号</th><th rowspan="2">型号</th><th rowspan="2">颜色</th><th rowspan="2">订单数量(套)</th><th rowspan="2">部件名称</th><th colspan="3">计划数量</th><th rowspan="2">实际完成数量</th><th rowspan="2">计划达成率</th><th rowspan="2">备注</th></tr>
<tr><th>16 日</th><th>17 日</th><th>18 日</th></tr>
<tr><td></td><td></td><td></td><td></td><td></td><td></td><td></td><td></td><td></td><td></td><td></td><td></td><td></td><td></td><td></td></tr>
<tr><td></td><td></td><td></td><td></td><td></td><td></td><td></td><td></td><td></td><td></td><td></td><td></td><td></td><td></td><td></td></tr>
<tr><td></td><td></td><td></td><td></td><td></td><td></td><td></td><td></td><td></td><td></td><td></td><td></td><td></td><td></td><td></td></tr>
<tr><td></td><td></td><td></td><td></td><td></td><td></td><td></td><td></td><td></td><td></td><td></td><td></td><td></td><td></td><td></td></tr>
<tr><td></td><td></td><td></td><td></td><td></td><td></td><td></td><td></td><td></td><td></td><td></td><td></td><td></td><td></td><td></td></tr>
<tr><td></td><td></td><td></td><td></td><td></td><td></td><td></td><td></td><td></td><td></td><td></td><td></td><td></td><td></td><td></td></tr>
<tr><td>标准</td><td colspan="14">（1）此表由计划物控部在每天 16：30 按时下发至各车间，由车间主任下发给各班组
（2）各车间领班根据当天生产情况填写实际完成数量，如所生产的产品不在车间生产工序日计划报表内，车间领班必须详细填写计划外生产的产品明细
（3）此表由车间领班在每天 8：30 前上交至车间主任，车间主任审核签名后在 9：00 前交计划物控部
（4）此表填写必须工整、规范、字迹清晰，所要填写的内容不得有空白</td></tr>
<tr><td>制约</td><td colspan="14">（1）车间主任对车间领班是否按规定上交、填写车间生产工序日计划报表进行检查
（2）计划物控部对车间主任是否按时上交车间生产工序日计划报表进行检查
（3）车间主任对计划物控部是否按时上交车间生产工序日计划报表进行检查</td></tr>
<tr><td>责任</td><td colspan="14">（1）各责任人未按时填写及上交生产计划报表，乐捐 5 元/次
（2）各责任人如存在漏填，乐捐 2 元/每空</td></tr>
</table>

表 1－15 发到车间之后，车间生产完成就进行填写，填完之后要送至 PMC。日报表和日计划表的形式是一样的。PMC 根据日报表、工序交接表更新日计划，了解工序每天的生产情况。

制订车间生产日报表（如表 1－16 所示），让各个车间每天进行填写，让各车间的产品生产情况每天都一目了然。

表 1－16　________车间生产日报表

日期：

<table>
<tr><td colspan="3">应到人数</td><td colspan="3"></td><td colspan="2">停工待料时间</td><td colspan="2"></td></tr>
<tr><td colspan="3">实到人数</td><td colspan="3"></td><td colspan="2">设备故障时间</td><td colspan="2"></td></tr>
<tr><td colspan="3">缺勤人数</td><td colspan="3"></td><td colspan="2">返修次品时间</td><td colspan="2"></td></tr>
<tr><td colspan="3">出勤人数</td><td colspan="3"></td><td colspan="2">换线时间</td><td colspan="2"></td></tr>
<tr><td colspan="10">停工待料原因描述：</td></tr>
<tr><td>客户</td><td>产品类别</td><td>订单编号</td><td>产品型号</td><td>颜色</td><td>计划生产数量</td><td>实际生产数量</td><td>不良品数量</td><td>报废数量</td><td>产值</td></tr>
<tr><td></td><td></td><td></td><td></td><td></td><td></td><td></td><td></td><td></td><td></td></tr>
<tr><td></td><td></td><td></td><td></td><td></td><td></td><td></td><td></td><td></td><td></td></tr>
<tr><td></td><td></td><td></td><td></td><td></td><td></td><td></td><td></td><td></td><td></td></tr>
<tr><td></td><td></td><td></td><td></td><td></td><td></td><td></td><td></td><td></td><td></td></tr>
<tr><td colspan="5">合计</td><td></td><td></td><td></td><td></td><td></td></tr>
<tr><td colspan="3">生产计划达成率</td><td colspan="2"></td><td colspan="2">车间产值</td><td colspan="3"></td></tr>
<tr><td colspan="3">人均产值</td><td colspan="2"></td><td colspan="2">人均绩效工资</td><td colspan="3"></td></tr>
<tr><td colspan="10">标准：（1）此表由车间统计员负责编制，车间主任负责审核
（2）此表在每天 9：00 前必须上交计划物控部文员处
（3）此表填写必须工整、规范、字迹清楚，所要填写的内容不得有空白
制约：（1）计划物控部对各车间是按规定要求填写进行检查
（2）计划物控部对各车间是否在规定时间内上交日报表进行检查
责任：（1）各车间未按规定要求填写，乐捐 5 元/次
（2）各车间未在规定时间内上交日报表，乐捐 5 元/次</td></tr>
</table>

：表 1－15 是工序的，表 1－16 是车间的。

：对，表 1－16 与表 1－15 的区别就是表 1－16 会统计各种异常时间，如停工待料的时间、设备故障的时间和设备返修的时间等。同时表 1－16 也统计了生产计划达成率，车间就可依据此表进行考核了。

：还有三要素，即**怎么做、谁检查和谁承担责任都清清楚楚**。类似的日报表其实很多企业都有，但为什么没有发挥作用呢？因为没有把三要素加进去。

针对问题 4：案例分析会，讲解现场推行动作的必要性

：车间管理人员对现场标识票、看板、交接和 5S 等动作不理解，执行不到位，理由是觉得这些动作没什么作用，浪费时间。因此，欧博项目组的老师针对这种现象，首先组织召开案例分析会，就现场动作与车间管理人员进行集中沟通，讲解现场推行动作的必要性。

这也是我们针对不执行的问题所采取的常规动作，把责任人和整个班组聚到一起，把问题从头到尾梳理一遍。针对某个动作为什么不做进行原因分析，造成了什么损失由责任人自己来讲，要承担什么责任由责任人自己陈述。

这个过程的核心在哪里？让做事情的人觉知自己做事时的状态、心态。有些员工在做事的时候不一定很清楚自己到底做了什么，通过案例分析会，他们能清楚地看到自己是怎么做事的。

我们发现很多管理人员、员工不执行相关动作，不是他们不知道事情的对和错，相反他们知道。例如，知道今天要填这张表单，可不愿意填，**问题在哪里呢？在于他的习惯或者是心态，不想做、怕麻烦。通过案例分析会，**让他自己觉知一遍自己的问题，下次情况就不一样了。

：很多企业遇到不执行的情况更多的是靠管控、处罚和批判等方式解决，实际上，通过案例分析会可以让每一个犯错、违规的人保持觉知。觉知什么？**觉知做这件事情究竟能占用多少时间，让他自己明白，让大家也看清楚这一点。**

通过觉知形成压力，让员工自己注意这件事。他不去注意，老是认为很耽误时间，就不愿意填表。所以一说到填表，经常会有人说影响他的收入和效率，其实认真觉知一下，算一下填表的时间就知道根本用不了多少时间。所以，注意和觉知是管理的好方式，因为它能消除对立，找到真相。

：**其次，总经理带队进行现场稽核，发现问题及时纠正。稽核员到现场去查看每一个动作的执行情况，发现问题当场要求管理人员改正。**每周进行稽核执行率排名，在每周二变革例会上公布排名情况，排名最低的岗位工资扣除 100 元，连续三周排名最低免除管理职务，这样就能给管理人员形成压力。

通过执行率的排名，让大家知道谁总在执行动作，谁又没执行动作，针对不执行的人进行集中式改变。

通过反复检查，让动作能够落实，解决执行过程中所碰到的问题。

七、必须反复总结和评价变革动作

（一）变革前：不统计改善数据，不总结

：在欧博对ZG公司变革前，ZG公司不统计每天的改善数据，不对改善情况进行总结，凭感觉评价或不评价每天改善动作的效果。

有些老板经常说："我也想提高管理人员的待遇，也想给他们奖励，但奖给谁呢？我也没有一个标准。"没有标准，老板往往采取下面两种方式：第一，干脆都不奖，不然奖了这个人，没奖别人，到时候被说不公平，对公司有意见；第二，全部都奖，但这样的激励可能发挥不了调动管理人员的作用。

还有一种奖励的方式是老板经常在发了工资之后，偷偷给觉得还不错的管理人员一些奖金，因为怕其他管理人员有意见，给的时候还要叮嘱其保密。

（二）变革后：考核具体完成情况

：变革后，通过以下三步来考核具体的完成情况：

（1）每天的生产协调会对生产日计划的完成情况进行考核。我们制订的计划是可完成的，按照实际产能和物料、设备状况，完成是没有任何问题的，所以必须进行考核。

（2）每天对日计划的下达、工序交接和看板填写等动作进行统计，未按规定要求完成事项，乐捐2元/次。就是这么多的检查动作，只要发现没有完成的，没有按规定做的，一次乐捐两元。

（3）进行每周稽核执行率排名，在每周二变革例会上公布排名情况，排名最低的岗位工资扣除100元，连续三周排名最低免除管理职务。每天对管理动作的效果进行评价和总结，优化管理动作，把无效的剔除，有效的、有用的坚持下来，这也是我们接下来要说的第五层觉知。

通过上述动作，订单处理过程的动作得到了规范。PMC模式已经建立，要想全面提升效率，还要进行瓶颈分析。

：欧博的检查和考核有两个特点：第一就是每天进行，以天为单位；第二就是总结、评价的重点在于对员工实施考核。

八、 第五层觉知： 订单准交率低和效率不高的瓶颈分析

（一） 变革前的问题

（1）只是凭经验知道哪个车间是瓶颈，没有对整个工艺流程进行分析。

（2）不能够确定每道工序的理论产能、实际产量，只是凭经验、凭基层管理人员的反馈。

（3）对于生产瓶颈的严重影响程度不明确，对于瓶颈工序到底积压了多少款产品、多少产值，没有具体的统计数据，只是知道积压了“很多”。

（4）对于瓶颈问题，管理人员已经习以为常，天天处于救火状态，疲于应付需要紧急出货的产品。

：在任务安排方面，很多老板都会与管理人员进行博弈。

例如，老板希望某车间明天生产600件货，车间主管说只有20几个人，做不到。老板说550件总行吧，车间主管说尽力完成吧。然后第二天车间完成了550件。再安排任务的时候，老板说明天能生产600件吧，主管说做不到，老板便开始强压威胁，结果第3天还不到600件。没做到，老板也不能把车间主管怎么样。在安排生产过程中遇到瓶颈问题的时候，管理人员一般凭经验明确每天的任务。

（二）变革后的动作

：通过以下三步进行工艺瓶颈分析：

（1）总装车间产品不配套现象频发，经常到包装的时候才发现少数（产品少数和部件少数）。

（2）涂装车间产品积压最严重（如图1－6所示），积压品达250万件。

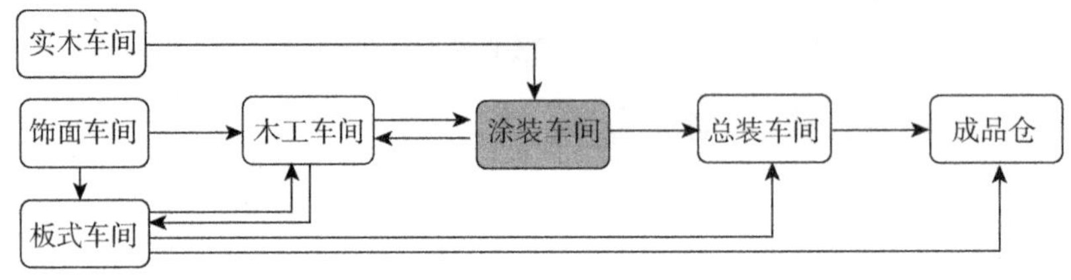

图1－6　产品流向图

（3）对涂装车间内的各道工序进行分析，发现涂装车间底磨工序、面漆工序积压最严重，是目前涂装车间的瓶颈（如图1－7所示）。

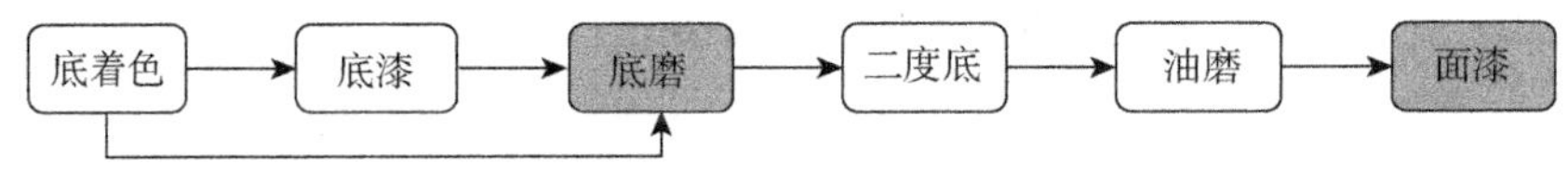

图1－7　涂装车间艺流程图

通过工艺流程及各工序实际产能负荷进行分析后发现涂装车间为整体生产的瓶颈，是导致整体生产效率不高的主要原因。

九、第六层觉知：涂装效率不高的具体原因分析

（一）原因分析

：变革前不到现场去确定问题到底是哪个环节导致的，所以，**到底什么原因导致问题产生，凭经验！到底是不是这个原因导致问题产生，不确定！**

对涂装车间效率不高的情况进行分析，发现以下四个原因，具体如表1-17所示：

表1-17　涂装车间效率不高的原因分析

1	涂装车间喷油工一个主枪手、一个副枪手的有效工作时间不多，经常要自己去外面拉货，既影响效率又影响品质
2	整个涂装产品在涂装车间内部经常有不配套现象，导致不能及时交接到下一道工序
3	员工的操作动作不规范，影响品质和效率
4	车间现场混乱，面漆房5S差，影响产品品质和效率

：大家可以看到表1-17中的四个问题都是很简单的问题。

：我想问下这么简单的问题为什么企业没有注意并解决呢？

：其实他们也试图解决，但他们的解决方式是开会，管理人员坐在一起讨论。问题之所以还没解决，原因是：第一，他们从不到现场找原因，不找员工了解情况，而员工恰好执行这些操作，他们对问题往往能提供最直接的答案；第二，不去现场验证，几个部门主管，品质部门和生产部门主管，包括车间主任和技术人员，大家坐在办公室一起开会，然后说说就完了。

：一方面他们没去现场，另一方面，在他们的思想意识里，问题不会这么简单，不会是这几个问题导致的。涂装车间喷油工一个主枪手和一个副枪手有效工作时间不多，经常要自己去外面拉货，这对效率的影响会有多大呢？他们可能认为这个问题的影响不大，认为有更大的问题存在，如设备运转是否正常、油漆的质量如何，没有特别关注和研究员工的操作动作，把问题想得很严重，最后大家只在办公室谈谈而已。其实，我们到车间找到问题并一步一步解决以后，效果就会越来越明显。

所以，面对问题的时候，我们还是要具有佛家说的“空”的心态，不要把问题想得那么严重、复杂。很多时候大问题都是由小问题引起的，抓住小问题现场解决，就能解决大问题。

（二）改善动作

：针对这些问题，改善动作就相对来说就很很简单了，具体如表1-18所示：

表1－18 针对涂装车间问题的工作变革

问题	实施动作
涂装车间喷油工一个主枪手、一个副枪手有效工作时间不多，经常要自己去外面拉货，既影响效率又影响品质	对油房设立配送员，确保各油房所需物品油漆、架子和半成品及时配送到位，提高喷油师傅的有效工作时间，并保证产品的配套性
整个涂装产品在涂装车间内部经常有不配套现象，导致不能及时交接到下一个工序	（1）对涂装现场半成品进行清理、点数，了解每款产品在涂装的状态 （2）每天下午召开领班对单会，对底磨和面漆两道工序的次日任务进行重点明确，确保生产的是包装所需要的 （3）制订面漆房管理动作控制卡
员工的操作动作不规范，影响品质和效率	制作底磨操作动作及喷油的视频教材，每天组织员工培训30分钟（卢海波负责拍摄，张明君负责组织培训）
车间现场混乱，面漆房5S差，影响产品品质和效率	制订面漆房5S管理动作控制卡，制订现场规划区域管理动作控制卡

每一张动作控制卡都包含了标准、制约、责任三要素。以面漆房为例，把面漆房管理所应该具备的相关核心动作再次进行明确，如任务下达、油漆备料、半成品备料、整个面漆房环境的要求，标准细化到具体时间，有可量化的数据，以此来保证员工和管理人员的相关动作得到有效的执行，具体如表1－19所示。

表1－19 面漆房管理动作控制卡

<table>
<tr><td>文件名称</td><td colspan="10">面漆房管理动作控制卡</td></tr>
<tr><td>编制部门</td><td>生产部</td><td>使用部门</td><td>涂装车间</td><td>文件编码</td><td>OB－007</td><td>版本/次</td><td>A/0</td><td>页数</td><td colspan="2">第62页/共1页</td></tr>
<tr><td>控制要点</td><td colspan="3">标准（如何做）</td><td colspan="2">制约（谁检查）</td><td colspan="5">责任（担何责）</td></tr>
<tr><td>任务下达</td><td colspan="3">面漆组组长每天17：30前根据面漆组日计划填写派工单，并将派工单贴在面漆房看板上</td><td colspan="2">稽核专员、车间主任对每天生产任务落实情况进行检查</td><td colspan="5">（1）未按要求完成，面漆组组长、副组长乐捐2元/次
（2）每周超过2次，车间主任连带乐捐3元/次</td></tr>
<tr><td>油漆备料</td><td colspan="3">（1）调漆员根据派工单调配油漆并填写调漆记录表
（2）调漆员每天8：00前将调配好的油漆配送到面漆房</td><td colspan="2">稽核专员、车间主任每天8：00检查油漆配送状况</td><td colspan="5">（1）调漆员未按要求配送完成，乐捐2元/次
（2）每周超过2次，面漆组组长连带乐捐2元/次</td></tr>
<tr><td>半成品、架子备料</td><td colspan="3">半成品备料员每天下班前根据派工单将各面漆房所需物料送至指定备料区，并确保有产品标识票</td><td colspan="2">稽核专员、车间主任每天下班前检查油漆准备情况</td><td colspan="5">（1）配送员未按要求配送完成，乐捐2元/次
（2）每周超过2次，面漆组组长连带乐捐2元/次</td></tr>
</table>

续表

<table>
<tr><td>文件名称</td><td colspan="11">面漆房管理动作控制卡</td></tr>
<tr><td>编制部门</td><td>生产部</td><td>使用部门</td><td>涂装车间</td><td>文件编码</td><td>OB－007</td><td>版本/次</td><td>A/0</td><td>页数</td><td colspan="3">第62页/共1页</td></tr>
<tr><td>控制要点</td><td colspan="3">标准（如何做）</td><td colspan="2">制约（谁检查）</td><td colspan="6">责任（担何责）</td></tr>
<tr><td>油房作业</td><td colspan="3">（1）各油房成员8：00前将表干房的产品送至慢干区
（2）主枪手加工完一批产品后必须使用标识票标示
（3）面漆组各油房造成的不良品自己加班时间处理且不可在正常上班时间进行</td><td colspan="2">车间统计员、稽核专员、质检部、车间主任每天不定时检查</td><td colspan="6">（1）未按要求执行，面漆房成员乐捐2元/次
（2）未按时完成返工，面漆房成员乐捐5元/批</td></tr>
<tr><td>面漆房环境</td><td colspan="3">（1）各面漆房每天下班前必须清理现场并拖地打扫
（2）各面漆房每天7：50前打开油房的门排风10分钟
（3）每周三18：00－18：30、周六17：30－18：00对面漆房和表干房进行四壁吹尘并拖地清理</td><td colspan="2">稽核专员、车间主任每天下班前检查</td><td colspan="6">未按要求执行，面漆房成员乐捐2元/次</td></tr>
</table>

面漆房的5S管理通过图片对比的方式，让车间所有的员工知道什么样的行为是合格的，什么是不合格的（如表1－20所示）。

表1－20　面漆房5S管理动作控制卡

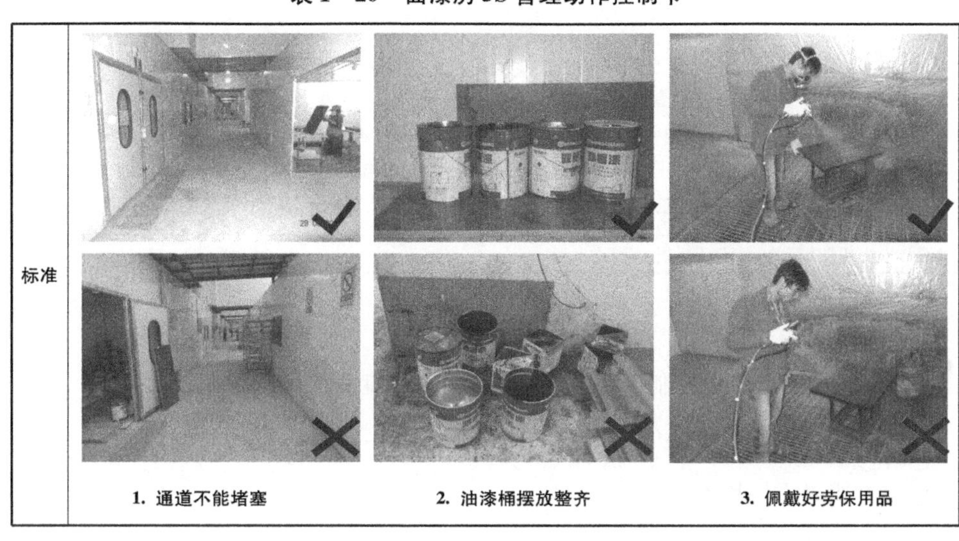

续表

标准	 4. 表干房保持干净整齐　5. 工具台保持干净整齐　6. 慢干区半成品摆放在黄线内　7. 清洁工具要摆放整齐　8. 产品分类放置并贴好标识票　9. 衣物摆放整齐
制约	组长、车间主任、稽核员不定时对现场进行确认
责任	未按要求执行的，责任人乐捐 2 元/次

审核：　　　　　　　　　　　　批准：

：我问一下，动作控制卡和作业指导书、ISO 流程文件有什么区别？

：最大的区别就是作业指导书和 ISO 流程文件没有制约和责任部分，也就是说没有明确谁去检查。

：只有动作要求，没有检查和究责。只有标准，但是对于谁检查，承担什么责任，怎么究责，它没有强调。它为什么不强调呢？

：因为作业指导书基本是管理人员编制的。以前跟管理人员沟通的时候，我发现一个现象：管理人员对制订标准很热情，他们制订了很多标准，但标准的真正执行者往往是他们的下属或相关部门的作业人员，论及制约以及确定责任时，他们往往就不想定了。

：因为执行标准是别人的事，检查是他们自己的事，他们就不想定。

：对！他们就不太愿意或者选择性地忽略。

：制订出标准，让别人去执行，自己不愿意检查，这是人的通病。很多人都认为执行不执行是别人的事，没把检查当作自己的事，没有从检查的角度来看待这件事。

：很多管理人员和我们沟通的时候，总是抱怨下属的执行力不强，自己安排下去的事下属总是不做。

：他就没有想想自己检查的力度够不够？因为检查是他的事，执行是别人的事。

：对，这就是我们经常说的求外不求内。我经常问管理人员："你总是抱怨下属的执行力不强，那你有没有检查他的执行呢？"他说："这个还要我检查吗？我都已经要求了，我都讲得很清楚了还要我检查？"所以，管理人员把执行看成别人的事，看成和自己不相干的事，这样的管理理念影响了很多事情。

：动作控制卡与ISO流程文件很类似，但也有区别。ISO流程文件在国外非常流行，是通用的。为什么ISO流程文件只是把动作要求提出来而没有侧重检查和究责呢？

：我觉得可能是职业习惯的问题，外资工厂有这种企业文化和氛围，大家养成了按标准、按规定做事的习惯，不需要再加制约和责任。

：外资企业的职业化素养相对较高，制订一个标准，大家都会照着去做。

：**他们**执行是正常的，不执行是异常的。

：**所以我们要推行管理动作，也许要求不是最重要的，检查和究责才是重要的，要通过检查和究责提高企业员工的整体职业化素养，这也是带队伍的一个必经过程**。这个过程西方发达国家通过一百多年的工业化进程已经完成了，而我们则刚刚开始。

：很多老板认为究责就是处罚赔偿。我看到一家企业，出现了质量问题，从总监到管理人员、都是几百元、几千元的处罚。我们欧博讲的究责不仅仅是指处罚，我们强调多奖少罚，究责的方式可以是批评、可以是谈话，也可以是早会上的检讨，或把做得不好的事情曝光。

：我觉得欧博的究责更强调两点：**第一，频率，就是究责的频率非常高，让员工一出错就意识到要承担的责任；第二，欧博的究责更多的不是让员工受到处罚，而是让他注意。**每次处罚都是一两元，最多五元，而奖励比处罚多。处罚的目的是引起他的注意，让他觉知错误，不是为了惩罚他，不是为了让他利益受损。不是在结果上给他一个很大的教训，而是让他通过自身的注意来改正错误。

十、 改善后的变化

：整个解决问题的过程其实就是六层觉知，为什么要一层一层地觉知？因为有些问题没有办法提前发现。就第三层觉知来说，如果企业不推主生产计划，不执行主生产计划，就没有办法发现主生产计划更新不准确的问题。只有做了，这个问题才会在执行的过程中暴露出来。

：甚至包括瓶颈也是这样。企业人员其实并不是不知道涂装车间这个瓶颈，但这个瓶颈有多严重的影响，他们没有数据化的概念。把日计划安排下去，这种影响就会以数据化的形式表现出来。因为日计划是根据标准产能安排下去的，结果卡在涂装车间。能生产的东西就只有这么多，我们就可以看到涂装车间的瓶颈影响了多少产能，这是一个数据化的概念。

如果不推行这个日计划，这个瓶颈就有可能永远成为讨论的话题而没办法解决，因为我们没有数据化的东西，不知道有多少损失。

所以我经常说和老板讨论问题的时候一定要谈到钱，因为老板关心的是赚还是赔，而不是对和错。很多管理人员经常分析对和错，而不是以钱来衡量。

只有通过这种日计划模式，才能把瓶颈造成的影响量化成钱，老板才能下决心做一些改变，所以我觉得只有通过日计划才能真正抓住瓶颈并改正。

：只有做了前面的动作才能发现后面的问题，才能继续后面的动作。

：没有订单评审，就没有主计划，因为没有订单评审就没有交期分解。没有交期分解就没有主计划，没有主计划就不可能有周计划。不通过排查就不可能有日计划，没有日计划就不知道瓶颈。永远只是一个感觉，不可能做数据化的、效益的损失分析，不可能全力以赴解决。所以 ZG 公司之前为什么没解决瓶颈？很简单，因为他们不知道这个问题的影响有多严重。

实际上，层层觉知是一个动作之后发现更深层次的问题，再做动作能发现更深层次的原因 ，最后才能找到真正原因。找到真正的原因就很简单了，然后把很简单的动作做到位，就有效果了。

制订计划的核心在排查，排查很简单，不难做。瓶颈分析找到的原因也很简单，员工动作规范也很简单。最后我们找到的所有问题都是小问题，解决的方案也是小方案，但这个解决过程是一层层来的。如果没有一层层的觉知，我们就不会这样看问题，会把问题看得很严重，然后不去解决，总在办公室讨论。通过层层觉知，找到很简单的方法以后频繁地检查、频繁地做，效果就有了。

：实施一系列动作后，数据有了一些变化，是变革 50 天左右的数据变化。

十一、 数据变化

（一） 订单准交率

：动作改善后，订单准交率的变化如表 1－21 所示：

表 1－21　订单准交率的变化

数据名称	调研数据	3 月第 4 周	变化
订单准交率	28%	73.4%	提升了 45.4%

（二）涂装车间日均产值

：动作改善后，涂装车间日均产值变化如表 1－22 所示：

表 1－22 涂装车间日均产值的变化

数据名称	攻关前（万元）	4 月第 1 周（万元）	变化
涂装车间日均产值	14.84	20.79	提升了 28%

（三）总装车间日均产值

：总装车间日均产值的变化如表 1－23 所示：

表 1－23 总装车间日均产值的变化

数据名称	3 月	4 月第 1 周（万元）	变化
总装车间日均产值	15.12	23.8	提升了 57%

针对 ZG 公司订单准交率低、生产效率低的问题，解决思路和方法已基本展现了。从数据变化来看，ZG 公司的生产效率和订单准交率都有了明显的变化。

案例二

SS 公司如何通过物料排查提高生产效率

浙江SS汽车零部件有限公司（简称SS公司）始建于1985年，公司始终坚持以质量为立身之本。在国内为30多家汽车厂做配套服务，拥有200多家售后服务点，现有员工600余人，其中，技术员工60余名、质量检测人员50余名。对产品质量的高要求，使SS获得了广大客户的赞扬与信赖，公司于1999年通过ISO9002认证，2002年通过ISO9001：2000认证，并于2004年通过了ISO/TS16949认证。

主要产品如图2－1所示：

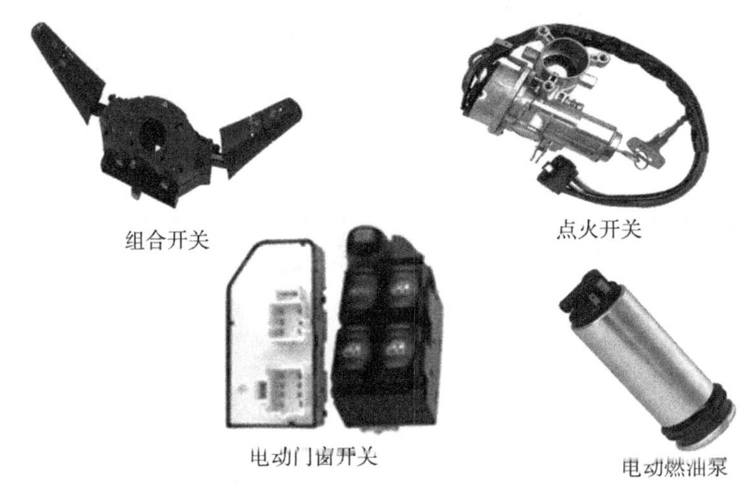

图2－1 SS公司产品

（曾副总）：SS公司面临的问题是：

（1）订单准交率非常低，客户流失严重。但订单准交率究竟低到多少，不清楚！这跟ZG公司案例的核心问题一样。

（2）总装车间停工待料时间长，而且居高不下。管理人员对此已习惯，每天几个小时等待物料、每天不换拉反而是不正常的。

（3）人均效率低，员工积极性不高，异常对员工的影响非常大。

一、第一层觉知：关键问题的数据统计、分析

（一）变革前：没有数据统计

：欧博项目组于2013年6月5日进驻SS公司并召开管理变革动员会议，会议期间销售部反映公司订单准交率非常低，经常出现无货给客户的现象，造成客户流失。但具体订单准交率是多少、数据是多少，不清楚。而造成订单准交率低最直接的原因就是生产部总装车间经常性的停工待料，导致员工工作效率低。但每个月停工待料的异常工时是多少，无人统计。

在SS公司完成调研之后，欧博项目组的老师曾告诉我，企业的很多管理人员都知道订单准交率不高的原因。欧博项目组的老师紧接着又问他们有没有统计过车间生产的异常工时，他们说没有准确的统计数据，大概有1千多个小时。欧博项目组的老师追问有无明确的表单反馈，他们就说每天有记录，但没有每周或每月的汇总。也就是说，这个异常工时是他们凭着感觉和经验预估出的，具体是多少，大家不知道。

（曾教授）：为什么没有做数据统计呢？

：基础数据有，基本的记录也有，但车间管理人员认为这些问题不需要由他来解决，应该是其他部门帮他解决的。所以他不会每个星期都查看异常工时到底有多少，也没有做这方面的统计。我们做了数据统计后，管理人员也说做这工作其实也并不麻烦。

：业务部门没有统计订单准交率，是因为业务员觉得订单不准交是生产部的原因，生产部自己想办法解决，他只能报告这个问题很严重。业务部门不认为自己应直接解决提高订单准交率的问题，认为是生产部门解决，所以把感觉告诉了生产部门，也没有做精确的统计。

生产部门为什么不统计停工待料的工时？也很简单，生产部门认为停工待料是采购部门或者别的部门造成的，每个反映问题的人都没有抱着一定解决问题的心态，所以，就都不做数据统计。

造成问题的人不去统计，因为统计出来的结果是他工作失职的体现，等于告诉别人自己造成了多少损失，当然不愿意统计。所以责任部门不愿意统计是为了逃避责任，其他部门不愿意统计是觉得这些问题归别的部门解决。责任部门不解决，关联部门不解决，大家都是谈谈而已，最后导致企业很多问题没有准确的数据。

（二） 变革后： 统计关键数据

对关键数据进行统计：

（1）欧博项目组的老师要求对去年的订单准交率数据进行统计，发现外贸订单准交率为21.16%，内销订单准交率为57.52%。

（2）统计去年的停工待料工时，发现总装车间停工待料工时平均每月高达1439小时。

：大家可以看到订单准交率非常低，特别对于中间制造供应商来说。

当然这是所有拉线的异常工时加起来的数据，1439除以24约为60天，效率的浪费非常严重。

二、 第二层觉知： 核心问题点的分析

（一） 变革前： 欠料问题无人追踪解决

：这里又讲到了企业的习惯。这家企业上了ISO流程，相对来说是比较规

范的企业。公司也有主计划、日计划，主计划、日计划也明确了每天该做些什么，但车间的计划完全根据物料的情况来定，只要没有物料就调整计划。

这家公司的工作习惯总是等到总装上线才发现欠料，只好对计划进行调整。但到底是什么原因导致的欠料，无人追踪解决。

这个企业有个奇怪的现象就是计划达成率很高，欧博项目组的老师进驻的时候是90%以上，但是外贸订单准交率只有20%，内销订单准交率只有50%左右。

：它的计划达成率是根据已有的物料安排计划的达成率，不是根据出货安排计划的达成率。表面上计划达成率很高，但是对出货没有意义，因为不进行事先的物料排查，而只是根据所到的物料调整计划，计划好像制订得很准，实际上没有根据出货和客户需要来生产，这种达成率是没有意义的。

：所以，他们养成了一个习惯，物料到了就排产，这样就导致计划达成率高，所有的管理人员还能拿到奖金，但企业却被客户追得很紧。很多企业都会出现这样的矛盾，这是一种普遍现象。

（二）原因分析

对欠料原因进行分析，找到具体的问题点。

第一，订单接收时，未进行订单评审，不考虑物料交期。

：SS公司的订单方式和生产模式导致管理人员对客户的要求没有办法进行很好的调整。客户说什么时候交，业务人员就说“好”；客户说交多少，业务人员都说“行”、“没问题”。以这种方式回复客户交期，但最终又没有办法保证。

第二，没有对物料进行分阶段的细化排查，没有进行实物备料。欠料没有进行明确的回复，也没有对欠料进行跟进，车间没有提前进行物料排查、实物领料。

：采购部门把采购单发下去就算完事了，就等着物料到工厂，物料应该回厂那天没有回来的话就再追，所以等于物料这部分完全没有人进行跟踪管控。

问题找到了，接下来就是我们的解决方案。

三、第三层觉知：形成解决方案

（一）变革前的问题

：前面提到总装车间的计划达成率很高。

对员工来说，反正每天计划的东西都准时做出来就行了，自己已经整天忙个不停，不能交货自己也没有办法。采购员则说物料没到是供应商没有送过来，他也没办法。物控员说是因为单价低，公司没有及时付款等原因造成供应商积极性不高。总之，原因都不在自己身上。

很多中小企业的财务都是老板或者老板娘在管，也就是说，物料没及时到，最终是付款或单价问题，那当然最终的责任在老板身上。大家都没有责任，于是大家认为这种情况也是正常的。

：每个人把解决问题的希望都放在别人身上，都不从自己身上想办法解决。

：**总结出来的问题有以下六个：**

问题1：订单接收时，未进行订单评审。

问题2：没有对物料进行分阶段的细化排查。

问题3：欠料没有进行明确的回复，也没有对欠料进行跟进。

问题4：没有进行提前的实物备料。

问题5：欠料没有进行明确的回复，也没有对欠料进行跟进。

问题6：车间没有提前进行物料排查、实物领料。

（二）变革后的动作

针对问题1的动作

	实施动作
针对问题1	推行订单评审。当销售科接到客户订单时，不能直接回复客户交期，必须由PMC组织技术部、生产部、采购部和品质部对现有订单情况、产能负荷状况、技术要求和物料采购周期完成评估后，再对交期进行回复，保证交期的可执行性

：针对未进行订单评审就回复客户交期的情况，我们推行订单评审，确保交期。

有些工厂遇到过这样的情况，客户给工厂的交期都还不够工厂采购物料，但业务员竟然也答应了。

：销售部门经常说客户是上帝，客户的要求就是死命令，内部评审不按客户的要求，不是不以客户为上帝了吗？这怎么解释？

：以客户为上帝，不是把客户的所有要求都全盘接受。例如，客户要求插单，要求交期提前，哪怕业务人员现在答应了，但最后还是满足不了客户的要求。

：所以要看业务员把“以客户为上帝”这句话放在嘴边还是行动上。放在嘴边，客户说什么就是什么，企业产能不够、交期不能满足，也答应他，这是糊弄，恰恰是欺骗客户、欺骗上帝！业务人员真的尊重客户，就应该实事求是，合理安排，做得到的答应，做不到的就不答应。做不到的答应他就是欺骗，就不是以客户为上帝，而是欺骗上帝了。

针对问题2的动作

（1）进行月物料排查

	实施动作
针对问题2	1. 进行月物料排查 （1）提前一个月对计划内的物料需求进行排查，协调和初步确定销售、组装车间、前工序车间和采购的进度 （2）销售部每月10日17：30前必须制订出下个月26日至下下月25日的销售计划，发给PMC总装计划员

：也就是提前一个半月制订一个半月以后的销售计划。

：等于就是3月10日要给出4月26日到5月25日的销售计划。

（2）制订总装车间月生产计划

	实施动作
针对问题2	2. 总装计划员每月12日17：30前，依据销售计划编排并下发总装车间月生产计划，并发给物控员

：总装车间月生产计划如表2－1所示。

：这里是当月26日到下个月26日整月的生产计划，每一张订单每一个天要生产多少都有明确的计划，这个计划是指导性的，不是真正让车间严格执行的计划。

：总装车间的计划员有两天的时间根据销售计划制订总装车间的月计划，这两天的时间他在做什么呢？

：**排查成品库存。**

（3）制订月物料需求欠料表

	实施动作
针对问题2	3. 物控员在接到总装计划后，根据总装月计划完成月物料需求计划欠料表的制订，并在每月13日8：00前将月物料需求欠料表发给各前车间计划员及采购计划员进行欠料交期回复

：月物料需求欠料表如表2－2所示。

：计划员、物控员通过对总装车间计划进行排查，了解各个零部件到底什么时候应该送到总装车间，采购以及前车间的计划员并针对这张欠料表回复到料时间。

：这是实物排查还是账面排查？

：账面排查。

：账面排查是在什么系统上实现的？

表2-1 总装车间月生产计划（部分）

序号	临时物料代码	物料名称	仓管员	计划员	26	27	28	29	30	1	2	3	4	5	6	7	8	9	10	11	12	13	14	15	16	17	18	19	20	21	22	23	24	25	26	总欠料数量	总需求数量	适时库存数量	剩余库存数量	制定单号
					三	四	五	六	日	一	二	三	四	五	六	日	一	二	三	四	五	六	日	一	二	三	四	五	六	日	一	二	三	四	五					
					71014	63808	65223	71936	0	0	0	90464	86834	109302	126271	130962	137304	138939	170412	165184	186550	205179	0	245854	228811	227337	220820	241281	272873	297143	285154	257172	267182	279573	3831771	8474355	23863813	33863516	18699253	
1	1389	3042B油箱锁芯	龙新哲	揭琼英	50	500	500	250	0	0	0	500	900	650	0	820	220	510	450	500	300	1450	0	1050	0	700	300	0	0	700	700	800	0	0	6650	18500	18500	-3710	0	
2	3087	322J右门锁壳	龙新哲	揭琼英	0	0	0	0	0	0	0	0	0	0	0	0	0	0	0	0	0	502	0	750	0	0	0	0	0	0	0	0	0	0	3100	4352	9400	5048	0	
3	3090	322J左门锁壳	龙新哲	揭琼英	0	0	0	0	0	0	0	0	0	0	0	32	220	510	450	500	300	750	0	750	0	0	0	0	0	0	0	0	0	0	3100	6612	9400	2788	0	

表2－2 月物料需求欠料表（部分）

仓管员	计划员	临时物料代码	名称及规格	用量	计划数量	ZZ	计划配发	型号及客户性质	系列	线号	总欠料数量	欠料起始日期	计划起始日期	计划终止日期
石小红	陈星星	8458	324 二把铜钥匙（SS）（已压塑）	1	60	SS12100001	60	301C 点火开关	301	25	260	09－26	10－08	10－08
姜登山	蒋丽穗	838	301 锁芯帽	1	60	SS12100001	60	301C 点火开关	301	25	260	09－26	10－08	10－08
王品江	何娟娟	10386	301 SS 43×31.5×26.5	0	60	SS12100001	3	301C 点火开关	301	25	325	10－04	10－08	10－08
王品江	何娟娟	10629	301 SS 内盒	1	60	SS12100001	60	301C 点火开关	301	25	9480	09－27	10－08	10－08
不入库	揭琼英（代）	12203	309 变光体（已铆）	1	750	SS12090117－1	750	309 组合开关（扬州亚星东风 145153）	309	37	5410	09－26	09－26	09－27
王品江	何娟娟	10764	328 组合内盒两头开 SS	1	750	SS12090117－1	750	309 组合开关（扬州亚星东风 145153）	309	37	5060	09－27	09－26	09－27
王品江	何娟娟	10543	328 组合外箱 SS 63×52×33	0	750	SS12090117－1	50	309 组合开关（扬州亚星东风 145153）	309	37	316	09－27	09－26	09－27
张蜜华	蒋丽穗	1955	309 变光压线铁片	1	750	SS12090117－1	750	309 组合开关（扬州亚星东风 145153）	309	37	2910	09－26	09－26	09－27
张蜜华	揭琼英	3649	328 电机管子	1	750	SS12090117－1	750	309 组合开关（扬州亚星东风 145153）	309	37	4647	09－27	09－26	09－27
张蜜华	蒋丽穗	3698	328 转向手柄铁压板	1	750	SS12090117－1	750	309 组合开关（扬州亚星东风 145153）	309	37	7110	09－26	09－26	09－27
郑洲	揭琼英（代）	1974	309 转向长条盖板（已铆）	1	750	SS12090117－1	750	309 组合开关（扬州亚星东风 145153）	309	37	3310	09－26	09－26	09－27
郑洲	揭琼英（代）	1979	309 转向活动接点（已铆）	1	750	SS12090117－1	750	309 组合开关（扬州亚星东风 145153）	309	37	3200	09－26	09－26	09－27
不入库	揭琼英（代）	12203	309 变光体（已铆）	1	160	SS12090122－1	160	309E 组合开关	309	37	5410	09－26	09－26	09－26

：是欧博项目组提供的一个系统软件，是在做其他项目时设计开发的系统软件（大家刚刚看到的表都是这个系统软件里面的），相对于手工作业，计算速度快很多。

（4）各自制车间月生产计划

针对问题 2	实施动作
	4. 机加车间、冲压车间、注塑车间、辅助车间的计划员在每月14日下班前依据物料需求欠料表，编排并下发各自车间月生产计划。采购计划员每月15日下班前编排并下发采购月计划

：例如，销售部3月10日下达4月26日至5月25日的销售计划，那么总装车间根据销售计划在3月12日制订4月26日至5月25日的总装生产计划。机加车间、冲压车间、注塑车间和辅助车间所形成的月生产计划则是从3月25日至4月25日的生产计划，它们的生产计划比总装车间提前了一个月，这是为了保证前面各车间有充足的时间进行生产。

销售计划不是这个月制订下个月的，如果这样前面各车间就没有时间生产，时间会很紧张，因此要求销售部门这个月安排下下个月的销售计划。

（5）实施10天账面排查动作

针对问题 2	实施动作
	5. 实施10天账面排查 （1）将月计划分解成旬计划，物控部门提前两周对旬计划进行账面排查，并形成欠料跟进表，为实物备料进行准备 （2）10天账面排查计划下发：总装计划员每月2日17：00前下发当月16日至25日账面排查计划；每月12日17：00前下达当月26日到下个月5日的账面排查计划；每月22日17：00前下发下个月6日至15日的账面排查计划

：2012年10月16日至10月25日的10天账面排查计划表如表2－3所示：

表 2－3　2012 年 10 月 16 日至 10 月 25 日的 10 天账面排查计划表

序号	系列	产品型号	合计	16 日 周二	17 日 周三	18 日 周四	19 日 周五	20 日 周六	21 日 周日	22 日 周一	23 日 周二	24 日 周三	25 日 周四	自定义名称	制订单号
			137713	10463	10805	9674	12470	12670	11380	10730	10830	10730	37961		
1	328	328B 组合开关(140－2 汽油车 24V)	900	0	0	0	0	0	0	0	500	400	0		
2	328	328D 组合开关(140－2 柴油车 12V)	1600	0	0	0	0	0	0	0	0	0	1600		
3	328	328B 变光开关	400	0	0	400	0	0	0	0	0	0	0		
4	328	328D 变光开关	3000	0	0	0	0	0	0	0	0	200	2800		
5	328	328D 雨刮开关	200	0	0	200	0	0	0	0	0	0	0		
6	309	309 组合开关(扬州亚星东风145153)	2000	0	0	0	500	500	500	500	0	0	0		
7	333	333 组合开关（ss)	400	180	180	40	0	0	0	0	0	0	0		
8	365	365 组合开关(无名出口)	50	50	0	0	0	0	0	0	0	0	0		
9	4003	4003C 点火开关(塑料)	8000	0	1500	0	0	0	0	0	1200	1500	3800		
10	4003	4003G 点火开关(塑料)	300	300	0	0	0	0	0	0	0	0	0		
11	4002	4002C 点火开关(扬信德品牌)	200	200	0	0	0	0	0	0	0	0	0		
12	4001	4001C 点火开关(龙工配套)	500	500	0	0	0	0	0	0	0	0	0		
13	324	324B 点火开关(扬信德品牌(塑料))	100	0	0	100	0	0	0	0	0	0	0		

：表 2－3 是 10 月 16 日至 25 日所需要的总装车间生产计划，就是我们的账面排查计划。

：为什么做了月排查还要做 10 天账面排查?

：因为在做月计划和月排查时，采购部和前车间有回复交期。但从月排查完成到真正上线生产，中间还有一个月时间。这一个月时间内，供应商能不能及时供物料，采购部和前车间有没有异常，出货时间有没有调整，这些因素都还不确定，都有可能产生各种异常。所以，为保证及时知道异常从而调整计划，我们必须要做旬计划，并对旬计划进行排查。

：应该这样讲，提前一个半月做了排查，前车间和采购部也进行了回复。但随着时间的推移，前车间的生产情况和采购情况也在不断发生变化。原来没有到的物料可能陆续到了，没有生产的产品现在开始生产了，总装车间越接近实际执行计划的时候，情况就变得越来越清晰明了。

通过不断排查，了解现在的情况，从月计划到旬计划就是不断地排查掌握情况。采购部和前车间回复的情况现在执行得怎么样，也是排查的内容。看看实际上是不是执行了，执行到什么程度，通过旬排查再进行检查，根据变化的情况再做更细的计划。

：也就是频繁检查，不然就放任自流了，到时完成了还好，完不成就麻烦了。在生产过程中采取这样的方式，才能制订相应的措施保证进度。所以当月12日17：00前下26日到下个月5日的账面排查计划；当月22日17：00前下达下个月6日到15日的账面排查计划。总之，提前半个月来做10天（一旬）的账面排查。

（6）制订10天账面排查欠料

	实施动作
针对问题2	6. 制订10天账面排查欠料表 （1）物控员每月2日20：30前完成当月16日至25日账面物料排查欠料表 （2）每月12日20：30前完成26日至下个月5日的账面物料排查欠料表 （3）每月22日20：30前完成下个月6日至15日的账面物料排查欠料表

：提前2周报出欠料，这样就有足够的时间去追欠料。

针对问题3的动作

（1）回复10天账面排查欠料

	实施动作
针对问题3	1. 回复10天账面排查欠料 （1）计划员、采购员每月4日17：00前完成当月16日至25日的账面欠料入仓日期回复 （2）每月14日17：00前完成当月26日至下个月5日的账面欠料入仓日期回复 （3）每月24日17：00前完成下个月6日至15日的账面欠料入仓日期回复

：账面排查之后，欠料情况出来了，前车间的计划员、采购员就要确定自己对供应商的跟进、对生产进度的跟进和欠料的回复时间有没有问题。如果物料应该到却没有到，计划员、采购员要再次回复物料到的时间。

入仓日期回复表如表2-4所示，上线日期、回复的入仓日期都已列出。

表 2-4 入仓日期回复表

临时物料代码	制令单号	系列	名称及规格	累计欠数	上线日期（月日）	回复入仓日期（月日）	异常问题跟进								备注(9.22 排查)总需求数	适时库存	备注
							模具问题	修模时间	毛坯材料	毛坯返回	二次加工	加工返回	其他问题	问题跟进			
3642	SS12100121	328	328 电机传电片	12970	10-23	已入											
10764	SS12100121	328	328 组合内盒两头开 SS	6850	10-20	已入											
10543	SS12100121	328	328 组合外箱 SS 63×52×33	395	10-22	已入											
3649	SS12100121	328	328 电机管子	9050	10-16	已入											
10443	SS12100122	328	彩袋 22×62	4150	10-24	已入											
7381	SS12100122	328	弹垫 Φ3	26342	10-24	已入											
3640	SS12100122	328	328 超车弹簧	3663	10-24	10-22					已转外						
3684	SS12100122	328	328 转向回位塑件铁压板	8500	10-24	10-20											

(2) 10天账面排查欠料跟进

针对问题3	实施动作
	2. 10天账面排查欠料跟进 (1) 物控员每月4日20：30前完成当月16日至25日账面欠料入仓日期回复整理并形成欠料跟进表 (2) 每月14日20：30前完成当月26日至下个月5日账面欠料入仓日期回复整理并形成欠料跟进表 (3) 每月24日20：30前完成下个月6日至15日账面欠料入仓日期回复整理并形成欠料跟进表

：10天账面排查欠料跟进是对异常情况进行跟进。例如表2－4中代码为3640的超车弹簧，因为二次加工这块工厂内部没有办法满足产能，就必须外发给其他外协厂生产。总之，通过欠料跟进，发现异常及时处理，保证10月22日的时候，物料能到。

针对问题4的动作

(1) 实物备料排查

针对问题4	实施动作
	1. 实物备料排查 仓库提前10天对旬计划分两次进行实物备料，每次备5天的物料，并进行实物报欠，同时每天根据欠料表备欠料

：为什么做了两次的账面排查还一定要进行实物备料排查呢？

：很多企业仓库账务卡的相符率并不是很高，账面不准确，而月排查和旬排查所做的是账面排查，不是实物排查，账面排查得到的欠料信息不十分准确，10天实物备料要求仓管员到现场查实物。仓管员说物料到了，那物控员要看看仓库是不是真的有，物控要监督仓管员弥补账面排查过程中可能出现的漏洞。

：要通过实物排查使数据准确，这岂不是挺麻烦？

：是的，起初我们要求根据旬计划一次备10天的物料，仓库要提前10天完成实物备料。仓库备料工作量很大，仓库工作人员的反应也比较大。

通过这种方法，我们发现一个问题，车间一次性领完料，仓库省事了，但车间放着10天以上的备料就变仓库了，所以我们实施过程中发现这种方法行不通，就进行了调整，变为一次备5天的料。当然这5天的料也不是一次就能备齐的。因为有的还在前工序生产，有的可能还在供应商处。但通过实物备料，我们能准确地把欠料的情况搞清楚，然后好进行跟进。

：为确保物料数据的准确，特别是欠料数据的准确，我们进行实物备料。但时间太长的话，会产生问题：第一，工作量很大；第二，占地方。那么采取折中方案，每次备5天的物料，或者更短行不行？

：时间太短不行，因为没有时间反应，出现异常没有时间解决。

：也就是说，如果提前两三天进行实物备料，发现异常再追前工序就来不及了，因为前工序的生产周期至少超过两三天。太长不行，太短不行，刚好5天，这是从实战经验中摸索出来的。

（2）备料计划下发

	实施动作
针对问题4	2. 备料计划下发 （1）总装计划员每月5日17：30前下达16日至25日的备料计划 （2）每月15日17：30前下达当月26日至下个月5日备料计划 （3）每月25日17：30前下达下个月6日至15日的备料计划

：备料计划是下一旬的备料计划，但实际的备料还是按5天的进行。

：对。以2013年6月16日至6月25日的备料计划表为例，具体如表2－5所示。

表2－5　2013年6月16日至6月25日的备料计划

序号	系列	产品型号	合计	16日 周一	17日 周二	18日 周三	19日 周四	20日 周五	21日 周六	22日 周日	23日 周一	24日 周二	25日 周三	制订 单号
			105181	15433	12134	11410	12301	10394	10450	10676	10677	0	11706	
1	328	328B组合开关（140－2汽油车24V）	400	0	0	0	0	200	200	0	0	0	0	
2	328	328D变光开关	600	0	0	0	0	0	300	300	0	0	0	
3	309	309E组合开关	200	0	0	0	0	0	0	200	0	0	0	
4	328	328D4组合开关（王牌配套）	90	0	0	90	0	0	0	0	0	0	0	

续表

序号	系列	产品型号	合计	16 日 周一	17 日 周二	18 日 周三	19 日 周四	20 日 周五	21 日 周六	22 日 周日	23 日 周一	24 日 周二	25 日 周三	制订单号
5	324	324D4 点火开关（锌）	50	50	0	0	0	0	0	0	0	0	0	
6	324	324B 点火开关（锌）	1000	1000	0	0	0	0	0	0	0	0	0	
7	4003	4003C 点火开关（塑料）	1500	500	1000	0	0	0	0	0	0	0	0	
8	4003	4003 点火开关（塑料）	1000	0	0	500	500	0	0	0	0	0	0	
9	4001	4001C 点火开关（龙工配套）	1000	0	500	500	0	0	0	0	0	0	0	
10	324	324I 点火开关（锌）	500	0	0	500	0	0	0	0	0	0	0	
11	324	324C 点火开关（扬信德品牌（塑料））	300	0	0	0	300	0	0	0	0	0	0	
12	4001	4001 点火开关（五征配套）	7000	0	0	0	500	1500	1500	1500	500	0	1500	
13	324	324I 点火开关（扬信德品牌（塑料））	200	0	0	0	0	0	0	0	200	0	0	
14	4003	4003B 点火开关（塑料）	700	0	0	0	0	0	0	0	700	0	0	

：表 2 – 5 是 6 月后面 10 天总装车间的生产计划，只明确了所要生产的产品，告诉物控员后 10 天要生产哪些产品。物控员接到备料计划表之后，还要将之转化为备料清单。

备料清单如表 2 – 6 所示，清单中每一个产品需要的部件都以 BOM（Bill of Material）表的形式表现，备料清单发给仓管员，仓管员就按这张表备料。

表 2 – 6　备料清单

线号：32　指令批次号：2012 – 9 – 28　计划数量：　计划数量：800　ZZ：S12100534　制表：谢灵

序号	仓管员	物料代码	名称	用量	计划领发	实际领发
1	陈秀	6983	915A 按键体	1	800	
2						
3						
4						
5						

（3）备料清单发放

	实施动作
针对问题4	3. 备料清单发放 （1）物控员每月6日15：30前完成当月16日至20日的备料单并打印发至仓库 （2）每月10日15：30前完成当月21日至25日备料单并打印发至仓库 （3）每月16日15：30前完成当月26日至31日的备料单并打印发至仓库 （4）每月21日15：30前完成下个月1日至5日的备料单并打印发至仓库 （5）每月26日15：30前完成下个月6日至10日的备料单并打印发至仓库 （6）每月30日15：30前完成下个月11日至15日的备料单并打印发至仓库

曾副总：从备料清单的发放中能看到是以5天为单位实行备料的。

针对问题5的动作

（1）仓库实物备料报欠

	实施动作
针对问题5	1. 仓库实物备料报欠 （1）仓库在每月8日13：30前完成当月16日至20日的备料实物报欠 （2）每月13日13：30前完成当月21日至25日备料实物报欠 （3）每月18日13：30前完成当月26日至31日的备料实物报欠 （4）每月23日13：30前完成下个月1日至5日的备料实物报欠 （5）每月28日13：30前完成下个月6日至10日的备料实物报欠 （6）每月3日13：30前完成下个月11日至15日的备实物报欠

：仓管员有两天左右的时间进行实物备料排查，欠料统计表如图2－2所示：

：图2－2的内容怎么获得的呢？是仓管员拿着备料清单去仓库一个零件一个零件核对出来的。

（2）完成各时期的实物欠料交期确认及跟进

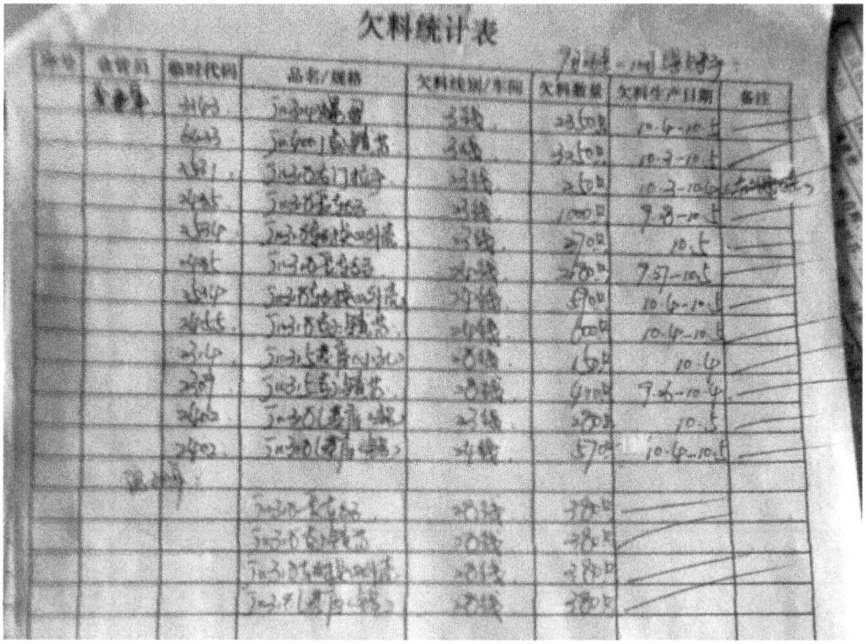
欠料统计表

序号	收管员	临时代码	品名/规格	欠料线别/车间	欠料数量	欠料生产日期	备注

图2－2　欠料统计表

	实施动作
针对问题5	2. 完成各时期的实物欠料交期确认及跟进 （1）各车间及采购计划员在每月9日13：30前完成当月16日至20日的实物欠料交期的确认及跟进 （2）每月14日13：30前完成当月21日至25日实物欠料交期的确认及跟进 （3）每月19日13：30前完成当月26日至31日的实物欠料交期的确认及跟进 （4）每月24日13：30前完成下个月1日至5日的实物欠料交期的确认及跟进 （5）每月29日13：30前完成下个月6日至10日的实物欠料交期的确认及跟进 （6）每月4日13：30前完成下个月11日至15日的实物欠料交期的确认及跟进

：通过5天的排查跟进，采购计划员以及车间计划员再次确定物料的到料时间，关于已经延期的物料又要重新确认时间。从这里我们能看到，关于总装所需的物料，在我们新的计划模式下，是反反复复被排查、被追欠、被跟进的，这样实际上线时的异常和欠料肯定能得到大幅改善。

针对问题 6 的动作

	实施动作
针对问题 6	1. 实物领料排查 (1) 总装车间在每月 12 日 11：30 前完成当月 16 日至 20 日的实物领料报欠 (2) 每月 17 日 11：30 前完成当月 21 日至 25 日的实物领料报欠 (3) 每月 22 日 11：30 前完成当月 26 日至 31 日的实物领料报欠 (4) 每月 27 日 11：30 前完成下个月 1 日至 5 日的实物领料报欠 (5) 每月 2 日 11：30 前完成下个月 6 日至 10 日的实物领料报欠 (6) 每月 7 日 11：30 前完成下个月 11 日至 15 日的实物领料报欠 (7) 另外，各车间每天对每个阶段领料的欠料情况再次填料报欠，在每天 11：00 前以生产协调会问题点的形式报给 PMC (8) 物控员每天 15：00 前对当天车间提报的提前 3 天领料欠料信息回复、确认，对不能在上线前到的物料，提前进行沟通协调

：总装车间要提前 3 天进行实物领料，提前 3 天可能还会有欠料问题，要把欠料数据告诉物控员。物控员要每天 15：00 前对当天提报的提前 3 天领料欠料信息回复确认，不能来料的，要提前沟通协调，这个时候就真的要调整计划了。

这里的欠料跟进动作不是物控员单独跟进，而是通过生产协调会，通过会议决议的方式进行跟进。生产协调会会议决议表如表 2－7 所示：

表 2－7　生产协调会会议决议

序号	决议事项	会议决议日期（月日）	完成日期（月日）	完成时间	责任人	责任人签名	跟踪人
4	470 内盒从 10 月 4 日起每天都欠 1400 只，零件入库时间	10－4	10－5 入 1400	15：30	丁涛		刘明书 潘亨芬
11	342 灯光芯轴欠 275 只，零件入库时间	10－4	10－9	10：00	丁 涛		刘明书 刘英
19	318L 铝基座因材质问题导致 Φ8.8 钻孔加工特别困难：(1) 生产加工 10～20 只产品时钻头刀刃损掉就需更换钻头 (2) 生产特别缓慢此工序目前生产效率只有 10%，出临时方案时间	10－4	10－5	10：00	杨育辉		刘云峰
20	318 钥匙铣齿工装（旧铣齿机）制作一套高精度工装验证旧铣齿机设备精度问题	10－4	10－18	15：30	杨育辉 邱文峰		刘云峰

续表

序号	决议事项	会议决议日期（月日）	完成日期（月日）	完成时间	责任人	责任人签名	跟踪人
48	309 组合开关断货，成品入库时间	10－4	10－6 入 300	15：30	韦晓丹		戴美芬
57	322 雨刮铁压板（SS.）欠 1175 只，零件入库时间	10－4	10－9	15：30	王芳 蒋丽穗		刘明书 罗吉萍
58	322 雨刮接触桥欠 710 只，零件入库时间	10－4	10－9	15：30	王芳 蒋丽穗		刘明书 罗吉萍
66	915 按钮帽（灰色）欠 1750 只，零件入库时间	10－4	10－6	11：00	张 锐		刘明书 刘英
69	334 变光插头嵌件欠 220 只，零件入库时间	10－4	10－6	15：30	张锐		刘明书 罗吉萍
77	351B 变光插头嵌件欠 400 只，零件入库时间	10－4	10－6	15：30	张 锐		刘明书 张世芬

：从表 2－7 可以看出，决议事项基本上都是物料的到料要求、零件的入库时间。如果明确时间后，还是不能按时到，要进行责任追究。

：是滚动做报欠的吗？

：是的，以实物领料排查为例。假设每月 12 日要领当月 16 日至 20 日的物料，当月 13 日要再去领 16 日至 20 日的物料，当月 14 日还要去领 16 日至 20 日的物料，为什么呢？因为 12 日领的时候，当月 16 日至 20 日的物料不一定全有，只能先把有的领走。

：物料没到说明上工序还没做出来，或者说采购的物料还没回来。12 日先领一次，领了以后发现欠哪些料，该催的去催，该落实的去落实。然后 13 日再领，先回的物料先领走，还没回的继续往前报，不断地催，14 日又领一次，当天回来的又领走，没到的又催一次。这就是提前实物领料意义：并不在于一次都领走，而在于边领边排查欠料，边追欠。

：这就是整个排查过程，从提前一个半月的月计划排查到提前两周的旬计划排查，到提前 10 天的旬计划分两次的实物备料，再到提前 3 天对旬计划分两次的实物领料。通过四重排查来保证最后的结果，保证计划是可执行的。做了这么多动作，目的就是要保证物料按照计划及时回到总装。

：欠数绝大部分情况是正常的，零部件不可能提前都做好，肯定到需要的时候才会准备好。每次排查发现欠数以后，要不断地督促、检查和跟进，每次排查都是一次督促，避免生产时没有物料，从而不断地促进生产。

：这是一个不断跟进、不断督促、不断调整的过程，计划不是一安排下去就能够得到执行的。下面再看我们的第四层觉知。

四、第四层觉知：推行过程中的频繁跟进

（一）变革前的问题

推行的一些方案、动作没有专门的部门、人员负责跟进，也没有解决推行动作过程中的问题，导致方案推行后，因为执行不到位，最后不了了之。

（二）变革后的动作

问题	实施动作
推行的方案、动作没有频繁跟进、调整	(1) 物控员每天根据欠料提前10天进行滚动跟进，每天对仓库实物备料欠料提前5天滚动跟进，对车间领料欠料进行重点跟进，保证总装计划执行 (2) 总装计划员根据10天备料计划，必须每天对物料的到位情况进行跟进，根据物料的到位情况，调整日冷冻计划 (3) 各计划员及物控员在物料跟进时，遇到物料不能满足总装计划时，必须提前3天报部门科长及部长处理 (4) 每天在生产协调会上对未来3天内出货的订单进行再次确认，确保订单能按时完成，异常能及时解决，并形成具体有效的会议决议 (5) 每天在生产协调会上对内销市场断货的产品进行跟进确认，确保市场断货产品能及时补齐，聚焦公司资源，解决瓶颈问题

：对于推行的方案、动作没有频繁跟进、调整的问题，第（1）个动作是物控员对仓库、车间、采购和对前面的计划员横向的制约和约束，第（2）个动作是PMC的内部制约，计划员对物控员的制约。

五、第五层觉知：执行过程中要频繁地进行总结

（一）变革前的问题

变革前的工作习惯

没有关注改善动作的效果，没有每天关注数据，所以，每天数据有没有变化，不确定！动作改善有没有效果，不确定！凭感觉评估每个人工作的好坏！

（二）变革后的动作

问题	实施动作
推行动作没有考核	（1）推行降低停工待料工时激励方案 （2）发挥相邻岗位，相互横向控制。稽核每天跟进，每天横向问责，对曝光的问题点进行奖罚处理 （3）充分发挥领导管人的功能。领导对动作实施过程中人的问题进行处理，对于不配合的人（不做、消极抵抗、不按时做……）进行调整、处理

：降低停工待料工时激励方案是一个临时的考核方案，它把停工待料工时的降低直接与奖罚挂钩。如停工待料工时每线每周低于8小时，整个攻关小组的成员每人奖励50元。停工待料工时再降低，奖励金额更高。

（三） 在执行过程中遇到的问题及措施

遇到的问题	处理对策
（1）召开模具异常处理会议，与会人员没有做足会议准备，相互推诿、扯皮，无人协调解决 （2）当回复完成时间后没有责任人签名确认，也无人跟进 （3）当不能按回复时间完成时，责任人不用承担责任	（1）根据总装车间欠料需求时间，确定异常模具维修的先后顺序 （2）根据维修的先后顺序明确异常模具维修完成时间（当维修完成时间不能满足生产需要时需加班完成） （3）回复完成后，责任人需现场签名确认，并明确未按时完成需承担的责任

：总装车间停工待料一方面是外购物料造成的，另一方面是前工序的自制件造成的，而前工序的自制件跟模具有非常大的关系。

：主要是模具，注塑车间受模具的影响比较大。

：所以重点要抓自制件模具异常的处理。

曾副总：模具异常得到处理后，计划部门内部的抵抗成了主要矛盾。

遇到的问题	处理对策
（4）欧博项目组在推行多重排查时，企业管理人员认为太麻烦，工作量相比以前也有所增加，抵抗声音较大。7月31日企业方常务副总召集大家开会讨论，企业管理人员认为原有的模式同样可以解决问题，而且不麻烦。企业方常务副总决定重启企业原有的运作模式，结果停工待料工时8月高达1507小时	（4）企业方老板通过7月、8月的数据对比，认识到还是要根据欧博战法认认真真的推进项目。8月24日企业方老板决定PMC直接由欧博项目组的老师管理，所有动作按欧博项目组的老师的要求完成

：企业方的人员觉得欧博项目组的老师推行的模式能解决问题，但是他们原有的模式同样可以解决问题，只是以前没有做到位而已。

：他们原有的排查欠料的模式根据ERP进行，但是他们没想到最关键的问题是，通过ERP发现欠料以后，ERP本身不能帮企业把物料追回来。而企业方的人以为ERP告诉他们欠什么，就等于他们都知道了，欠料问题就解决了，但是他们不知道ERP发现欠料问题只是一个开始，把欠料追回来的过程才是最麻烦和最艰难的。

所以，很多公司以为上了ERP，公司就没问题了，物料就没有问题了。其实，ERP只能发现问题而不能解决问题，没有人的反复排查、检查、跟进、施压，就是知道欠料，也只能眼睁睁看着它，最后只好去调整计划而不是调整前工序的生产。所以，说到底，企业人员经常有认识上的误区，以为有系统模式就能自动解决问题。

：当时企业方坚持按原有的模式做，欧博项目组的老师没办法，只好同意以两周为限，如果异常停工工时增加了就必须按照欧博的要求做。欧博项目组的老师也马上给企业老板打电话，把想法明确说了。当时，企业老板也在犹豫，他不知道到底该不该用欧博的方法，也不知道原有的方式能不能做到。但企业管理人员都反对欧博的做法，这位老板也犹豫了，于是决定让管理人员试一下，并最终同意以两周为限按原有的方式实验一下。结果停工待料工时在8月高达到1507小时，比调研的时候还高。

企业老板看到这个情况，马上痛下决心，停止争论，坚决按欧博老师的要求做，甚至直接将PMC交由欧博老师代管。我们的计划模式算是真正开始执行了。但接下来的事情是否就万事大吉了呢？

遇到的问题	处理对策
（5）当欧博项目组的老师得到企业老板授权，要求再次推行多重排查时，一名物控员认为他做不到，并拒绝在方案上签名，同时提出辞职要求，当天下午就强行请假不上班。PMC长及常务副总找到欧博项目组的老师，说此人很重要，没有他企业的物料需求就没办法知道。当时欧博项目组的老师告诉他们，这位物控员要辞工就批准，物料需求计划由欧博项目组的老师完成	（5）当天晚上，欧博项目组的老师同PMC长加班至晚上12：00，完成了下周物料需求计划。第二天，这位物控员自动来上班了。当然，后面欧博项目组的老师所推行的动作，他也能够严格按照要求去完成了

：事情讲到这里，我们能看到真相了。其实，任何一种计划模式、排查模式，从技术层面、知识层面来说都不难，大家都能做到、都有能力做到。但阻

碍我们的真正障碍来自于哪里呢？来自于我们的习性，来自于我们的随性和自以为是的毛病。克服这种毛病，我们只有坚持，别无他法。

：好了，我们最后把这个案例总结一下，把这个过程梳理得更清晰些。

SS 公司这个案例主要讲的是为计划的达成提前所做的物料排查，这里共有五层排查。

第一层排查是提前一个半月进行的月计划排查。例如，3 月 10 日安排 4 月 26 日至 5 月 25 日这一个月的总装计划，这个计划制订出来后，物控部、仓库就进行排查。他们要排查的内容是：未来要生产的产品的物料情况，采购处于怎样的状态，前车间处于什么状态，还没有采购的物料要安排采购计划，需要自制件的，相应的前车间的生产计划要安排下去。

第二层排查就是提前半个月进行的旬排查。为什么做了月排查还要做旬排查？很简单，因为月排查的东西生产以后，过了一个月，情况发生了变化，我们要继续跟进、跟踪。所以我们在 4 月 12 日又要对 4 月 26 日至 5 月 5 日这 10 天将要组装的东西进行排查。

4 月 26 日后面要生产的东西还没开始，但已在 3 月 10 日做了月排查，又在 4 月 12 日进行了旬排查。也就是说，4 月 26 日以后要生产的东西现在已进行了两次排查。那么 4 月 26 日要生产的东西还有两层排查，哪两层排查呢？

第三层排查是仓库实物备料的排查。为什么要进行实物备料排查呢？实物备料主要是防止账目上的备料产生误差。因为企业的账物卡准确性不高，所以我们要通过提前的 5 天仓库实物备料排查，来看还缺哪些物料，以此决定前车间应该怎么办，采购应该怎么办。那么就在 4 月 18 日左右进行 4 月 26 日至 4 月 31 日要总装的产品的物料准备，通过仓库实物备料对物料情况再进行排查。

第四层排查 3 天实物领料排查。也就是 4 月 22 日车间领料的时候，连续 3 天边领料边排查、边报欠边追欠。仓库把物料发给车间，车间领的时候，要每天领、每天报欠、每天追欠，这是 3 天实物领料排查。

这些都是在 4 月 26 日生产之前进行的一些排查，已有四层排查。还有一层排查，就是**根据出货的情况再进行一次排查，这实际上是第五层排查。**

我要补充的第一点是，排查的目的主要是发现问题并提前解决问题，然后让 4 月 26 日的计划能够准确、顺利地达成。

第二点是我们在企业里实施的动作，看起来都不复杂，但难在人的执行。欧博项目组的老师 6 月进驻企业，动作推行下去，7 月就有了效果，但企业方的人员认为效果是有，但太麻烦，马上集体反对。我记得当时的项目组长特意给我打电话，说企业方一致认为他们原来的方法也不错，我们的动作有效果但太麻烦，企业方要回到他们以前的模式，问我怎么办，我告诉他要坚持、抗住。但企业方的压力太大，最后没办法还是妥协了。结果8月停工待料工时增加，且效率马上降低了。

事实证明，我们的做法麻烦但能解决问题。我经常说，管理其实很简单，但管理很麻烦。简单是什么意思？就是这件事情谁都会做。麻烦是什么意思？就是要一次次反复去做。大家并不是做不到，只是因为跟自己的习惯相矛盾，所以这个时候要过习惯这个坎，要让不习惯变成习惯。

当然，这个过程中还遇到了物控员的一些问题。前面的那位物控员当时撂担子，我们的老师把他的工作担起来，也就是要让他们知道这件事情是可以做到的。我记得这个项目做完以后，这位物控员表现非常好，还非常感谢我们欧博的老师。因为按照我们的方式做了以后，他也发现，排查的工作量并不大，并且的的确确能够解决问题，能够给企业带来效率的提升。所以，我们做管理不要怕麻烦。

六、改善动作后的数据变化

（一）订单准交率的数据变化

：订单准交率的数据变化如表2-8所示：

表2-8　订单准交率的数据变化

调研数据		7月	8月	9月	提升比例
外贸	21.16%	71.34%	88%	97%	75.84%
内销	57.52%	67%	88%	92.03%	34.51%

（二）内销出货断货次数

：内销出货断货次数如表 2－9 所示：

表 2－9　内销出货断货次数

调研数据	7 月	8 月	9 月	降低次数
27	18	3	3	24

（三）停工待料工时变化

：停工待料工时变化如表 2－10 所示：

表 2－10　停工待料工时变化（单位：小时）

调研数据	8 月	9 月	降低比例
1439	1507	489.5	65.98%

（四）人均小时加工费产值变化

：人均小时加工费产值变化如表 2－11 所示：

表 2－11　人均小时加工费产值变化（单位：元）

调研数据	8 月	9 月	提升比例
8.63	9.26	9.71	12.51%

从上面的数据变化，我们可以看到工厂整个效率提高了，订单准交率提高了，出货也可以按时了。这是项目进行到三四个月的时候，所取得的效果，而且我们发现，按照这种方式做排查，整个效果保持得非常好。项目结束之后，我们对该企业进行了回访，老板说这些动作没有任何人说不该做。

案例三

LD 公司如何通过实物备料提升效率

中山市LD电器有限公司（简称LD公司）成立于1995年，公司占地面积三万多平方米，员工达2000多人，主要从事仿古董唱机、组合音响、CD、DVD、MP3、多功能收音机和收录机等1200多种消费类电子产品的研发、制造与销售。产品先后通过UL、ETL、GS、SAA、3C、CE、TISI等认证，市场以欧美为主，覆盖日本、澳洲、东南亚、中东、非洲等地区。

（曾副总）：实物备料其实是排查的一个环节，但对LD这家企业，实物备料是它物料控制的核心。

一、进驻前，LD公司的六大问题

（一）外贸订单准交率低

项目组在调研时发现，LD公司的订单准交率只有66.03%。

：这家企业几乎所有的订单都是外单，国外客户对订单的交期要求比较严格，所以66.03%的订单准交率意味着这家企业要经常对客户进行赔偿，意味着经常产生高额的空运费，对企业来说，这个成本太高。

（二）物料异常频繁

针对订单准交率低的情况进行再次分析，发现物料异常频繁，导致车间停拉、转拉，不能承诺客户按交期交货。

：这家企业主要生产仿古唱机，属典型的组装型电子企业。完成一件产品的组装需要电子元件、注塑件、木质件、木箱和木皮等，所以物料问题直接影响交期和效率，而且是影响效率的主要原因。

（三）仓库账面相符率低

针对物料异常情况再次进行分析，发现物料管理混乱，仓库账物相符率只有8.28%。

：也就是说，仓库的数据基本上是不准确的，电子账或者员工的手工账跟仓库实际的物料数量以及种类能对得上的只有8.28%。

（曾教授）：账物相符率这么低是什么原因呢？

：主要原因是挪料。很多企业对物料采用编码管理，但这家企业的物料按套料管理，也就是用订单号的形式管理物料，仓库物料不按物料编码摆放。

LD公司按套料号放置物料，一张订单就有一个套料号。但如果另外一张订单也有这个物料编码的产品，就造成一个问题，那就是挪料。按照常规的物料编码管理，物料一旦被挪用，就要重新购买。

而LD公司的仓库账是以套料记录的，正常来说，这款套料还没有生产，那这一款产品的物料就不会被领走。但实际上，可能前面的订单使用的物料比较多，物料不够，车间人员就挪用眼下这一订单的物料。挪走之后物料的信息又没有在仓库账上显示，所以从账面上看，这一张订单的物料还有，但实际上仓库已经没有了。

这个问题下面一点还有详细的说明。

（四）物料按套料管理，系统数据混乱

针对仓库账物卡相符率低再次进行分析，发现物料按套料管理。一个套料由多家供应商提供，同一个套料物料无法存放一起，物料回仓后被挪用，仓管人员无法找到物料，系统数据混乱。

：对于仓库的物料，很多企业是按物料编码的方式进行管理的，同一种物料在仓库的账上不显示它到底属于哪个订单哪种套料，只显示仓库里有多少量，至于这款物料是哪几张订单的，就是 PMC 的事情了，仓库不管。仓库只以物料编码的方式对同类物料进行集中摆放和管理。

而在 LD 公司，仓库以套料的方式管理订单物料。例如 A 订单，仓库账面显示 A 订单的套料表中其中一款物料有 300 个，B 订单的套料表中该款物料可能也有 300 个，该款物料刚回来时，总数就应该是 600 个。但在生产的过程中，前面有些订单因为不良率比较高，出现欠数，需要补料，车间人员也不管，就直接将这些可以通用的物料挪用了 300 个。他们认为反正这些物料后面还有几张订单需要用，还会再买，于是就先直接挪用了再说。这样在账上显示出来的结果是 A 订单好像还有物料 300 个，B 订单也还有物料 300 个，但实际物料已经被挪用、领走了 300 个，总数只剩下 300 个了，根本不够 A、B 两张订单分配。这是导致 LD 公司账物相符率低的一个主要原因。

（五） PMC 组织架构不合理

> PMC 组织架构不合理，只有一个副总、一个物控组长和两个物控员，主计划不能指导每日的生产任务，车间无明确的日计划。

：欧博项目组进驻的时候，企业本身有 ERP 系统，也就是说，主计划是从 ERP 系统导出来的。这份主计划确确实实表明了每一天每一个拉线应该做什么，但说实话这份主计划是不可执行的。因为主计划中所需的物料是没有保障的，所以它不能指导车间每日的实际生产，等于车间没有明确的日计划。

：ERP 系统也能生成主计划，但这种主计划对生产的实际指导意义不大，因为它不能反映真实的生产情况。

（六）产品所需物料品种多，所有人对欠料情况不清楚

在LD公司，生产每款古董唱机所需的物料平均在600种以上，每款收音机所用的物料平均在200种以上，所有人员对欠料情况不清楚，只有车间停拉时才追料。

：古董唱机物料排查表，具体如表3－1所示：

表3－1　古董唱机物料排查表（部分）

单号	物料代码	名称	规格	单位	用量	套料数	损耗率	订购数量
L12020151	001－4885B6－02R	变压器EI－48卧式，AC230V/50Hz	输出AC：12.5V ＋5%负载2100mA时AC9.0V ＋5%，初级线UL1672 22#2x70mm（E320244）露铜10mm，次级线UL1007 22#2x150mm（E320244）露铜5mm，带K2 115度温度保险丝型号N4812BF雕字：N4810BF（符合ROHS/REACH/CE/EUP指令，空载功率≤1.2W，初级直流电阻247Ω±10%（常温）	PCS	1	6736	0	6736
L12020151	005－330105－03R	功率电感	33μH ±20%直径10.5mm（要在开始绕线脚位置，在磁帽上印有一个点做标记），（Φ10.5mmx14.5mm，可通过电流3A）（符合ROHS/REACH标准）	PCS	2	13472	0	13472
L12020151	005－479101－01R	套管电感	4.7μH ±8%立式　灰色（符合ROHS/REACH标准）	PCS	1	6736	0	6736
L12020151	005－608101－01R	贴片电感	MB－0603B－601T（0603封装600Ω 100mHz）（符合ROHS/REACH标准）	PCS	22	148192	0	148192

续表

单号	物料代码	名称	规格	单位	用量	套料数	损耗率	订购数量
L12020151	005－608101－01R	贴片电感	MB－0603B－601T（0603封装 600Ω 100mHz）（符合 ROHS/REACH 标准）	PCS	8	53888	0	53888
L12020151	016－100240－30R	贴片电容	10P 0603 50V ±5% 打带（符合 ROHS/REACH 标准）	PCS	1	6736	0.01	6804
L12020151	016－101250－31R	贴片电容	100P 0603 50V ±5% NPO（符合 ROHS/REACH 标准）	PCS	15	101040	0.005	101140
L12020151	016－102250－30BR	贴片电容	102 0603 50V +80% －20%（符合 ROHS/REACH 标准）	PCS	7	47152	0.005	47252
L12020151	016－103250－30CR	贴片电容	103 0603 50V +80% －20% 符合 ROHS/REACH 标准	PCS	4	26944	0.005	27044
L12020151	016－104750－30R	贴片电容	104 0603 50V +80% －20% 打带（符合 ROHS/REACH 标准）	PCS	53	357008	0.005	357108

：从表 3－1 可以看出，LD 公司所需的物料种类非常多，一款产品要 600 多种物料。我们调研时发现，LD 公司所有的物料种类加起来有 2 万多种，物料的种类非常多，物料的问题直接影响效率和准交率。

：这家企业的物料情况如果不能很好的控制，ERP 系统生成的计划其实是不可执行的。

二、第一层觉知：数据统计、搞清现状

（一）变革前：无数据统计

：知道订单准交率低，但无人统计订单准交率到底有多低。

知道生产效率低，但具体每天人均产量是多少，人均小时产量是多少，不知道。

知道仓库管理混乱，仓库账物卡准确率多少，不清楚。

知道采购准交率低，到底采购准交率多少，无人统计，不清楚。

（二）变革后：统计出具体数据

问题	实施动作
无人统计订单准交率，不知道订单准交率低到何种程度	对2012年1～3月的订单准交率进行统计，发现订单准交率为66.03%
不知道人均小时产量（效率指标）	对2012年1～3月的人均小时加工费产值进行统计，发现人均小时加工费产值为每人每小时6.85元（因产品种类差异很大，只能用此指标反映效率）
不清楚仓库账物卡准确率	经实地抽查、统计，发现仓库账物卡准确率为8.28%
不清楚采购准交率，也无人统计	对2012年1～3月的采购准交率进行统计，发现采购准交率为68%

：与物料相关的几个核心数据都非常低。

：原来大家都只是一种感觉，感觉账物卡的准确率、采购的准交率，甚至订单的准交率都比较低，但都没有具体的数据。

三、第二层觉知：PMC的组织架构调整

问题	实施动作
PMC组织架构不合理	重新调整PMC组织架构，成立收料组、仓务组、备料组，由以前的生产副总主要负责PMC工作

：通过实施动作，PMC 的架构图发生了变化，具体变化如图 3－1 和图 3－2 所示。

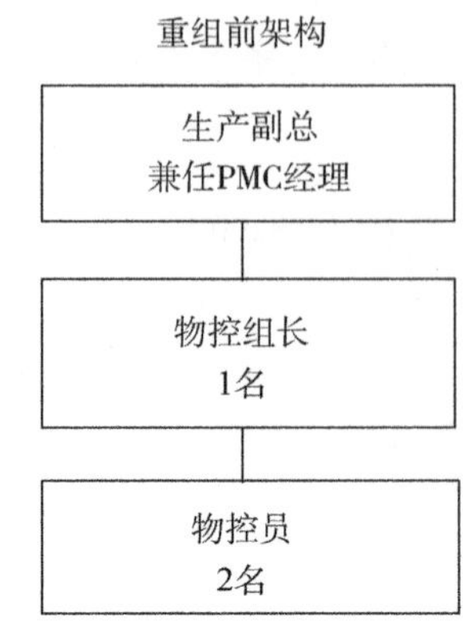

图 3－1　重组前的 PMC 架构图

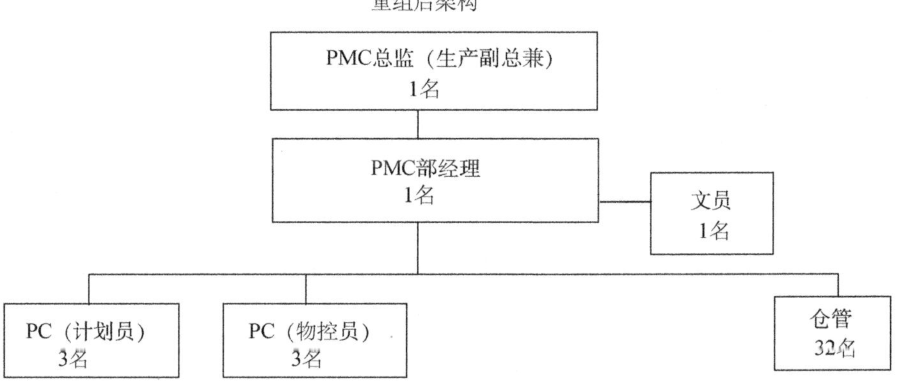

图 3－2　重组后的 PMC 架构图

：从图 3－1 可以看到，以前是一位生产副总兼任 PMC 经理，下面设有一名物控组长和两名物控员。这样的组织架构先不讨论它合理不合理，单从工作量来看，一家有着几万种物料的企业，这样的 PMC 组织明显不能完成这样庞大的工作量。

：是的，但由这位生产副总兼任物控主管的职务，说明企业对物料这一块足够重视。

但实际上，仓库都没有纳入到这位生产副总的直接管辖范围。而从图 3－2 来看，仓库现有的人员达 30 多名，也就是说，想管好物控，只从物控人员内部入手是解决不了问题的。要到现场去，现场在哪里？现场在仓库。以前在他们的头脑当中，物控也好，计划也好，那是各部门自己的事。

但要把物料控制做好，就不能关起门来，就必须到现场去。所以这家公司原来好像也很重视物控，让一位生产副总直接管理，但只管三个人，这说明什么呢？说明这家公司把物料控制理解成物控人员自己关起门来的事。

欧博项目组进驻公司后，就把这个“门”拆了，让公司的人知道物控不是物控员内部管理，而重要是仓库的物料管控，仓管员毫无疑问是物控管辖的范围。同时我们从图3－2也可以看到PC（计划员）和MC（物控员）合并到了PMC，也就是计划物控部，这说明管好物料，计划必须与之同步进行。

所以我觉得组织架构的调整有两个重点：

第一是把“门”拆了。把关起门来管物控变成到仓库现场、到物料现场做物控，这才是真正的物控。

第二是让物控和计划并行。不围绕生产计划做物控，物控还有什么意义？说实话，物控最终要体现在对生产计划的服务上，物控等于是为计划服务。

四、第三层觉知：哪些工作习惯在影响效率

（一）变革前

1. 车间无明确的日计划任务

各车间任务不明确，无明确的日计划任务。

：前面已经提到这家公司有ERP，计划就是从ERP导出来的。

：由于物料的信息不准确，使导出来的计划变得不可行。为什么ERP导出来的生产计划往往没有实际的指导意义？特别是日计划，基本是不可行的，这是什么原因呢？

第一是物料的真实情况在ERP里不能及时、准确地反馈。

第二是各工序的生产状况，ERP不能及时反馈，所以ERP所谓的计划就变成了一个指导性的、框架性的计划，而不能发挥指令性的、约束性的、控制性的作用。这是很多中小企业、中小工厂实施ERP所面临的一个现实问题。

所以ERP看起来很好，但实际上对生产的帮助远远没有想象中的那么大，这其中的原因是什么呢？不是ERP没用，而是企业与ERP的模板不一样，有偏差，因为异常太多，不可控因素太多。

2. 物料管理混乱

（1）物料没有进行提前排查与备料。所有人员对欠料情况不清楚，只有车间停拉时才追料。

（2）物料异常频繁，导致车间经常停拉、转拉。

（3）仓库物料管理混乱，仓库账物卡准确率、备料及时率与准确率低。物料按套料管理，一个套料由多家供应商提供，同一个套料物料无法存放一起。物料回仓后被挪用，仓管人员无法找到物料。

：我们看到，他们又是追料，又是经常停拉、转拉，企业被物料问题弄得焦头烂额。我就不理解这些企业的人，为什么不可以事先做排查和备料呢？

就像这家公司，整天追还不如事先去排查、事先去备料，为什么它没有这样做呢？

：据我们的了解，有以下两个原因：

第一，工作量太大。有些管理人员知道备料会有比较好的效果，但在账物卡不准确的情况下，在不能通过账面准确排查的情况下，实物备料的工作量在开始的时候会非常大。

第二，很多企业不觉得自己的物料问题通过一个备料动作或者一种简单的排查动作就能解决。

：我认为他们不做排查和备料的根本原因在于：

首先，追料累的是谁？累的是车间。一旦停拉，是车间的人在追料，因为车间工人没活干，就没工资。工人工资低会有意见，车间主管没办法，只得去追料。但是PMC不急，急也是表面上急，因为他不会被工人追着跑。

其次，如果备料、排查，累的是谁？是PMC，是计划部门、管理部门。所以管理部门的人为什么不愿意做备料和排查，因为他们宁可累别人也不想累自己。PMC整天说其他部门的执行力低，就不想一想自己可以做什么，老板对此也无可奈何。很多企业的管理部门整天跟老板说作业部门的执行力如何低，如何不按计划走，把自己的责任推得一干二净。

所以**不做备料和排查的根本原因，还在于是让别人累还是让自己累，是让管理部门累还是让生产部门累**。管理应该为生产服务，应该是管理部门先累，然后才轮到别人累，这样大家的累才都可以缓解。否则生产部门累，管理部门不累，车间部门追料再辛苦最后整体的效率也还是很低。

（二） 变革后

1. 针对车间任务不明确，无明确的日计划任务

动作1：推行订单评审，形成交期分解表

：我们从前推后拉这两个动作切入，推行订单评审，同时形成交期分解表（如表3－2所示）。

表3－2 交期分解表

单号	成品代码	客户编号	本厂型号	客户订单	客户型号	接单日期	出货日期	订单数	生产部门	计划资料确认	计划验货日期	计划出货日期	计划清单生成	计划技术资料	计划工装夹具	注塑计划上线	注塑计划完成	电子计划齐料	SMT计划上线	SMT计划完成	插件计划上线	插件计划完成	组装计划上线	组装计划完成	包装计划上线	包装计划完成	操作员	操作时间

：每一个客户订单的订单号、出货时间、接单时间，计划资料确认时间、计划部门确认的客户验货时间、出货时间，BOM 表的生成时间、技术资料的完成时间以及工装夹具的完成时间，注塑车间的上线时间和完成时间，电子计划齐料的时间，SMT 的上线完成时间，插件的上线完成时间，组装的上线完成时间，以及最终的包装上线完成时间都可在表 3－2 中体现。这样，整个生产过程，从接单到最后包装完成的时间节点的分解就形成了。

：算出各个部门的时间节点，是订单评审的一个关键动作。这个在 ERP 里能形成吗?

：能形成。

：原来的 ERP 里面有时间节点的分解吗?

：有，但没有实际意义。

：ERP 里边有时间节点的分解，但不是根据实际的评审形成的。在实际评审的时候，答应了什么时间完成是要接受考核、承担责任的。而 ERP 根据标准工时形成各工序的时间节点，没依据生产的实际情况来确定时间节点，也不需要对各部门进行考核。

实际的订单评审是用来追究责任的。

动作 2：根据交期分解表制定主生产计划

：我们根据交期分解制订了主生产计划，具体如表 3－3 所示。

表 3－3 中的套料号相当于是每张订单在工厂内部的生产通知单号。SMT 齐料时间、插件齐料时间、组装齐料时间，以及最终的出货时间也在表中体现出来。

动作 3、4：制订周出货计划和日冷冻滚动周计划

：第三个动作是出口部每周五制订下周的出货计划；第四个动作是根据主计划，制订日冷冻滚动周计划。

周出货计划如表 3－4 所示。

表 3－3　主生产计划表（部分）

套料号	步骤	商标	下单日期	workingbom日期	SMT 齐料日期	插机齐料日期	组装齐料日期	出货日期	成品代码	业务员	时产量	订单数	生产部门	验货时间	已生产数	已计划数
L1004033201	包装	XX	2010－4－10	2010－5－10				2010－5－20	PU－E13100－000R	彭梅桂	51	130	2 车间 A		0	0
L1004084301	包装		2010－4－28	2010－4－28			2010－5－20	2010－6－15	PG－233000－074	黄燕玉	107	1500	5 车间 B		0	0
L1006099101	包装		2010－6－28	2010－12－7	2011－9－26	2011－9－20		2012－7－20	PU－E15100－951R	温成辉	147	11820	4 车间 B		840	11820
L1006099201	包装		2010－6－28	2010－12－7				2012－7－20	PU－E15100－951AR	温成辉	147	4060	4 车间 B		0	4060
L1006099301	包装		2010－6－28	2011－12－23	2012－3－12	2012－3－20	2012－3－28	2012－7－20	PU－E15100－951R	温成辉	80	8230	4 车间 B		0	8230
L1010011101	包装		2010－10－11	2010－12－7	2010－11－5	2010－11－6	2010－11－8	2010－12－1	PU－E15000－380R	李春燕	147	500	3 车间 A		0	0
L1101001101	包装		2011－1－5	2011－1－21		2011－3－10	2011－3－12	2011－2－20	PS－632600－380R	李春燕	90	200	3 车间 A		10	10
L1101001103	半成品		2011－1－5	2011－1－21		2011－3－10	2011－3－12	2011－2－20	PS－632600－380R	李春燕	106	200	3 车间 A		0	0
L1101002101	包装		2011－1－5	2011－1－22		2011－3－10	2011－3－12	2011－2－20	PS－632300－380R	李春燕	90	100	3 车间 A		95	95
L1109034101	包装		2011－9－28	2011－12－8	2012－2－9	2012－1－7	2012－1－9	2012－2－29	PS－626700－634	王艳	88	5990	3 车间 A		5584	5584
L1111053101	包装		2011－11－25					2012－5－10	PF－30J000－617R	王艳		5050	待定		0	0
L1112024105	装配		2011－12－9	2012－2－17	2012－3－16	2012－3－14	2012－3－16	2012－3－23	PG－3A3000－827	罗雪	235	3024			0	0
L1112038103	半成品		2011－12－15	2011－12－22	2012－2－24	2012－2－28	2012－2－13	2012－2－27	PS－611200－ACAR	温成辉	117	1008	3 车间 A		850	850

表3－4 出口部下周出货计划表（部分）

部门：出口部　　　　　　　　　　日期：2012年4月2日

序号	客户	套料号	客户订单号	是否带电源线（Y/N）	商标	总数量	装箱数量	箱数	运输方式（按如下备注中1－6填数字）	出货目的国（填中文）	出货日期（月日）	备注（上周是否有写过相关计划）（Y/N）
1		L12020451	PO#2002－12	Y		715	1	715	4（待定）	加拿大	3－29验货，4－2左右出货.	Y
2		L12020431	PO#1998－12	Y		538	1	538	4	荷兰	4－3验货	Y
3		L12020391	PI/IT120213A	Y		888	2	444	4	美国	4－6验货	N
4		L12020391	PI/IT120213A	Y		100	1	100				
5		L1201037	380－85785			9240	3	3080	4	英国	4－5前出货	Y
6		L1201038	380－85788			2310	3	770	4	英国	4－5前出货	Y
7		L12010141	6738987	Y		3000	300	10	4		已验货，待客确认出货	Y
8		L12010161	6738988	Y		3000	300	10	4		已验货，待客确认出货	N

：从表3－4可以看出，LD公司的出货计划制订方式跟ZG公司的不一样，LD公司没有必要每天滚动，因为它所有的订单都是外单。国外订单不会像国内订单那样频繁变动，一般制订一份周出货计划就基本上能够确定了，没有必要再进行7天的滚动。

根据主计划以制订日冷冻滚动的周生产计划，以2011年12月的周生产计划为例，具体如表3－5所示。

：从表3－5可以看出，LD公司是每天制订下两周的滚动计划，也就是12月1日制订2日至15日的生产计划，连续滚动两周，12月2日制订3日至16日的生产计划，12月3日制订4日至17日的生产计划。

：连续滚动的意义是什么？

：为排查提前做准备。

表3－5　2011年12月冷冻滚动周计划（部分）

部门	总量	平均		2011－12－1	2011－12－2	2011－12－3	2011－12－4	2011－12－5	2011－12－6	2011－12－7	2011－12－8	2011－12－9	2011－12－10	2011－12－11	2011－12－12	2011－12－13	2011－12－14
				周四	周五	周六	周日	周一	周二	周三	周四	周五	周六	周日	周一	周二	周三
2F车间	26500	2944.4	计划					3000	3000	3000	3000	3000	2500		3000	3000	3000
			实产														
			达成率					0	0	0	0	0	0		0	0	0
3F车间	24215	2201.3	计划	2000	2500	2000		2500	3000	2500		2500	2000		3000	1318	897
			实产														
	0	0	达成率	0	0	0		0	0	0		0	0		00	0	0

：12 月 1 日制订 2 日至 15 日的生产计划，就是 12 月 1 日要把 2 日至 15 日这半个月要生产的产品物料情况全部排查一遍，12 月 2 日制订 3 日至 16 日的生产计划目的也是一样。这样滚动相当于任何一天要生产的产品都会被提前排查 15 次，所以异常都被排查解决了。

为什么要做这么大幅度、大工作量的排查？因为 LD 公司的生产异常太多，物料的种类太多，要靠排查来预防和解决异常。当然，如果排查太多，工作量太大承受不起，太少了又减少不了异常，所以折中的方法是将时间跨度选为 15 天。

：这种排查还只是账面排查，因为实物排查工作量太大。**账面排查建立在对仓库进行初步整顿的基础上，**这样至少可以保证大部分的数据不会出错。

2. 针对欠料情况不清

动作 1：物控员进行滚动账面排查

问题	实施动作
物料没有进行提前排查与备料报欠，所有人员对欠料情况不清楚，只有车间停拉时才追料	PMC 物控员根据订单评审、主生产计划进行账面排查

：LD 公司开始进入滚动排查动作，由 PMC 物控员根据订单评审、主生产计划进行账面排查。账面排查是根据日冷冻滚动周计划进行的，每一天都要排查后面 15 天的情况。

动作 2：仓库进行 7 天实物备料

问题	实施动作
物料没有进行提前排查与备料报欠，所有人员对欠料情况不清楚，只有车间停拉时才追料	仓库根据日冷冻周滚动计划进行 7 天实物备料

：在两周的账面滚动排查基础上，仓库还要根据日冷冻计划、周滚动计划进行 7 天的实物备料，也就是提前 7 天进行实物备料排查。7 天实物备料滚动排查表如表 3－6 所示。

表3－6　提前7天实物备料滚动排查（部分）

套料号	本厂型号	报欠日期	物料名称	物料编码	套料数	欠料数	仓管员	部门	待检数	备料数	领料数	PMC要求回料时间	备注
L11120342	E－2015	2月21日	内卡通	319－201200－02R	1005	1005		五车间				2月27日	
L11120471	E－3289	2月21日	安全标志片（丝印好）	348－Z42800－07R	5056	5056		六车间				2月27日	
L11120471	E－3289	2月21日	安全标志片（冲件）	348－Z428N00－000R	5056	5056		六车间				2月27日	
L11120471	E－3289	2月21日	后名片（丝印好）	349－Z42900－037GR	5056	5056		六车间				2月27日	
L11120471	E－3289	2月21日	后名片（冲件）	349－Z429N00－000R	5056	5056		六车间				2月27日	
L12020011	E－C691	2月22日	整机泡沫（L）	300－C69000－01R	2441	2441		六车间				2月27日	
L12020011	E－C691	2月22日	整机泡沫（R）	300－C69000－02R	2441	2441		六车间				2月27日	
L12020011	E－C691	2月22日	邮购盒	305－C69100－793R	203	203		六车间				2月27日	
L12020011	E－C691	2月22日	线盖	451－C69000－01R	2416	2416		六车间				2月27日	
L12020011	E－C691	2月22日	遥控器	790－C69000－00	2416	2416		六车间				2月27日	
L11120071	E－690J	2月22日	整机泡沫/套	300－HD1300－01CR	511	511		三车间				2月27日	

：和ZG公司、SS公司相比，LD公司实物备料的频率最高，当计划被真正排下去生产的时候，这份计划的物料情况在实物上已被排查了7次。

：从表3－6可以看到各套料号的套料数、欠料数的数据，一张单到底是哪个部门准备生产等情况，以此来保证各订单的顺利生产。

动作3：PMC每天制订备料计划

问题	实施动作
物料没有进行提前排查与备料报欠，所有人员对欠料情况不清楚，只有车间停拉时才追料	PMC每天制订备料计划

：PMC每天制订备料计划，并将备料计划发给仓库，让仓库进行备料，具体如表3－7所示。

表3－7　备料通知

备料日期：2012－2－8

序号	套料号	产品代码	数量	SMT	前拉	后拉
1	YG1201002	T020	20			
2	L11120461	E－2091	10050			
3	L11120471	E－3289	5005			
4	L11120251	E－C168	5000		一车间	
5	L11120342	E－2015	5000		一车间	
6	L11120501	E－1270	200		一车间	
7	YG1201002	T020	20		一车间	
8	L11110511	PF－384000－637CR	20420			五车间
9	L11120391	E－3071	2000			五车间

表3－7相当于一份备料计划，它告诉车间当天要备的物料种类、数量以及给哪个车间等信息。

：这是落实到每个仓管员头上的吗？

：是的。开始是由仓库主管来分解，后面会有调整，因为这个工作量确实太大。后面我们专门成立了一个备料组制订备料计划，并分解到每个仓管员。

动作4：车间提前3天进行实物领料并报欠

问题	实施动作
物料没有进行提前排查与备料报欠，所有人员对欠料情况不清楚，只有车间停拉时才追料	车间提前3天进行实物领料并报欠

：车间提前3天进行实物领料并报欠，和SS公司差不多。车间欠料表如表3－8所示。

表3－8　车间欠料表（部分）

套料号	机型	物料名称	物料编码	套料数	实际领料数	欠料数	退坏料数	补料数	累计欠料数	PMC回返料时间	紧急程度
L11070271	E－6961		789－696000－30	3320	2705	615			615		
L11070271	E－6961		789－69XXAI－10	3320	3270	50			50		
L11070271	E－6961		789－6961AI－20	3320	3108	212			212		
L11070271	E－6961		789－6961AI－10	3320	2469	851			851		
L11070651	E－6260		789－626000－01	4827	2092	2735			2735		

：从表3－8可以看出，实际领料数、欠料数、累积的欠料数是多少。这些数据都要报给计划部门的物控，然后由物控去追料。

：**提前3天开始领料，然后每天领，每天报欠数**。原来的欠数到了，车间要及时领走，然后把还未到的欠数又报给物控部，由物控部继续追料，这个动作要连续滚动3天。

15天的账面排查连续滚动，7天的实物连续滚动备料，再加上3天的连续滚动实物领料，一直通过备料、排查来发现欠数并追欠。

动作5：推行订单进度管制表，物控跟催物料

问题	实施动作
物料没有进行提前排查与备料报欠，所有人员对欠料情况不清楚，只有车间停拉时才追料	推行订单进度管制表，物控每天根据订单进度管制表的欠料信息跟催物料

：最后是推行订单进度管制表（相当于主生产计划的跟进表），物控部每天根据订单进度管制表的信息跟催物料，订单进度管制表如表3－9所示。

表3－9 订单进度管制表

单号	成品代码	客户编号	本厂型号	客户订单	客户型号	订单数	生产部门	计划资料确认	计划验货日期	计划出货日期	备注	注塑计划上线	注塑实际上线	注塑计划完成	注塑实际完成	委外计划完成	委外实际完成	电子计划齐料	电子实际齐料	SMT计划上线	SMT实际上线	SMT计划完成	SMT实际完成	SMT备注	插件计划上线	插件实际上线	插件计划完成	插件实际完成	组装计划齐料	组装实际齐料	组装计划上线	组装实际上线	组装计划完成	组装实际完成	组装备注	包装计划上线	包装实际上线	包装计划完成	包装实际完成	包装备注	操作员	操作时间	ID

日期空白表示还没到，填“OK”的项目项就表示这项已经完成，物控部根据实际情况每天进行更新。

3. 针对物料异常频繁，导致车间停工待料

问题	实施动作
物料异常频繁，车间未及时退补料，导致车间停工待料	规定在生产线发现的物料异常必须在1个小时内处理完；如需退补料，必须在2个小时内完成退补料；如需返工，必须在4小时内完成；每天必须将有异常的物料退到仓库并补回，做到日清日结

：关于退补料的问题，以前有个老师跟我说过一个例子。某车间出现物料异常之后，车间没有在2小时之内将物料退回仓库，反而又从仓库领了所需要补的物料。结果造成了挪料，挪了其他订单的物料，仓库就会弄不清楚准确的物料数据。**正常的程序是退了再补，才便于仓库掌握可用物料的真实数据。**

4. 针对物料挪用，仓管人员无法找到物料

问题	实施动作
仓库管理混乱，物料按套料管理，物料回仓后被挪用，仓管人员无法找到物料	以物料编码管理物料，改变以前的套料管理方式，所有物料回仓后，全部上架，并建卡、建手工账及电子账

：说到套料管理问题，我记得当时企业方认为按套料管理更科学。为什么？因为他们认为按套料采购，采购回来后按套料管理，发放的时候按套料发，这样更科学。而欧博的方法是按套料下采购单，发到车间的时候也按套料发，但中间用编码管理这些物料，他们认为这种方法容易造成混乱，很不科学，因而坚决反对。

到底是按套料管理科学还是按物料编码管理科学？

：从理论上说，当然是按套料管理更科学，因为每一单都清清楚楚。但是，很多中小企业不可能做到按套料管理，至少在现阶段还做不到。就像零库存，现阶段企业需要安全库存，一点库存都没有，对企业会有很大影响。

：按套料管理，没有谁能真正做到。要做到按套料管理，就要确保物料不被挪用。如果每张套料单的物料都在严格管控范围之内，车间领的时候按照套料

领，这当然非常好。但在实际管理的过程中，套料入仓库后全部都打乱了，表面上是按套料管理，其实根本就没有，所以当车间按套料领的时候，根本领不到。**理论上套料管理更科学，但实际操作上还不如编码管理更有效，更能解决问题。**

很多企业人员往往喜欢拿理论的东西与人争高低，但实际上能否达到管理的效果他都不负责任。

：对！好了，前面讲的是 LD 公司关于物料控制的框架性动作，而 LD 公司的物料控制的核心其实是在实物备料。在实物备料的过程中，我们碰到了很多问题，第四层觉知就是在推行的过程中遇到的问题以及解决方案。

五、第四层觉知：推行过程中遇到的问题与解决方案

（一）推行过程中的问题

问题 1：7 天实物备料报欠，仓管员执行不严格，总是反映工作忙，没时间报欠。

：欧博项目组的老师和稽核员下去检查的时候，经常会遇到这种情况，只要查到某个仓管员没有严格执行 7 天实物备料报欠，他就会说："你看今天我要准备那么多东西，我哪里忙得过来？你们再这么弄，我就不做了。"

问题 2：物料回仓后经常找不到，备料过程中，仓管员找料时间长，无效工作时间长。

：欧博项目组的老师跟着仓管员备过几次物料，发现仓管员找物料花的时间确实比较长，长的要花 2 小时，而且在找的过程中，经常被打断。为什么呢？因为新的物料到了，他要去收料，收完了又跑去备料，刚刚找到哪里又忘了，所以，花在找料的时间非常长。

：也就是仓管员的工作非常杂，从收料到摆放、账务的管理、发料一系列的

工作，他一个人全管。

：对，还有备料，这些全是他一个人做。所以，他的无效工作时间也长。

问题3：仓库不严格按照物料编码做管理。

：LD公司推行物料编码管理，要求所有物料回仓后，必须分类上架、做账。因增加了工作量，当时仓库全体人员不认同，仓库主管反对，在执行过程中，也不严格按照物料编码做管理。

问题4：仓管员无法及时更新当天的电子账。

：仓管员无法将当天的电子账更新完成，造成账物不符，因而物控员无法掌握仓库库存情况。以前的手工账是一个仓管员拿着一本笔记本每天记录的，离职的时候，这本笔记本就不知道扔到哪里去了，使新的仓管员没有办法很快接替工作。新仓管员到了仓库以后，首先要搞清楚每个仓位放了什么物料，然后重新做手工账，而做手工账的时间相对较长。

：很多企业对仓管员经验的依赖其实都非常强，走了一个仓管员，他们连发料都不知道怎么发。

：我们有一个项目是做模具的，这家企业的仓管员把事务性的工作变成了一个“技术性”的工作。

这家企业生产一个产品要一个组模，然后有不同的镶件，不同的产品使用不同的镶件，这个仓管员就私自把镶件的模具放在他的办公桌脚下，避免别人找到。这样就把一个原本不需要依赖经验的工作变成一个必须要依赖仓管员经验的工作，谁要有意见，谁就别想生产。所以，仓管员经常把经验当作自己的筹码，跟老板提涨工资之类的要求。

问题5：PMC不及时或不按时完成日冷冻周滚动计划及两周滚动物料排查。

问题6：员工迟到情况严重。

：公司规定员工8：00上班，每天最少20人迟到，经理级人员规定9：00上班，但到10：00－11：00还有人没来上班。

这是一个2000人规模、表面上看还比较规范的企业出现的情况。

问题7：所有人员出现工作错误或失误等，造成的损失都是公司买单。

问题8：靠领导做管理，出现问题相互推诿，责任无法落实。

（二）针对问题1

动作1：仓库重组，对仓管员进行分工

问题	实施动作
7天实物备料报欠，仓管员执行不严格，总是反映工作忙，没时间报欠	对仓库运作进行重组，设立收料组、仓务组和备料发料组，同时对各仓管员的工作（仓管员所管的物料）进行了分配、分工

：针对7天实物备料报欠，仓管员执行不严格，总说工作量大的问题，我们首先对仓库组织架构进行重组，由以前每一个仓库主管直接面对各个仓管员调整为设立收料组、仓务组和备料发料组。

：把这32个人分成了3部分，以前32个人都干同样的活，从收料、仓务、备料、发料都干，现在对他们进了分工，分成三块。

：对！收料组专门负责收料，仓务组主要管理仓库，备料发料组负责下达备料任务和给车间发料，同时，对各仓管员的工作进行了分配、分工。PMC的详细组织架构图如图3-3所示。

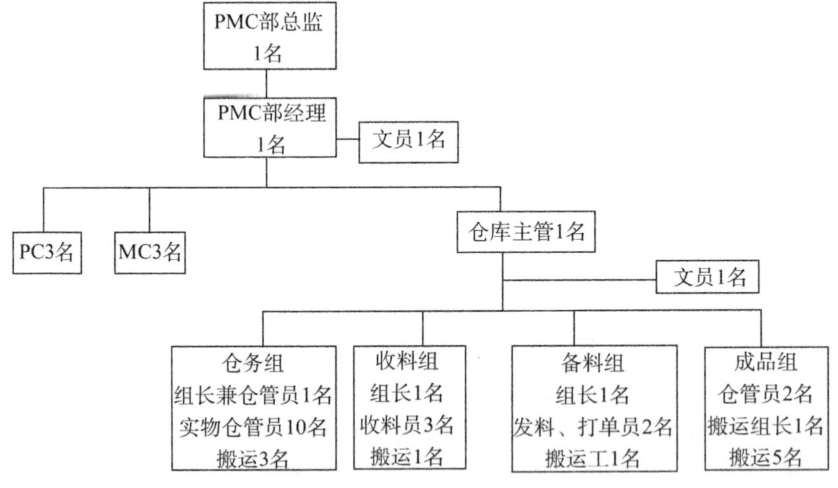

图3-3 PMC的详细组织架构图

：如图3-3所示，仓务组组长兼仓管员1名，实物仓管员10名，这10

名实物仓管员的主要工作是仓库管理及实物备料。

收料组的任务是把物料摆上架，做好登记。备料组设组长1名，发料、打单员2名。备料组负责把备料计划分解到每个人，分解到每一个实物仓管员，并跟进10名实物仓管员的工作。

：备料组的工作其实就相当于仓库内部的计划工作，把每个人的任务都分清楚，落实到每个人头上。

：也就是做统筹协调工作，这样整个仓库的组织以及每个人的职能职责就清晰了，这样也减少了仓管员的工作量。

动作2：统计仓管员的工作量

问题	实施动作
7天实物备料报欠，仓管员执行不严格，总是反映工作忙，没时间报欠	对仓管员的工作量进行统计，并对各仓管员所管物料进行调整

：仓管员说忙，那我们就统计一下，看看从上班到下班，到底备了多少款物料，看工作量到底是大还是小。各仓管员备料种数统计表如表3－10所示。

表3－10　各仓管员备料种数统计表

仓管员	日期：9月20日			日期：9月21日			日期：9月22日		
	套料数	应备物料数	实备物料数	套料数	应备物料数	实备物料数	套料数	应备物料数	实备物料数
利玉娇	4	14	14	4	9	9	12	80	71
郭谦桥	3	5	3	3	80	37	8	155	55
刘冬祝	5	19	19	2	8	8	9	218	182
林立懋	6	25	20	3	31	31	11	90	76
罗刚	1	1	1	2	9	9	6	52	52
熊元峰	7	32	32	4	11	11	12	89	89
陆鹏安	6	7	7	2	3	3	13	20	19
袁玉婷	5	64	44	2	19	19	10	130	92
总计：	51	313	190	31	317	157	110	1238	779
动作完成率	61%			50%			63%		

：从表3－10我们可以看到每个仓管员每一天备了多少款物料。例如9月

20 日，袁玉婷应备物料是最多的，64 种，而很多仓管员只备 1 种、5 种或 7 种。9 月 21 日，郭谦桥的应备物料最多，是 80 种，其他仓管员也就备八九种。

：累的很累，不累的也喊累。仓管员中有的备 80 种物料，有的只备 3 种物料。

：通过统计各仓管员的备料种数，能很清晰地看到各仓管员每天的工作量是不是满负荷，仓管员就不能再给自己找借口，不能总说自己工作太忙、太累，顾不过来。实际上是有忙有闲，平均下来工作量并没有超负荷。只要做到忙与闲的合理调配，即做好备料计划，让每个人的工作均衡了，这个问题就能解决。

动作 3：对备料流程进行梳理，制订备料控制卡

问题	实施动作
7 天实物备料报欠，仓管员执行不严格，总是反映工作忙，没时间报欠	对备料流程进行梳理，制订备料控制卡

：备料控制卡如表 3－11 所示：

表 3－11　备料控制卡

项目		横向控制部门		
		PMC	备料组	仓管
备料作业	标准	(1) PMC 经理每天 9：00 前须做好次日备料计划的审核，发备料组及注塑部 (2) 备料计划必须注明每个套料的备料先后顺序 (3) 备料计划要求的备料套料必须提前 7 天，并且滚动进行 (4) PMC 物控员收到备料欠料表，必须在 2 小时内核实欠料情况，并回复及跟进欠料回料时间 (5) 物控员每天必须做好两周滚动物料排查，了解两周物料的到位情况，对未到物料的到料时间进行确认，并进行跟进	(1) 备料组打单员根据备料计划必须在当天 16：00 前打印好次日的备料清单。已备物料的套料清单显示的是欠料清单的下发，并分发给各仓管员，要求仓管员签收 (2) 备料组打单员必须将每张套料清单需哪些仓管员备料，每个仓管员每天需备多少套料，需备多少物料制作成表格，当天套料清单的备料顺序需打印在备料清单上 (3) 备料组组长每天必须最少三次跟催各仓管的备料情况，并做好各仓管每天实备物料种数记录，在次日 9：00前将昨天的备料欠料情况及各仓管员的备料情况交 PMC 物控员	(1) 仓管员收到备料清单后，按照备料清单的先后顺序进行备料，并且要当天完成当天的备料清单 (2) 备料时发现物料已发至车间或备料欠料，及时在备料清单上注明已发数或已备实数 (3) 所备物料及物料清单必须在当天 20：00 前交备料组组长 (4) 仓管员必须在物料离开仓库 4 小时内完成仓库账卡的处理

续表

项目		横向控制部门		
		PMC	备料组	仓管
备料作业	制约	(1) 备料组监督 PMC 经理是否按时下达备料计划 (2) 备料组监督 PMC 经理下达的计划是否有顺序 (3) 稽核员监督 PMC 经理的所有工作	(1) 仓管员监督备料清单是否按时下发 (2) 仓管员监督备料清单下发时是否有序号 (3) 稽核员监督备料组的所有工作	(1) 备料组监督仓管员是否按时备料及提交备料清单 (2) 备料组监督仓管员是否按备料顺序备料 (3) 稽核员监督仓管员的所有工作
	责任	PMC 未按标准作业的，乐捐 5 元/次	备料组未按标准作业的，乐捐 5 元/次	仓管员未按标准作业的，乐捐 5 元/次

表 3－11 是备料作业的一个流程，把以前不是很清晰的备料动作流程变清晰了，明确了备料过程中各自的任务。

例如，PMC 经理每天 9：00 前要做好次日备料计划的审核，发到备料组以及注塑部。备料计划必须注明每个套料的备料先后顺序，也就是告诉备料组要先备哪种、后备哪种，这样备料就比较准确了。备料计划要求的备料、套料必须提前 7 天准备，并且是滚动进行。PMC 物控员收到备料欠料表后，必须在 2 小时内核实欠料情况并回复。

：仓库备料的过程中发现的欠料，反馈给 PMC 的物控员，物控员再根据这个进行跟催？

：对，物控员每天必须做好两周滚动物料排查，了解两周物料的到位情况，对未到物料的到料时间进行确认并进行跟进，这是 PMC 在备料过程中要做的事情。备料组打单员根据当天 PMC 发的备料计划，在当天 16：00 前打印好次日的备料清单。这份备料清单要分解到每个人，每一个仓管员就知道第二天到底要备哪些东西。

仓库的备料组要完成一个转化：把 PMC 物控员发的备料计划，分解成每一个仓管员的任务，形成备料清单发给仓务组的每一个仓管员。

已备物料的套料清单显示的是欠料清单的下发，什么意思呢？例如，12 月 1 日要备 12 月 2 日至 8 日的料，那么到 12 月 2 日的时候，12 月 3 日的物料已经备齐了，就不需要再把所有的备料计划下发给仓管员，只需下发还需要备的那几种欠料的计划就行了。

：也就是仓务组的仓管员每天都有日计划任务。

：对，有一个明确的日计划。打单员要根据备料计划，把今天要干什么、要备什么料做成备料清单分发给各仓管员，要求仓管员签收。备料组打单员必须将每张套料单需哪些仓管员备料及每个仓管员每天需备多少个套料、需备多少种物料制作成表格，当天套料清单的备料顺序需打印在备料清单上。

备料组组长每天必须最少3次跟催各仓管员的备料情况，也就是他要去检查各仓管员有没有在按照进度备料，并做好各仓管员每天实物备料种数的记录。在次日早上9：00前将昨天的备料欠料情况及各仓管员的备料情况交PMC的物控员。

仓务组的仓管员接到备料清单之后，按照备料清单的先后顺序进行备料，并且要当天完成，当天的备料清单如果不能完成那就要自觉加班。备料时发现物料已发给车间或者备料欠料，及时在备料清单注明已发送或者已备的实数和欠数。所备物料及物料清单必须在当天晚上20：00前交备料组组长，仓管员必须在物料离开仓库4小时内更新仓库账物卡。这就是整个备料流程的梳理。

动作4：推行备料发料排查攻关激励方案

问题	实施动作
7天实物备料报欠，仓管员执行不严格，总是反映工作忙，没时间报欠	推行备料、发料和排查物料攻关激励方案，仓管员每天按时完成备料任务奖励10元/天；每周按时完成，则再奖励50元/周

：现在每一个仓管员其实都有了明确的任务，接下来我们推行了备料、发料和排查物料攻关的激励方案。仓管员每天如果按时完成备料任务，则每天都有奖励，如果每周按时完成备料任务，则每周再奖励50元。PMC日计划备料发料排查物料攻关激励方案如表3－12所示：

表3－12　PMC日计划备料发料排查物料攻关激励方案

序号	项目动作	部门	责任人	每天完成时间	激励措施
1	计划员根据日冷冻周滚动计划制订提前7天的滚动日备料计划	PMC		9：00前将备料清单发放给备料组及塑胶部	计划员在一周内准时发放备料计划表，没有出现一次数据错误，则奖励20元/周

续表

序号	项目动作	部门	责任人	每天完成时间	激励措施
2	（1）仓库文员根据日备料计划打印备料清单，同时将备料清单发放到各仓管员的手中。计划表中的套料数与备料清单的套料数要一致 （2）备料组长在每天17：00左右就要跟进所有的仓管员是否已经按日备料计划完成备料，如果没有就要通知未完成的仓管员 （3）对每个套料的备料清单进行整理汇总，形成欠料表，以邮件的形式发给PMC经理及物控员的邮箱中。备料组必须要有每个仓管的备料情况总表	仓库备料组		16：00前发放到各仓管员手中。9：00前将前一天的欠料表发至PMC	（1）仓库文员在规定时间内将备料清单发到各仓管员手中 （2）每天在规定的时间内收集各仓管的备料清单。连续一周没有出现任何拖延及数据错误，则奖励每人每周50元
3	（1）各仓管根据日备料计划的先后顺序，按照备料清单中的内容进行备料 （2）将备料数量填在实备栏，再将已备物料拉至备料区域，同时将备料清单交到备料区黄年辉手中。不需要拉至备料区域的物料（贵重材料、木箱、卡通箱、彩盒、变压器、大件的塑胶）也要将欠料数量发到黄年辉手中	仓务组		17：30前要将欠料表给到黄年辉手中	各仓管员每日在规定的时间内将所备物料拉至备料区，同时将备料表交到黄年辉手中，连续一周没有出现一次拖延或错误，则奖励每人每周50元
4	（1）生产车间根据日冷冻周滚动计划，提前一天到仓库备料区拿领料单领取冷动三天的物料。在领取物料时一定要点清数量，在领料单上签名确认 （2）物料员领取物料后按套料号填写欠料表，物料员必须每天将物料损耗，退料数量上报物控员	生产部		各车间物料员在当日17：30以前将欠料表交到PMC物控员手中	车间物料员提前3天到备料仓领取物料，同时领取物料后在当日向PMC提报欠料表，连续一周没有拖延或错误的则奖励20元
5	（1）物控员在收到仓库提前7天的备料欠料表后，1小时内就要与采购确认物料的返回时间。如果不能在上线前一天返回物料，则要与计划员协商是否要调整生产计划 （2）物控员收到车间物料员的物料异常信息后，30分钟内要向仓库了解是否有库存。如没有库存，则要在30分钟内知会采购员，同时要在生产前将物料跟催到位	PMC		11：00前确认物料返回时间	物控员在一周内没有因欠料而停拉的，奖励100元
编制：			审核：		
会签	仓管员：　物料员：　物控员：　采购员：				

：仓管员在规定时间内完成所备物料并将物料拉至备料区时，将备料表交给黄年辉。如果黄年辉连续一周没有出现拖延或错误，那么奖励他 50 元。

：这里全部是奖励？

：对，没有处罚。我记得当时这个项目组组长甘老师回所里汇报工作的时候，说我们以往追究责任都是有奖有罚，这种奖罚使当时的仓管员队伍不稳定，有些仓管人员承受不住压力就走了。

后来我跟甘老师说只奖不罚，因为这种工作他们以前从没有接触过，并且也不是这样做的，所以要让他们先适应，做得好奖励，做得不好也不处罚，给他们一个调整的时间。结果很多人拿奖金，慢慢地仓管员队伍就稳定了。

（三）针对问题 2

问题	实施动作
物料回仓后找不到，备料过程中，仓管员找料时间长，无效工作时间长	（1）将以前的套料管理方式改为物料编码管理 （2）对仓库进行整理，对严重影响生产的仓库，重新进行划分 （3）在 ERP 系统中的原料基础档案内建立仓位栏，在备料单上显示仓位，使仓管员备料时不用再寻找，提高仓管员的备料及入仓速度

：下面是仓库物料摆放区域按仓位调整的攻关方案。

：从这个方案中大家可以看到攻关时间、目标、背景以及仓位调整的相关动作。

：把区域划分清楚。

：对！把区域划分清楚便于找料。降低仓管员找料时间的核心动作就是在他们原有的 ERP 系统中建立“仓位”栏。备料单上就显示仓位，备料单如图 3－4 所示。

仓库物料摆放区域按仓位调整的攻关方案

1. **攻关的背景：**物料摆放混乱，备料过程中找料的时间过长，严重影响发料的及时性。

2. **攻关的目的：**容易找料，提高备料的效率，能够做到按照备料单上提供的仓位快速而又准确地找到物料。

3. **攻关的范围：**五金仓、电子仓、包装仓三大类仓库的所有物料。

4. **攻关时间：**9 月 19 日至 9 月 30 日。

5. **攻关目标：**通过攻关动作，将所有的物料按划分好的区域位置摆放，同时将仓位按物料编码输入到 FCY 系统中，使打印出来的备料单中每种物料都有对应的仓位，以此提高备料的效率。

6. **攻关的成员及职责**

职务	人员	职责
组长		（1）负责攻关小组运行中的一切资源支持、决策的确定及监督执行 （2）主持攻关过程中的每个过程的跟踪
组员		（1）协助组长工作 （2）具体的仓位划分，物料上架，数据的录入
稽核中心		负责监督整个方案是否按要求完成各项工作

7. **攻关实施**

序号	具体动作	责任人	完成时间	表单表格
1	有货架的按货架划分，同一个货架再按层数划分，同一层再按栏数划分，如 A1 -01 -01		9 月 20 日 完成划分	
2	没有货架的就按五个卡板一个区域划分，中间是通道。例如 A 区有五个卡板，就按 A1、A2、A3、A4、A5 划分		9 月 20 日 完成划分	
3	将所有的物料按区域划分好后，按物料编码一个一个的仓位输入到 FCY 系统中		9 月 30 日完成输入 到 FCY 系统	

8. **奖励方案：**能够在 9 月 30 日完成所有的物料区域划分，并且将资料输入到 FCY 系统中，则所有真正参与这次仓位大调整的仓管员、PMC 部人员，按参与的时间与完成的数量来给予相应的奖励，一直是全程参与协助的奖励 100 元，在星期六、星期日参与协助的奖励 50 元。

9. **攻关后的数据变化：**

编制：黄建龙　　　审批：　　　批准：　　　日期：2011. 9. 24

报表编码: LT-QR-1203　　生产备料单　　第1页共1页

单号:12040224　部门:1车间　套料单号: L12030151\7　日期: 2012/4/5　打印True次

机型:E-104D|PG-104D00-827备注:4/6备料1

原料编号	名称/规格	单位	仓位	应发	实发
003-413240-11R	中波线圈/132:40T 引线长:3x90mm 纸管Φ7.9x18mm 符合ROHS/REACH标准	PCS	N7-04-07	2010	001
041-012411-06A	开关/1刀2位 SK-12F14-G6/SK1205 G6 3x3x6mm长	PCS	N9-04-04	2010	002
041-012415-05	开关/1刀2位 SS1202VG5(R-SS1202VG050D) 柄2x2x5mm	PCS	N8-03-01	2010	003
041-023429-03	开关/SK23D06 G30(左三右一) 柄为3x3x3mm(菠萝头)	PCS	N9-04-05	2010	004
063-028008-02CR	2PIN排线/2P L=80mm PH=2.0mm 一边插/一边焊 30#(红/黑)(符合ROHS/REACH标准)	PCS	L5-04-01	4020	005
083-508040-01R	磁棒/5x8x40mm 符合ROHS/REACH标准	PCS	J-J1-03	2010	006

图3－4　备料单

：图3－4显示了所要备的物料具体在哪个仓位，仓管员直接去仓位找就可以了，找料的时间就大大减少了。如果找不到，那就表示仓库的整理工作有问题，还需要对仓库进行整理。

（四）针对问题3

问题	实施动作
推行以物料编码管理时，因临时性增加了工作量，仓库全体人员不认同，仓库主管反对。执行过程中不严格按照物料编码管理，物料回来后，不及时上架、建卡、建账	（1）开始欧博的老师带2名稽核人员负责做一个样板仓出来，让仓管员知道这样做刚开始会累，但只要整理完成他们就会轻松了。仓库主管不同意，只好让他离职 （2）推行了账、卡、物攻关方案。财务每周对各仓管员所管物料进行抽盘。账、卡、物达标的仓管员奖励50元/周

：首先，针对这种问题，把所有仓管员都辞退显然不现实。为了让仓管员真正愿意做，欧博的老师就首先带着2名稽核员做了一个样板仓，让仓管员知道做法。刚开始的时候，仓管员确实会累，但只要整理完成，他们就轻松了。同时，针对坚决不配合做工作的仓库主管，让他直接离职。

：他坚决不同意物料编码管理？

：对。其实也不是欧博项目组的老师让他离开，主要是因为他在会议上直接跟欧博项目组的老师产生了冲突，企业老板看到这种情况，没有办法必须让他走。

其次，推行账、卡、物攻关方案。财务每周对各仓管员所管物料进行抽查，账、卡、物达标的仓管员，每周奖励50元。具体评比方案如表3－13所示：

表3－13　仓库账卡物相符率评比方案

小组名称：　　　　　　　　抽查日期：

<table>
<tr><th>序号</th><th>评比项目</th><th>评比项目
内容</th><th>标准分</th><th>扣分点
（出现以下情况，在标号上打“√”）</th><th>扣分</th><th>注意事项</th></tr>
<tr><td></td><td></td><td>总分</td><td>100</td><td></td><td></td><td></td></tr>
<tr><td rowspan="4">1</td><td rowspan="4">账卡物
相符率</td><td rowspan="4">账卡物相符率达到100%（80分）</td><td rowspan="4">80</td><td>（1）账卡物相符率小于A类98%（含）、B类96%（含）、C类93%（含）（不计分）</td><td rowspan="4"></td><td rowspan="4">此项数据由抽盘人员盘点现场评分</td></tr>
<tr><td>（2）账卡物相符率小于A类99%（含）、B类97%（含）、C类94%（含），减30分</td></tr>
<tr><td>（3）账/卡有一项缺失，减20分</td></tr>
<tr><td>（4）账卡物相符率A类小于100%（不含）、B类小于98%（不含）、C类小于95%（不含），减10分</td></tr>
<tr><td>2</td><td>标识清晰度</td><td>准确快速确认物料摆放位置（3分钟内）（20分）</td><td>20</td><td>不能准确、快速确认物料摆放位置每项，减20分</td><td></td><td>此项数据由抽盘人员盘点现场评分</td></tr>
<tr><td colspan="7">得分</td></tr>
<tr><td colspan="7">说明：
（1）数据由抽盘人员根据抽盘现场情况当场进行评分
（2）每周一、周三由财务组织人员对仓库各仓进行抽盘
（3）原则上每个仓管抽盘物料不低于5种
（4）账卡物相符率A类物料及成品没达到98%以上的，需乐捐10元/周；B类物料没达到96%以上的，需乐捐10元/周；C类物料没达到93%的，需乐捐10元/周
（5）账卡物相符率A类达到100%，B类达到98%以上，C类达到95%以上，每周每人奖50元
（6）财务部负责于每周四报送评比结果，并申请资金及发放奖金</td></tr>
<tr><td colspan="4">仓管员（签名）：</td><td colspan="3">抽盘人员（签名）：</td></tr>
</table>

：表3－13的方案其实很简单，就是明确了奖励标准。

（五）针对问题4

问题	实施动作
(1) 仓管员无法将当天的账更新完成，造成账物不符，物控无法掌握仓库库存状况 (2) 以前做手工账，个别仓管员离职后，手工账也丢失，造成新仓管员无法接替工作，做手工账时间也相对较长	(1) 建立电脑日记账，在送检单、备料单增加条码扫描功能，增设日记账模块，由仓管员自己通过扫描入账，出库只需填写数据即可，取消以前的手工账，在ERP系统中建立电子账 (2) 在ERP系统中实现收料作业流程及发料作业流程，让PMC能清楚知道，物料从送检开始到物料入库及发料处于什么位置

：针对仓管员无法将当天的账更新完成，造成账务不符。我们采取的对策是建立电脑日记账，在他们的ERP系统中增加仓管员每天的出入库日计单。

在送检单、备料单增加条码的扫描功能，增设日计账的模块，由仓管员自己通过扫描入账，出库只需填写数量即可。这样就减轻了仓管员的工作量。取消以前的手工账，在系统中建立电子账。原料入库日计单如图3－5所示。

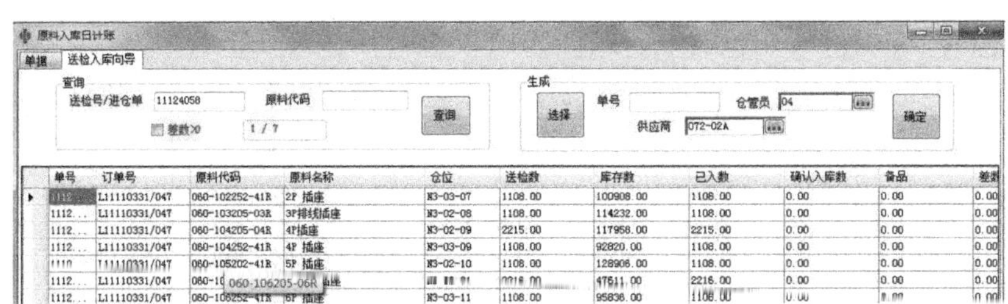

图3－5　原料入库日计单

：图3－5是扫描条码获得的信息，像前面的单号、订单号、原料代码、名称、仓位等，这些就都不需要填了。同时，在系统中实现了收料作业流程及发料作业流程，让PMC能清楚地知道物料从送检开始到物料入库及发料过程中，物料到底处于什么位置。收货流程在图3－6（ERP系统的截图）中得到了很好的实现。

：以最上面一栏单号12033721为例，它送检时间、IQC检验的时间，只要通过条码扫描，这些时间就直接反映到系统里面。物控人员一看这张表就知道3月14日13时33分，IQC已经检验完成。收货组完成的时间、仓管员完成的时

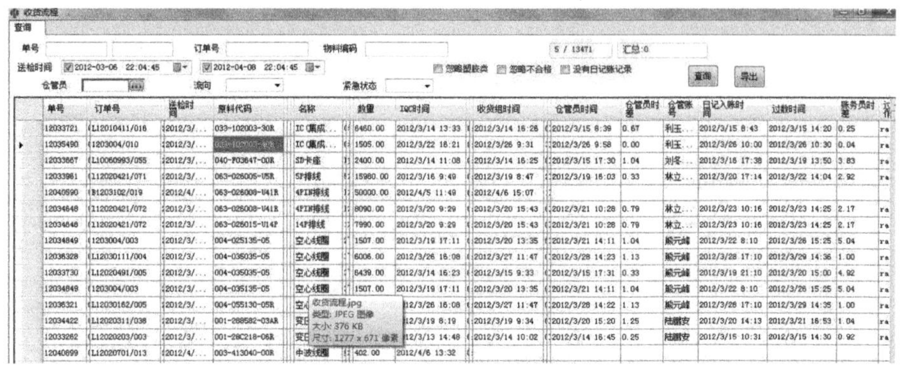

单号	订单号	送检时间	原料代码	名称	数量	IQC时间	收货组时间	仓管员时间	仓管员时差	仓管账号	日记入账时间	过数时间	账务员时差	
12033721	L12010411/016	2012/3/...	033-102003-30R	IC(集成...	6460.00	2012/3/14 13:33	2012/3/14 16:26	2012/3/15 8:39	0.67	利玉...	2012/3/15 8:43	2012/3/15 14:20	0.25	ra
12035490	1203004/010	2012/3/...	[illegible]	IC(集成...	1505.00	2012/3/22 18:21	2012/3/26 9:31	2012/3/26 9:58	0.00	利玉...	2012/3/26 10:00	2012/3/26 10:30	0.04	ra
12033667	L10060993/055	2012/3/...	040-F03647-00R	SD卡座	2400.00	2012/3/14 11:08	2012/3/14 16:25	2012/3/15 17:30	1.04	刘冬...	2012/3/16 17:38	2012/3/19 13:50	3.83	ra
12033961	L12020421/071	2012/3/...	063-026005-U5R	5P排线	15960.00	2012/3/16 9:49	2012/3/19 8:47	2012/3/19 16:03	0.33	林立...	2012/3/20 17:14	2012/3/22 14:04	2.92	ra
12040690	B1203102/019	2012/4/...	063-026008-U41R	4PIN排线	50000.00	2012/4/5 11:49	2012/4/6 15:07							
12034648	L12020421/072	2012/3/...	063-026008-U41R	4PIN排线	8090.00	2012/3/20 9:29	2012/3/20 15:43	2012/3/21 10:28	0.79	林立...	2012/3/23 10:16	2012/3/23 14:25	2.17	ra
12034646	L12020421/072	2012/3/...	063-026015-U14P	14P排线	7990.00	2012/3/20 9:29	2012/3/20 15:43	2012/3/21 10:28	0.79	林立...	2012/3/23 10:16	2012/3/23 14:25	2.17	ra
12034849	1203004/003	2012/3/...	004-025135-05	空心线圈	1507.00	2012/3/19 17:11	2012/3/20 13:35	2012/3/21 14:11	1.04	熊元峰	2012/3/22 8:10	2012/3/26 15:25	5.04	ra
12036328	L12030111/004	2012/3/...	004-035035-05	空心线圈	6006.00	2012/3/26 16:08	2012/3/27 11:47	2012/3/28 14:23	1.13	熊元峰	2012/3/28 17:10	2012/3/29 14:36	1.00	ra
12033730	L12020491/005	2012/3/...	004-035035-05	空心线圈	6439.00	2012/3/14 16:23	2012/3/15 9:33	2012/3/15 17:31	0.33	熊元峰	2012/3/19 21:10	2012/3/20 15:00	4.92	ra
12034849	1203004/003	2012/3/...	004-035135-05	空心线圈	1507.00	2012/3/19 17:11	2012/3/20 13:35	2012/3/21 14:11	1.04	熊元峰	2012/3/22 8:10	2012/3/26 15:25	5.04	ra
12036321	L12030162/005	2012/3/...	004-055130-05R	空心		12/3/26 16:08	2012/3/27 11:47	2012/3/28 14:22	1.13	熊元峰	2012/3/28 17:10	2012/3/29 14:35	1.00	ra
12034422	L12020311/038	2012/3/...	001-288582-03AR	变日		12/3/19 8:19	2012/3/19 9:34	2012/3/20 15:20	1.25	陆鹏安	2012/3/20 14:13	2012/3/21 16:53	1.04	ra
12033262	L12020203/003	2012/3/...	001-28C218-06R	变日		12/3/13 14:48	2012/3/14 10:02	2012/3/14 16:45	0.25	陆鹏安	2012/3/15 10:31	2012/3/15 14:30	0.92	ra
12040699	L12020701/013	2012/4/...	003-413040-00R	中波线圈	402.00	2012/4/6 13:32								

图 3－6　收货流程图

间、仓管员的时间，这与正常要求的时间相差多少，都能在这个截图中反映出来。

：每一个时间节点都在这个 ERP 系统当中有直接的反映？

：对，这样就减少了一些拖延的时间。

：让每一个人员都知道，只要拖延，就有人知道，系统当中就会有反映。

：这样他们就能够按照我们规定的时间来完成这些基础工作。

（六）针对问题 5

问题	实施动作
针对 PMC 不及时或不按时完成日冷冻两周滚动生产计划及两周滚动物料排查	在企业原有的 ERP 系统基础上进行修改，增加排查动作。通过 ERP 系统实现此功能，减少 PMC 人员的工作量，确保排查的准确性

：针对 PMC 不及时或不按时完成日冷冻周滚动计划及两周滚动物料排查的问题，欧博项目组实施的变革动作是，在企业原有的 ERP 系统基础上进行修改，增加排查功能。通过系统实现日冷冻两周滚动生产计划及两周滚动物料的排查。

在企业原有的 ERP 系统基础上进行修改，等于把我们做的滚动排查、实物备料、领料报欠等动作都归纳到 ERP 系统里面去了。通过软件可以实现这些功能，这样减少了 PMC 人员的工作量，同时又能确保排查的准确性。日冷冻两周滚动生产计划如图 3－7 所示。

日冷冻两周滚动生产计划

周计划表

套料号 成品编码 部门 加载主计划 导出

日期 2012年 4月 8日 加载 统计达成率 1 / 59 汇总:0 新增 保存

日期	套料号	成品代码	出货日期	验货日期	时产	订单数	已计划数	已生产数	差数	生产部门	4-9	4-10	4-11	4-12	4-13	4-14	4-15	4-16	4-17	4-18
2012/4/8	L10060992	PU-E15100-95...	07-20		147	4060	4060	0	4060	4车间B	0	0	0	0	0	0	0	0	300	500
2012/4/8	L11110292	PG-C15100-949JR	12-30		294	20000	5960	0	20000	6车间A	0	0	0	0	0	0	0	0	0	3000
2012/4/8	L11120571	PS-691E00-AAE	04-10		95	635	635	0	635	3车间A	0	635	0	0	0	0	0	0	0	0
2012/4/8	L12010082	PG-201A00-037	04-02		180	10005	10005	5800	4205	5车间A	0	0	0	0	0	0	0	0	0	0
2012/4/8	L12010131	PS-618400-380R	04-01			500	200	0	500	内销部	0	0	0	0	0	0	0	0	20	30
2012/4/8	L12010191	PS-628700-000R	04-27		95	490	490	0	490	3车间A	0	0	0	0	0	0	0	0	0	0
2012/4/8	L12010211	PS-628700-000AR	04-27		95	563	563	0	563	3车间A	0	0	0	0	0	0	0	0	0	563
2012/4/8	L12010311	PG-206600-949JR	04-10		189	1100	1100	800	300	6车间B	0	0	0	0	0	0	0	0	0	0
2012/4/8	L12010331	PG-395000-808DR	05-06		401	3000	3000	0	3000	5车间B	0	3000	0	0	0	0	0	0	0	0
2012/4/8	L12010341	PF-397000-808BR	05-13		353	3000	3000	0	3000	6车间A	0	0	0	3000	0	0	0	0	0	0
2012/4/8	L12010351	PG-C21800-808CR	04-21		280	5015	5015	0	5015	4车间B	0	0	0	0	0	1815	0	3200	0	0
2012/4/8	L12010411	PG-C15300-808DR	04-28		294	6460	6460	0	6460	6车间A	0	0	0	0	0	1000	0	3000	2460	0
2012/4/8	L12010421	PE-85B600-808R	04-28		118	6760	6760	0	6760	5车间A	0	0	0	0	0	0	800	1000	1000	1000
2012/4/8	L12010431	PG-206600-949JR	05-30		189	6500	5200	0	6500	6车间B	0	0	0	0	0	0	0	0	900	2000
2012/4/8	L12020072	PE-K70600-BBBR	04-09		133	1000	1000	0	1000	6车间B	0	0	0	1000	0	0	0	0	0	0
2012/4/8	L12020111	PE-51A600-808R	04-23		75	9240	9260	7160	2080	4车间B	900	0	0	0	0	0	0	0	0	0
2012/4/8	L12020121	PG-395000-808BR	04-23		401	3000	3000	0	3000	5车间B	1500	1500	0	0	0	0	0	0	0	0
2012/4/8	L12020131	PF-305M00-808BR	04-23		208	3000	3000	0	3000	5车间A	0	0	0	0	2000	1000	0	0	0	0
2012/4/8	L12020161	PU-E07B00-AAPR	04-25		60	545	545	0	545	3车间A	0	0	245	300	0	0	0	0	0	0
2012/4/8	L12020162	PU-E07B00-AAPR1	04-25		60	545	545	0	545	3车间A	0	0	0	545	0	0	0	0	0	0
2012/4/8	L12020171	PS-626700-634	03-15		88	2000	2000	0	2000	3车间A	600	0	0	0	0	0	0	0	0	0
2012/4/8	L12020181	PS-604900-CCC	04-16		98	388	208	0	388	内销部	50	50	50	40	18	0	0	0	0	0
2012/4/8	L12020211	PS-6961A0-793	02-29		95	10000	10000	0	10000	3车间A	0	0	0	0	800	1000	1000	1000	200	0
2012/4/8	L12020331	PG-395000-808BR	04-16		401	10000	10000	0	10000	5车间B	4000	0	0	0	0	0	0	0	0	0
2012/4/8	L12020391	PG-C89100-793	04-09		100	988	988	0	988	6车间A	0	0	0	0	0	0	0	0	0	0
2012/4/8	L12020411	PK-F34V00-646	04-10		175	6280	5880	2300	3980	6车间A	2000	0	0	0	0	0	0	0	0	0
2012/4/8	L12020421	PS-626900-634	04-20		141	7990	7990	0	7990	3车间A	0	0	0	0	0	0	0	0	800	200
2012/4/8	L12020421	PS-626900-634	04-20		141	7990	7990	0	7990	4车间B	0	0	0	0	0	0	0	0	0	0
2012/4/8	L12020501	PG-C19500-UUU	04-20		294	5053	5053	0	5053	6车间A	0	2053	3000	0	0	0	0	0	0	0

图 3-7　日冷冻两周滚动生产计划（部分）

：从图 3-7 中，大家可以看到这张图里面只要把日期（4 月 8 日）选出来，根据主生产计划里面的内容，要做的 4 月 9 日至 4 月 23 日的计划数量就可以全部直接导出来。

：就直接排查了？

：不是，这还不是排查。这还只是把计划导出来，根据主生产计划里面的交期分解的时间节点导出来。

：计划就直接导出来了？

：只要选择日期，一点加载，就出来了。

：未来半个月的计划就自动生成了。

：对，自动生成。计划出来后，相应的物料状况也可以通过系统来实现账面的排查。两周滚动排查表如图 3-8 所示。

：在系统里面就可以进行账面上的两周排查，不需要再通过 Excel 表进行输入，这样也降低了 PMC 的工作量。

：在系统中直接实现了排查功能。

：是的。两周物料滚动排查表与以前的 ERP 系统中的表有什么不一样呢？

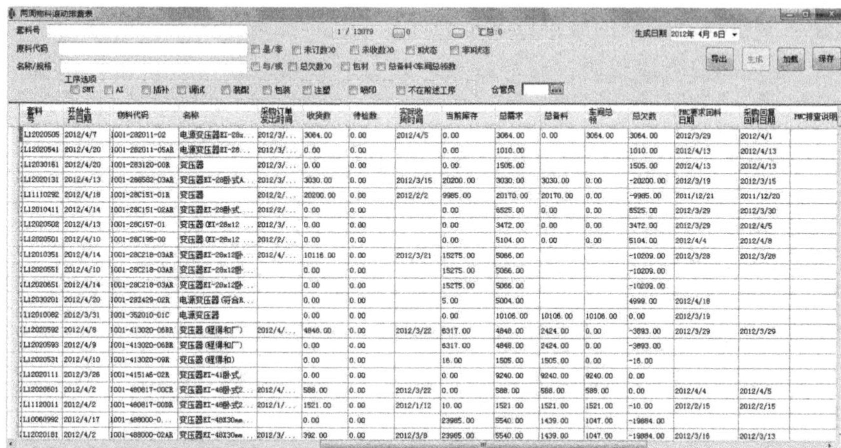

套料号	开始生产日期	物料代码	名称	采购订单发出时间	收货数	待检数	实际收货时间	当前库存	总需求	总备料	车间总领	总欠数	PMC要求回料日期	采购回复回料日期	PMC排查说明
L12020505	2012/4/7	1001-282011-02	电源变压器EI-28x...	2012/3/...	3064.00	0.00	2012/4/5	0.00	3064.00	0.00	3064.00	3064.00	2012/3/29	2012/4/1	
L12020541	2012/4/20	1001-282011-05AR	电源变压器EI-28...	2012/3/...	0.00	0.00		0.00	1010.00			1010.00	2012/4/13	2012/4/13	
L12030161	2012/4/20	1001-283120-00R	变压器	2012/3/...	0.00	0.00		0.00	1505.00			1505.00	2012/4/13	2012/4/13	
L12020131	2012/4/13	1001-286582-03AR	变压器EI-28卧式A...	2012/3/...	3030.00	0.00	2012/3/15	20200.00	3030.00	3030.00	0.00	-20200.00	2012/3/19	2012/3/15	
L11110292	2012/4/18	1001-28C151-01R	变压器	2012/2/...	20200.00	0.00	2012/2/2	9985.00	20170.00	20170.00	0.00	-9985.00	2011/12/21	2011/12/20	
L12010411	2012/4/14	1001-28C151-02AR	变压器EI-28卧式...	2012/2/...	0.00	0.00		0.00	6525.00	0.00	0.00	6525.00	2012/3/29	2012/3/30	
L12020502	2012/4/13	1001-28C157-01	变压器(EI-28x12 ...	2012/3/...	0.00	0.00		0.00	3472.00	0.00	0.00	3472.00	2012/3/29	2012/4/5	
L12020501	2012/4/10	1001-28C195-00	变压器(EI-28x12 ...	2012/2/...	0.00	0.00		0.00	5104.00	0.00	0.00	5104.00	2012/4/4	2012/4/8	
L12010351	2012/4/14	1001-28C218-03AR	变压器EI-28x12卧...	2012/4/...	10116.00	0.00	2012/3/21	15275.00	5066.00			-10209.00	2012/3/28	2012/3/28	
L12020551	2012/4/10	1001-28C218-03AR	变压器EI-28x12卧...		0.00	0.00		15275.00	5066.00			-10209.00			
L12020651	2012/4/14	1001-28C218-03AR	变压器EI-28x12卧...		0.00	0.00		15275.00	5066.00			-10209.00			
L12030201	2012/4/20	1001-282429-02R	电源变压器(符合R...		0.00	0.00		5.00	5004.00			4999.00	2012/4/18		
L12010082	2012/3/31	1001-352010-01C	电源变压器		0.00	0.00		0.00	10106.00	10106.00	10106.00	0.00	2012/3/19		
L12020592	2012/4/8	1001-413020-06BR	变压器(程得和厂)	2012/4/...	4848.00	0.00	2012/3/22	6317.00	4848.00	2424.00	0.00	-3893.00	2012/3/29	2012/3/29	
L12020593	2012/4/9	1001-413020-06BR	变压器(程得和厂)		0.00	0.00		6317.00	4848.00	2424.00	0.00	-3893.00			
L12020531	2012/4/10	1001-413020-09R	变压器(程得和)		0.00	0.00		16.00	1505.00	1505.00	0.00	-16.00			
L12020111	2012/3/26	1001-4151A6-02R	变压器EI-41卧式		0.00	0.00		0.00	9240.00	9240.00	9240.00	0.00			
L12020601	2012/4/2	1001-480817-00CR	变压器EI-48卧式2...	2012/4/...	588.00	0.00	2012/3/22	0.00	588.00	588.00	588.00	0.00	2012/4/4	2012/4/5	
L11120011	2012/4/2	1001-480817-00DR	变压器EI-48卧式2...	2012/1/...	1521.00	0.00	2012/1/12	10.00	1521.00	1521.00	1521.00	-10.00	2012/2/15	2012/2/15	
L10060992	2012/4/17	1001-488000-0...	变压器EI-48X30mm...		0.00	0.00		23985.00	5540.00	1439.00	1047.00	-19884.00			
L12020181	2012/4/2	1001-488000-02AR	变压器EI-48X30mm...	2012/3/...	392.00	0.00	2012/3/8	23985.00	5540.00	1439.00	1047.00	-19884.00	2012/3/16	2012/3/13	

图 3 -8　两周物料滚动排查表（部分）

以前的 ERP 系统中的表，它能够查到每一张订单的物料需求状况，把物料编码输进去，能查出这张单到底欠多少，但是它没有办法形成总表。

：没有办法形成总表，就没有办法对物料进行整体跟进，所以现在通过两周物料滚动排查表导出总表。同时，物控员根据采购回复的日期可以直接在电脑里面输入采购承诺的到料信息，这样所有人都能看到这张表，大家对物料的状况一目了然。

：对，我们可以看到 7 天实物备料欠料排查表（如图 3 -9 所示）。

日期	套料号	备料日期	产品代码	备料单号	行号	物料代码	套料需求	备料需求	备料数	备料欠数	套料欠数	PMC排查说明	当
2012/4/5	L11120491	2012/3/23	PS-611100-935	12020003	001	100-611100-20AR	500.00	500.00	0.00	500.00	500.00		0.
2012/4/5	L11120491	2012/3/23	PS-611100-935	12020003	002	100-611100-50AR	500.00	500.00	0.00	500.00	500.00		0.
2012/4/5	L11120491	2012/3/23	PS-611100-935	12032599	004	304-611100-935R	505.00	505.00	0.00	505.00	505.00		50
2012/4/5	L11120491	2012/3/23	PS-611100-935	12032599	009	317-611M00-01R	1000.00	1000.00	0.00	1000.00	1000.00		40
2012/4/5	L11120491	2012/3/23	PS-611100-935	12032599	010	319-E61100-04R	505.00	505.00	0.00	505.00	505.00		50
2012/4/5	L11120491	2012/3/23	PS-611100-935	12032605	008	614-000001-03R	1500.00	1500.00	0.00	1500.00	1500.00		0.
2012/4/5	L11120571	2012/3/27	PS-691E00-AAE	12032939	008	005-110106-0...	3175.00	3175.00	0.00	3175.00	3175.00		24
2012/4/5	L11120571	2012/3/28	PS-691E00-AAE	12032939	008	005-110106-0...	3175.00	3175.00	0.00	3175.00	3175.00		24
2012/4/5	L11120571	2012/3/27	PS-691E00-AAE	12032939	024	027-107052-01R	636.00	636.00	0.00	636.00	636.00		58
2012/4/5	L11120571	2012/3/28	PS-691E00-AAE	12032939	024	027-107052-01R	636.00	636.00	0.00	636.00	636.00		58
2012/4/5	L11120571	2012/3/27	PS-691E00-AAE	12032939	030	027-227052-31AR	1272.00	1272.00	1000.00	272.00	272.00		17
2012/4/5	L11120571	2012/3/28	PS-691E00-AAE	12032939	030	027-227052-31AR	1272.00	1272.00	1000.00	272.00	272.00		17
2012/4/5	L11120571	2012/3/27	PS-691E00-AAE	12032939	037	027-477042-0...	3814.00	3814.00	0.00	3814.00	3814.00		45
2012/4/5	L11120571	2012/3/28	PS-691E00-AAE	12032939	037	027-477042-0...	3814.00	3814.00	0.00	3814.00	3814.00		45
2012/4/5	L11120571	2012/3/27	PS-691E00-AAE	12032939	046	037-112896-02R	642.00	642.00	0.00	642.00	642.00		23
2012/4/5	L11120571	2012/3/28	PS-691E00-AAE	12032939	046	037-112896-02R	642.00	642.00	0.00	642.00	642.00		23
2012/4/5	L11120571	2012/3/27	PS-691E00-AAE	12033115	002	071-022160-41R	642.00	642.00	0.00	642.00	642.00		19
2012/4/5	L11120571	2012/3/28	PS-691E00-AAE	12033115	002	071-022160-41R	642.00	642.00	0.00	642.00	642.00		19

图 3 -9　7 天实物备料欠料排查表

：根据排查出来的结果以及7天计划，我们分解出来的备料计划就会下发至仓库。仓库备料完成之后，在备料清单上会记录每一款物料到底欠多少，然后备料组把信息直接输入电脑系统，物控员进入系统就能够知道后7天实物备料还少哪些物料。3天的实物领料，其实也是一样的做法。

：这个不完全是通过系统在运作吧？它还是要有一些手工输入。

：对，像实物领料、实物备料还是要进行现场排查的。排查完成之后，欠料的情况还需手工输入系统，不可能完全通过系统来实现。但说实话，现在PMC的工作量明显减少了。

（七）针对问题6

：针对上班迟到现象严重的问题，我们统一了上班时间，对迟到现象进行稽核。前期由项目组老师去稽核，在厂门口对迟到人员进行拍照并追责，且在宣传栏进行曝光。有意思的是，抓到的第一个迟到者就是老板。大概10：00左右他才到工厂，项目组老师跟稽核员在门口守着，老板来了先下车，交了罚款之后，再开车进工厂。

通过稽核和追责，大家的劳动纪律才一步一步得到提升，工作散漫的习惯与心态才慢慢转变。

（八）针对问题7

问题	实施动作
所有人员出现了任何工作错误或失误等问题，造成的损失都是公司买单	组织召开案例分析会，每周收集两个案例在周三晚上进行分析，首先要求责任部门及责任人找到改善措施，再进行责任追究

：针对出现工作错误和失误都由公司买单的问题，我们每周收集两个案例，在周三晚上组织召开的案例分析会上进行分析，要求责任部门以及责任人找出改善措施，再进行责任追究。

（九）针对问题 8

问题	实施动作
靠领导做管理，出现问题大家相互推诿，责任无法落实	通过流程制度、控制卡的制订及横向制约的推行，让问题无处可藏，现在每周开出的横向乐捐单在 150 张以上，减少了以前的推诿现象

：针对靠领导做管理、出现问题大家相互推诿的问题，我们通过流程制度、控制卡的制订以及横向制约的推行让问题无处可藏。现在每周开出的横向乐捐单在 150 张左右。横向乐捐单，不是专项稽核部门开的，而是后一个部门对前一个部门或者后一个工序对前一个工序直接开出的乐捐单，这样就减少了以前的推诿现象。

六、数据变化

表 3－14　变革后的数据变化

项目	调研值	9 月	10 月	11 月	12 月	2 月	3 月	4 月第 1 周	变化
停工待料次数	无统计	78	27	12	3	15	8	0	70
订单准交率	66.03%	66.75%	82.00%	89.00%	90.25%	92.25%	90.88%	93.80%	26.04%
帐卡物相符率	8.28%	77.06%	83.29%	72.58%	95.58%	84.30%	91.52%	93.62%	83.24%
成品仓帐卡物相符率	0.00%	85.00%	96.67%	56.00%	98.75%	100.00%	100.00%	100.00%	100%
人均小时加工费产值	6.85 元	5.71 元	7.87 元	8.68 元	8.77 元	8.30 元	8.88 元	8.58 元	2.03 元
采购物料准交率	68.04%	99.35%	99.95%	100.00%	99.63%	99.80%	99.63%	100.00%	31.59%

：从表 3－14 可以看出，通过前面一系列的动作，特别是仓库备料方面的动作，项目取得了明显的效果：

（1）停工待料次数由从 2012 年 9 月的 78 次下降到 2013 年 3 月第一周的 8 次，与 2012 年 9 月相比，减少了 70 次。

（2）订单准交率由调研时的66.03%，提升到了2013年3月的90.88%，提升了26.04%。

（3）账务卡相符率由调研的8.28%，提升到了2013年3月的91.52%，提升了83.24%。

（4）成品仓账务卡相符率由之前的0，提升到了2013年3月的100%，提升了100%。

（5）人均小时加工费产值由之前的每人每小时6.85元，提升到了2013年3月的8.88元每人每小时，提高了2.03元。

（6）采购物料准交率由调研时的68.04%，提升到了2013年3月的99.63%，提升了31.59%。

：人均小时加工费产值就是人均效率。

：对，我记得当时LD公司的杨副总，也就是生产副总与项目组老师直接反馈说："说实话，真想不到我们的数据能够产生这样的变化。"

案例四

FZ 公司如何提升采购准交率

（曾教授）：通过 ZG 公司、SS 公司和 LD 公司的三个案例，我们对生产计划的运作进行了较为详细的讲解。ZG 公司的案例系统介绍了 PMC 运作的框架，重点在于计划的形成，在案例讲解的过程中，我们也向大家介绍了欧博的“前推后拉、滚动排查”的计划模式。SS 公司的案例主要介绍了如何进行物料排查，LD 公司的案例主要介绍了如何进行实物备料，计划、排查和备料都是我们欧博计划模式的几个重点动作。

接下来我们再介绍一个如何提升采购准交率的案例，因为计划离不开物料，物料离不开供应商。供应商是最难管的，很多企业甚至认为供应商没办法管。为什么？因为供应商不是企业的人，不是企业的员工，企业管不了它。采购如果出现问题，一般也总说是供应商的问题。大家可以通过这个案例，看一看我们是怎么解决物料采购问题的。

（曾副总）：接下来我们看一下东莞 FZ 日化用品有限公司（以下简称 FZ 公司）如何提升采购准交率。

FZ 公司是做日化用品的，主要生产沐浴、护肤、洗涤三大类产品，员工有 600 人左右。欧博项目组 2013 年 3 月 14 日进驻 FZ 公司，4 月 16 日召开誓师大会。

动作背景介绍

（1）根据系统资料统计显示，调研时 FZ 公司的采购准交率只有 20.89%，车间因为物料不能及时回厂，订单不能按时完成生产或清尾，造成产能浪费，交期延误。

（2）由于物料不能按时回齐，造成车间反复换线补数或停工待料，严重影响正常生产，浪费了正常产能，车间人员经常抱怨。

（3）采购员对采购准交率没有概念，也没有统计，物料跟催没有计划，更没有记录。

FZ 公司属日化行业，这个行业有一个特点，就是产品的包材很少有返单。每年生产的基本上都是新产品，包材每年都不一样；不管是包装方式还是包装上面的图案，每年都会不同。包材需要客户确认，而某些客户会指定包材供应商给我们，包材供应商不太受我们的约束，这样就导致包材总是延误，总是影响装配效率。大家从动作背景可以看到，采购准交率只有 20.89%，这样的采购准交率，意味着大部分的物料都是延期的。

20.89%的采购准交率是欧博项目组老师进驻之后，和企业的管理人员一起统计出来的，因此，如何提高采购准交率就成为项目组面临的核心问题。

一、第一层觉知：采购准交率统计分析

（一）变革前的问题

> **变革前的工作习惯和问题**
>
> （1）大家都知道供应商经常延迟交货，但采购准交率是多少？不知道；哪些物料影响准交率？不清楚。
>
> （2）大家经常说供应商不配合，为什么不配合？不知道；哪些供应商影响次数最多？不明确。
>
> 这两个工作习惯和问题导致大家都在忙着追物料，而不知道物料何时能上线。对于物料延误，大家只有抱怨，没有具体措施，没有数据统计，没有成因分析，也没改善的方向！

：提高采购准交率**首先是统计采购准交率并进行分析。**

大家经常说供应商不配合，但供应商为什么不配合？是因为供应商的产能确实没有办法满足公司的需求，还是 FZ 公司下的采购单超过了供应商的负荷，导致不能及时供货？是供应商故意拖单，还是因为采购员下单总是延误，导致供应商的时间不够？总之，大家对供应经常不配合的原因很少探究，对哪些供应商影响准交的次数也不清楚。

不好的工作习惯导致大家都在忙着追物料，都只有抱怨，而没有具体的改善措施、没有统计数据、没有成因分析，最终也就没有改善方向，也就谈不上改善。

（二） 变革后的动作

动作1：PMC每天统计各采购员应到物料和实到物料

问题	实施动作
采购准交率无概念、未统计	PMC每天统计各采购员应到物料和实到物料

：**针对无数据的问题**，变革后的做法是实施采购准交率的统计，PMC物控员统计每天每名采购员应到物料和实到物料的情况。采购准交率统计表如表4－1所示：

表4－1 采购准交率统计表

采购员	4月18日		4月19日		4月20日		周统计		4月22日	
	应到数量	实到数量	应到数量	实到数量	应到数量	实到数量	应到数量	实到数量	应到数量	实到数量
黄伟	22	16	1	0	2	1	52	35	9	6
丁容					1	1	13	3	4	0
康玉梅							1	1		
位雪芬					9	5	11	11	2	1
周红			36	28			40	30	8	8
肖娟	5	4	4	3	1	1	26	22		
合计	27	20	41	31	13	8	143	102	23	15
准交率	74.07%		75.61%		61.54%		71.33%		65.22%	

：表4－1把每一名采购员每天应到多少单、实到多少单、采购准交率都统计出来了，每天每个采购员都能通过这张表觉知自己的采购准交率的情况。

动作2：公布采购准交率和未准交物料明细并稽核

问题	实施动作
采购部对物料准交数据关注度不够	（1）每天在生产协调会上公布采购准交率及未准交物料明细 （2）采购部对未准交物料进行检讨并确定处理方案，稽核员每天抽查，时刻关注采购准交数据

：**针对大家对数据不关注、不敏感的问题，我们的**第一个动作是每天在生产协调会上公布采购准交率及未准交物料明细，并制定采购今日达成率及明日应到物料表，如表 4－2 所示：

表 4－2　采购今日达成率及明日应到物料

采购员	5 月 24 日		5 月 25 日	
	应到数量	实到数量	应到数量	实到数量
黄伟	7	5	11	
曾辉			4	
康玉梅	1	1		
位雪芬	3	1	11	
周红	1	0	7	
肖娟	1	1		
合计	13	8	33	
准交率	61.54%			

从表 4－2 中，我们可以看到当日（5 月 24 日）物料的准交率以及次日（5 月 25 日）需要到的物料数量情况。这些数据每天都要在生产协调会上通报，目的是让所有人都知道到底哪些物料没交、有什么问题、谁没交的最多。

：我想问一下，为什么他们没有认真统计过采购准交率？

：因为采购人员觉得物料没按时回来不是自己的问题。

：首先不觉得是他的责任。

：对，他认为是供应商的问题。

：我们在企业里经常会遇到这种情况，一说到物料的问题，采购人员就说是供应商的责任或者说绝大部分是供应商的责任。其实我们欧博在很多企业解决了这类问题以后，我们发现主要责任在内不在外，主要责任在采购部门自己，而不在供应商。

如果采购部门统计原因，它就会发现其实很多事情的责任都在自己身上，不统计就不清楚到底是谁的问题，然后采购人员就集体说是供应商的问题，最后大家就得出了一个结论：供应商不好。

供应商不好的原因是什么呢？企业单价太低、购买价格太低、付款老是拖……最后把责任推到老板那去了。本来是采购部门自己的工作没有做好，一句“供应商不好”就把采购员自己的责任推得一干二净。

：我们采取的第二个动作是采购部对未准交物料要进行检讨并确定处理方案，稽核员每天要对物料进行抽查，时刻关注采购准交的数据。生产协调会物料异常的处理情况如表 4 –3 所示：

表 4 –3　生产协调会物料异常处理情况（部分）

日期（月日）	订单号	供应商	来料名称	来料数量	延期情况	最终时间	负责人	原因分析
5 –15	R006 单	迪尚	抛光器	8430 个	延期 2 天	5 月 16 日	康玉梅	
5 –16	P039 单	源一	100ml 丝印瓶	2376 个	晚上 9：00 到货		周红	

从表 4 –3 我们可以看出到底有哪些物料的货期出现异常，各供应商延期了多少天，最终到达的物料是多少，负责采购的采购员是谁。每天开生产协调会的时候都要明确这些信息。

动作 3：统计供应商物料准交率并制订帮扶计划

问题	实施动作
对各供应商物料准交情况无统计分析	召集各采购员开会，要求各采购员统计自己负责的供应商的物料准交率。统计前一个月未按期交货供应商的明细，列出需重点帮扶的供应商，并到供应商生产现场了解情况，制订帮扶计划，提交总经理批准后实施

：也就是说，即使是供应商的问题，采购员也必须去供应商那里了解情况，了解清楚供应商到底有什么问题，看看怎么帮供应商改善。这样一来，让采购把工作重点放到自己身上。

：总之，就是把问题搞清楚，不要模模糊糊地推责任。

：对。那么通过第一层觉知，我们了解了现阶段采购准交率的状况以及各供应商的配合情况，建立了提高采购准交率的觉知系统。我们可以知道每天到底哪些物料不能准交、准交率是多少、哪家供应商没准交，了解了影响采购准交率的主要原因。因而如何提升物料准交率，就成为我们接下来要解决的问题。

二、第二层觉知：分析采购准交率不高的原因

（一）变革前的问题

（1）业务接的订单全是新单，订单资料反复更改，改几次才能确定下来？不确定。所有物料都要打样给客户确认，客户什么时候能确认？不清楚。

（2）采购部样板下单、跟催无规定，样板何时能回来？不确定。大货物料要等业务的样板确认后才能下单，何时能下单？不清楚。

这导致业务和采购互相影响，恶性循环，不是急单也成了急单。

：我们进驻企业的时候，经常碰到业务与采购相互推卸责任的情况。业务说全是采购的问题，物料没及时到，影响订单准交率；采购说样板、资料总是迟迟不能确认，怎么追物料？

：一方面，业务确认了样板，采购才能下单采购；另一方面，供应商要把样板及时送回来，业务才能让客户确认。如果资料回来得晚，那么采购下单也会迟，而采购下单迟，供应商来样的时间自然推迟，那么样板拿给客户确认的时间也会推迟，最终出货的时间就被推迟了。这是一个滚动的恶性循环，互相影响。

：对，所以大家相互抱怨，谁也讲不清楚是谁的责任，老板也没办法。

（二）变革后的动作

动作1：制订业务员工作规范控制卡

问题	实施动作
业务订单跟进无规定，打样信息不明确，影响样品物料采购	制订业务员工作规范控制卡，规范各业务员对客户样品信息的确认及打样后的跟进动作

：业务员工作规范控制卡如表4－4所示：

表4－4　业务员工作规范控制卡

<table>
<tr><th>序号</th><th>项目</th><th>标准</th><th>制约</th><th>记录</th><th>责任</th></tr>
<tr><td>1</td><td>客户打样确认</td><td>(1) 收集客户资料，建立客户档案，包括基本信息、联系人、联系方式、需求、预算等，信息越详细越好
(2) 每天抽一些时间电话拜访客户，拜访结束后，必须认真做好客户拜访总结，详细记录成功点与失控点，以便总结经验，吸取教训
(3) 取得客户的打样询价信息后，要详细了解清楚客户的需求信息，如样品的颜色、香味、功能，包装方式、包装物料清单等，最好能附有样品。对客户的需求了解得越清楚，打样及成交的概率就越大
(4) 接到打样信息后，在4小时内填写好样品评审表，附上客户详细的需求信息，交研发部及采购部评审样品交期，研发部及采购部必须在3小时内完成样品交期的评审工作，并回复业务部
(5) 业务部接到研发部及采购部回复的样品交期后，立即回复客户，并做好打样进度的跟进，确保按期供样</td><td rowspan="3">(1) 业务经理每天下班前检查各业务员的订单管制表
(2) 稽核部每天检查各业务员是否按规范要求操作
(3)PMC及采购部人员检查业务部订单及资料的正确性</td><td rowspan="3">客户档案
订单管制表
订单管制表</td><td rowspan="3">(1) 未安标准要求操作，责任人乐捐5元/次
(2)经业务经理审核后的订单及相关资料、样板，PMC人员或采购人员再发现人为错误时，业务部经理及相关业务员各乐捐5元/项,同时奖励发现者10元/项</td></tr>
<tr><td>2</td><td>打样后的跟进</td><td>(1) 样品寄出后，立即告知客户已寄出的信息，提醒客户注意查收。必须在估算快递到达客户手中后的24小时内电话跟进样品结果，之后每间隔24小时询问跟进一次。过程中一定要想尽办法了解客户是否有意向下单
(2) 如果了解到客户有意向下单，尽量询问清楚订单的基本信息，如订单数量、品质要求及在样品的基础上客户的需求有哪些调整等，随后在4小时内书面通知采购部做采购前的准备工作</td></tr>
<tr><td>3</td><td>业务接单</td><td>(1) 客户下单时，业务员应与客户沟通，充分了解客户需求信息，如订单数量、产品性状、包装要求、订单交期、样品确认时间、品质要求等，将客户需求信息详细记录于订单管制表上
(2) 接到客户订单后，业务员1个工作日内将订单信息录入订单评审表并完成自审工作，自审内容如客户提供的订单信息是否完整、是否清楚明了，并了解清楚客户何时能确认样品。自审通过后交业务经理审核，业务经理在2个小时内完成订单审核，转交PMC按订单评审控制卡组织订单评审
(3) 业务员接到PMC回复的订单交期后，同客户签订合同，根据订单交期分解时间，回复客户交期，并详细介绍公司对订单的生产安排，要求客户及时确认样板，按期生产
(4) 承诺客户，只要样板等需求信息能在订单交期分解的时间内完成，公司确保按期出货，因为所有的订单交期都安排好的，一旦延误，就有可能要排到最后去生产了。跟客户沟通时一定要注意站到对方的角度去分析问题，取得理解与配合</td></tr>
</table>

续表

序号	项目	标准	制约	记录	责任
4	业务跟进	(1) 正常情况下，只要有客户的需求信息及订单资料尚未确认清楚，业务员必须每间隔 24 小时电话跟进一次，并将详细的跟进情况记录在订单管制表中，于每天早会前汇报给业务经理 (2) 业务员每次跟客户确认的样板、订单更改信息或其他订单资料，都必须在 4 小时内以书面的形式经业务经理审核后交 PMC 及采购部 (3) 订单生产过程中，业务员应负责及时跟进，确保订单按期完成			
5	客户服务	业务员应在产品生产中、产品发货前与产品发货后，及时与客户联系，了解客户对产品的反应，发现问题及时给予协调解决。同时要提醒客户本公司产品特点、注意事项			
	奖励				

：这里有一个跟进动作，就是业务这一块的跟进。在正常情况下，只要有客户的需求信息，即订单资料尚未确认清楚的，业务员就必须每隔 24 小时给客户打电话，对订单资料进行跟进，并将详细的跟进记录填写在订单管制表上，每天早会前要把相关情况汇报给业务经理。

另外，业务员每次跟客户确认样板、订单更改信息或者其他资料等相关情况必须在 4 小时之内以书面形式交业务经理审核，之后要发给 PMC 以及采购。这样业务员的处理时间就明确下来了。只有把处理时间明确下来了，我们才能分清到底谁的责任，到底是谁影响了这张单的物料。

动作 2：制订订单资料更改控制卡

问题	实施动作
订单资料、交期频繁更改，导致采购多次打样	制订订单资料更改控制卡，规范订单更改流程，制约业务订单更改次数，为采购大货物料预留更多时间

：订单资料更改控制卡如表 4－5 所示：

表4－5　订单资料更改控制卡

<table>
<tr><td colspan="3">目的：保证订单资料的正确及完整</td></tr>
<tr><td>失控点及
失控后果描述</td><td>责任人</td><td>控制点设计精要</td></tr>
<tr><td rowspan="3">（1）生产计划书与报价表不一致，造成错误

（2）过多修改销售合同、订单评审表及生产计划书，影响物料采购和PMC的计划调控

（3）修改生产计划书以后不换发新的生产计划书到车间，造成生产错误</td><td rowspan="3">PMC
业务员</td><td>标准（怎么做）：
（1）业务员填写订单资料更改单，按更改单格式将要修改的销售合同（或订单评审表、生产计划书）的修改原因、修改项目、修改内容以书面形式送交PMC物控员申请更改，若是更改订单评审表，应同时送交修改后的订单评审表
（2）物控员在1小时内，根据修改内容分别通知有关人员。更改销售合同通知财务部审核员退审，更改生产计划书通知PMC审核员退审，更改外购物料通知采购部退审，更改订单评审表通知PMC员有关人员
（3）业务员修改完毕后及时通知有关人员复审修改内容。财务部审核员负责审核销售合同的变更项目，PMC审核员负责审核生产计划书的变更项目，所有项目必须在接到通知后2个小时之内审核完毕
（4）PMC在收到订单评审表的更改通知后，必须及时组织有关部门进行评审，并在24小时内将新评审的出货时间通知业务员
（5）物控员负责统计业务员订单更改次数，并及时更新有关资料
（6）生产计划书修改并复审后，业务员必须打印新的生产计划书，并在24小时内（急件必须提早发出）分送到有关车间，并收回旧生产计划书，送车间前由PMC审核员在新生产计划书上签名并注明时间</td></tr>
<tr><td>制约（谁检查）：
（1）业务部经理检查业务员的更改项目是否和客人要求一致，并在更改单上审批
（2）业务员横向监督PMC及其他有关人员是否在规定时间内完成审核和评审
（3）业务部经理检查业务员是否发放新的生产计划书
（4）PMC横向监督业务员是否发放新生产计划书到车间
（5）稽核部不定时检查业务员、物控员是否按规定操作</td></tr>
<tr><td>责任（担何责）：
（1）业务员更改同一份合同的同一项目超过2次以上（含第2次），按5元/次处罚业务员
（2）不换发修改后的生产计划书到有关车间，按至少5元/单（造成损失另行计算）处罚业务员
（3）其他有关人员未按时完成规定的动作，按2元/次处罚相关人员</td></tr>
<tr><td>编制：</td><td>审核：</td><td>批准：</td></tr>
</table>

：这张控制卡明确了物控员、业务员必须在多长时间内把更改的资料信息上报，同时也要求业务员必须以书面的形式进行更改，禁止电话通知PMC更改物料信息，防止出现推卸责任的现象。

：减少了影响采购业务方面的因素、客户的因素和计划部门本身的因素，然后让采购找不到推脱的理由，接下来好集中精力去解决自身问题。

：对，这是第二层觉知的核心。

动作3：推行订单管制表及工作日计划

问题	实施动作
业务样板寄出后，客户何时能确认？不清楚，导致采购无法下单	在业务部推行订单管制表及工作日计划，要求各业务员每天下班前在第二天的工作日计划上列出要跟催的样品的确认情况，将每次跟催的内容详细记录在订单管制表上

：业务订单管制表如表 4 -6 所示：

：大家可以看到，表 4 -6 比前面的业务员工作规范控制卡详细很多，一一明确了合同接收时间、客户要求的交期、PMC 确认的日期、订单的数量和业务员是谁。

例如，FZ13R005 的样品跟进情况，4 月 18 日是展示盒打样，发现样板还没有做好。业务员鲁芳利在 4 月 19 日跟进了一次，发现样板还没做好，4 月 22 日又再次跟进，于 4 月 24 日、4 月日 26、4 月 27 日至 4 月 30 日又进行跟进，每一次跟进的情况都必须登记。

：频繁地跟进。

：对，频繁地跟进、频繁地跟客户确认。

样品的跟进记录包括打样、寄样、确认，因为包装材料分成很多种，所以外面的包装盒、纸箱都要确认，都要客户签样。每一个产品的签样，什么时候签了什么内容、签了哪一个物料的样板，业务员都必须明确地记录下来。

：分清责任。

：对，物料的到位情况也要有记录。业务日计划工作表如表 4 -7 所示：

表4－6 订单管制表（部分）

生产单号	合同接收日期	客户要求交期	PMC确认日期	客户	数量	业务员	日期（月日）	内容	日期（月日）	内容	日期（月日）	内容	日期（月日）	内容	日期（月日）	内容	日期（月日）	内容	日期（月日）	内容
FZ13 R005	3－15	5－20	5－20		8414	鲁芳利	4－12	展示盒打样	4－18	样板还没做好	4－19	22日送到展示盒样板	4－22	今天寄出展示盒和价格贴	4－24	跟客人确认箱唛，26日可以送到	4－26	客人没收到箱唛，最快星期二到	4－27至4－30	客户今天没上班
FZ13 R006	3－15	5－20	5－20		8414	鲁芳利	4－12	展示盒打样	4－18	样板还没做好	4－19	22日送到展示盒样板	4－22	今天寄出展示盒和价格贴	4－24	跟客人确认箱唛，26号可以送到	4－26	客人没收到箱唛，最快星期二到	4－27至4－30	客户今天没上班
FZ13 R007	3－15	5－20	5－20		16856	鲁芳利	4－13	客人贴纸、纸盒底分有更改，需重新签样	4－18	纸盒已经做出来了，经过协商，按之前确认的签样做货	4－19	重新安排润肤露样板	4－22	今天寄出展示盒和价格贴	4－24	跟客人确认箱唛，26日可以送到	4－26	客人没收到箱唛，最快星期二到	4－27至4－30	客户今天没上班

表 4-7　业务工作日计划表

时间	**待处理的事项** （每日样品寄出，客户打样情况，订单评审表的填写，客户投诉，交期异常如何处理，验货）每日做的点滴都要在计划表上体现	异常情况	上报情况	完成时间	负责人	备注
2013-4-11	客户甲过来开会			2013-4-11		已经完成
	安排东宝龙 3 款水料样板星期六寄出			2013-4-12		未完成
	安排 UBI 三款水料样板今天要寄出			2013-4-11		已经完成
	客户乙过来开会			2013-4-11		已经完成
	客户丙的两款香精资料今天需提供			2013-4-11		已经完成
	今天与客户丙通话，明天来公司开会，需准备相关资料的样品			2013-4-11		已经完成

：表 4-7 是业务员鲁芳利的工作日计划。从这张表大家可以看到 2013 年 4 月 11 日这一天待处理的事项，她把这些事情全部列了出来，对有无完成和完成时间也做了记录。第二项“安排东宝龙 3 款水料样板星期六寄出”表示业务员应该在 4 月 11 日完成该项工作，但她在 4 月 12 日才能完成，所以注明未完成。这张表明确了业务员每天的工作计划和工作任务。

：本来 4 月 11 日完成的，推迟到 4 月 12 日完成。他只有一项是 4 月 12 日完成的，看到表 4-7，我们就知道这一项她拖延了时间。

：对，她自己也会清楚什么地方拖延了时间。这样，通过业务工作日计划表，每一名业务员都能清楚地知道自己每天的工作任务。

动作 4：制订业务、采购、PMC 横向控制卡

问题	实施动作
业务部和采购部相互影响，互相抱怨	制订业务部、采购部、PMC 横向控制卡，分别规定业务部、采购部及 PMC 的责任与权力，互相制约共同促进

：业务部、采购部和 PMC 横向控制卡如表 4-8 所示：

表 4-8 业务部、采购部和 PMC 横向控制卡

序号	控制要点		业务部	PMC	采购部
1	报价	标准	(1) 业务部做的报价表，内容描述必须准确、清楚，有材质要求的必须写上 (2) 业务部收到客人的订单通知，需要反复核价，在有样品的情况下，必须给样品；没有样品必须把清楚的产品资料给采购部		(1) 采购部收到业务部报价表后，如果报价数量不到 20 个，必须在1～2 天内完成。20～50 个，3～4 天完成。特殊物料需要找供应商询价的，给 3～4 天的时间，特殊客人特殊处理 (2) 采购部对于有订单的产品，务必咨询最适合的价格，已经报过价格不可以再涨价
		制约	采购部检查业务员报价描述是否正确		业务部跟踪采购报价时间，核对价格是否符合要求
		责任	(1) 报价表内容描述出现明显错误，罚款 1 元/单 (2) 有样品而不提供给采购部询价，罚款 2 元/次		(1) 采购员没有在规定时间内完成报价，罚款 1 元/单 (2) 对于反复报价的产品，价格比以前明显高出很多，相关采购员罚款 1 元/单（数量变化除外）
2	打样	标准	(1) 业务员开出样板单，须清楚显示内容、数量、品质要求、到位时间（客户指定香味的，必须写清楚香精的英文名，仿香除外） (2) 业务部收到 PMC 的样品后，务必先检查，确认合格才可以寄出	(1) PMC 收到样板单通知后，必须按照要求对交板时间进行跟催 (2) 收到采购部无法按时交板的通知，须马上通知业务员 (3) PMC 收到采购的样品后，必须点清数量，数量不够必须通知采购部和业务员	(1) 采购收到业务部样板单，必须在 1～2 个工作日内安排采购。香精以全部收到业务资料开始算时间，印刷品必须在 3 个工作日内安排 (2) 无法按时交板的，必须在收到样板单后 1～2 个工作日内通知 PMC，由 PMC 通知业务员 (3) 采购员收到供应商的样品后，必须先自己核对质量是否符合要求才送到 PMC
		制约	采购部、PMC 负责检查采购单的描述是否清楚	业务部检查 PMC 给的数量，沟通无法按时交样事情	业务部检查采购部的样品质量是否符合要求，吸塑样品必须在一天之内回复，没有回复算合格
		责任	(1) 业务部的样品单不够清楚或自身错误，导致重复打板，业务员罚款 5 元/次 (2) 业务员不检查样品直接寄给客户，收到客户投诉，罚款 5 元/次	(1) 没有告诉业务部样品数量不够，罚款 2 元/次 (2) 没有提前与业务部沟通样品不能按时到位，罚款 2 元/次	(1) 没有按时交板，罚款 1 元/单（UBI 的特急单除外） (2) 没有提前告诉 PMC 样品的到位时间，罚款 2 元/次 (3) 没有检查样品是否合格直接给 PMC，罚款 2 元/单

续表

序号	控制要点		业务部	PMC	采购部
3	签板	标准	(1) 业务部按照订单评审表的时间进行签样，不能按时签样的，必须提前通知PMC (2) 签样描述必须与系统大致一样，数量、单号必须准确	(1) PMC按照订单评审表的时间提前2天通知业务员样品签样 (2) PMC收到业务签板后按时登记，并当天发到相关部门	采购检查业务签板是否存在数量、名称不符等问题
		制约	(1) 采购部核对签样资料 (2) PMC跟催签样	业务检查样品是否当天到达各个部门	PMC检查采购下单时间
		责任	(1) 业员务签样出现错误，罚款2元/次 (2) BOM（物料清单）的描述与签板发生错误，罚款2元/次	没有按时发放签样，罚款2元/单	采购部在下单之前没有发现业务签板错误，大货到才发现，罚款2元/单
4	奖励		业务员发现采购部报价前后有很大误差，奖励2元/单	业务签板达到10天以上，采购部没有下单，PMC发现，奖励5元/单	(1) 采购发现业务报价表上有明显错误，奖励2元/单 (2) 采购发现业务签板错误，奖励1元/次

：表4－8明确了从接单到大货生产整个过程中业务部、采购部和PMC各部门的权力。以前采购部直接对接业务部，成立PMC之后，PMC进行居中协调，同时可以判断哪个部门的工作没有到位，影响了采购。

（三）数据变化

：通过第二层觉知以及相关动作的推行，我们规范了样品跟进与确认动作，了解了现阶段样品的确认状况，有效提高了样品确认的及时率，给大货采购及生产留下了更充足的时间。

表4－9 采购准交率数据变化

部门	数据指标	统计部门	调研数据	承诺目标	4月汇总	5月汇总
业务部	订单样板、资料确认及时率	PMC/采购部	未统计	98%	67.00%	98.92%

从表4－9可以看出订单样板、资料确认的及时率由4月的67%，提高到5月的98.92%。这样就相当于是把影响采购的业务方面的问题基本解决了，采购部再出现什么问题，就不能以业务部没做到位推脱自己的责任了。

三、第三层觉知：分析采购作业流程、动作、表单

（一）变革前的问题

：变革前有以下8个问题：

（1）没有和供应商签订长期战略合作协议。供应商忠诚度低，一直认为FZ公司的交期随时可以更改，物料早回晚回一个样，也不追究供应商的责任。

（2）采购部没有对采购订单进行合理管控，对各物料的采购周期没有调查分析。

（3）由于考虑采购成本问题，造成部分供应商订单集中，超出供应商的生产能力，采购部下单选择空间小，也没有按规定时间要求供应商回复物料交期。

（4）采购员不了解供应商的交期分解时间，经常被供应商"忽悠"，物料跟催不到位。

（5）采购员跟催没有标准，更没有跟催记录，甚至出现漏催，订单快出货时物料还没齐。

（6）没有专门的物料排查会议，车间、仓库无报欠动作，导致采购不能及时掌握欠料信息。

（7）供应商送货不准时、仓库没有电脑输单人员，采购部无法及时共享物料入仓信息，退货物料未及时处理，物料欠尾没有规定回厂时间。

（8）各采购员对样品采购及跟催无标准，无准交率统计，无跟催记录，样品何时能回厂呢？不确定。

导致以下3个结果：

（1）采购员工作被动，不好意思对供应商提出严格要求，对未准交供应商没

落实责任的标准。

（2）采购员跟催样品及大货物料无标准，想到了才打电话。

（3）采购员跟进过程随意，造成货期延误也无法明确责任。

（二） 变革后的动作

动作 1：召开誓师大会，签订战略合作协议

问题	实施动作
供应商已习惯 FZ 公司以前交期可以更改、品质可以商量的做法，配合不力	召集所有重点供应商参加誓师大会，并现场签订战略合作协议，明确物料延期的责任追究与品质异常的处罚；授发核心战略合作伙伴的铭牌，加强各供应商的忠诚度

：针对第一个问题，欧博项目组的老师进驻后就召集所有的重点供应商参加誓师大会，并现场签订战略合作协议，明确物料延期的责任追究以及品质异常的处罚，授发“核心战略伙伴”铭牌，加强各供应商的忠诚度。如图 4－1、图 4－2 所示：

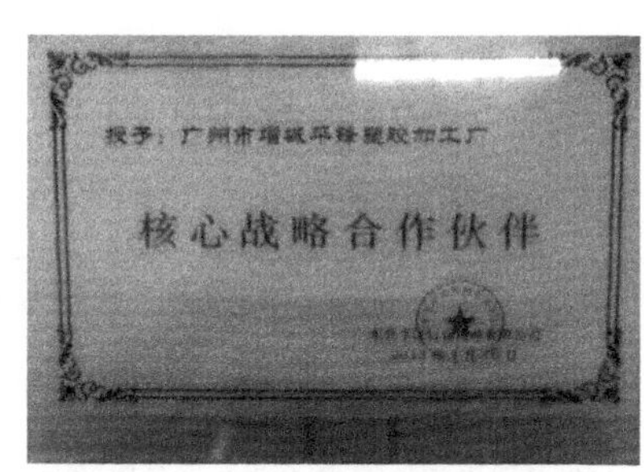

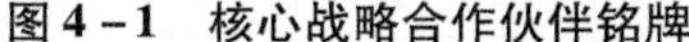
图 4－1　核心战略合作伙伴铭牌

图 4－2　授发“核心战略伙伴”铭牌现场照片

：图 4－2 是签约现场的照片，在誓师大会上，FZ 公司与重点供应商都签订了战略合作协议，目的就是让供应商知道，如果 FZ 公司的物料不能够准时交，或品质有问题，供应商需要承担责任。

动作2：开发备用供应商

问题	实施动作
供应商单一，产能无法满足公司需求	针对部分关键或采购周期长的物料，开发至少两家以上备用供应商，采购员改被动为主动，深入供应商生产现场，了解供应商的实际产能，平衡各供应商的订单量，确保其有能力按时完成

：针对第二个问题实施的动作是，针对部分关键或采购周期长的物料开发备用供应商，至少开发两家以上。采购员要改被动为主动，深入供应商的生产现场了解供应商的实际产能，平衡各供应商的订单量。怎么平衡？就是不要把所有订单一股脑地全下给一个供应商，可以在各供应商之间进行合理分配，使订单量不要超出各供应商本身的生产能力，这样他们才有能力按时完成 FZ 的订单。

动作3：制订物料采购周期及工艺明细表

问题	实施动作
各物料生产工艺及采购周期不明确	制订物料采购周期及工艺明细表，根据各物料工艺特性和供应商生产能力重新确定采购周期

：物料采购周期及工艺明细表如表 4 – 10 所示：

表 4 – 10　物料采购周期及工艺明细表

物料明细	工艺	产能（单位：个）	大货正常周期（周日除外）
纸折盒	备纸 3 ~ 4 天，印 1 ~ 2 天，啤 1 天，粘胶 1 天	8 千 ~ 1 万个/天	7 ~ 10 天
简单手工盒	备纸 3 ~ 4 天，印 1 ~ 2 天，裱 1 ~ 2 天，啤 1 天，粘胶 1 ~ 2 天	5 千个/天	8 ~ 10 天
复杂手工盒	备纸 3 ~ 4 天，印 1 ~ 2 天，裱 1 ~ 2 天，啤 1 天，粘胶 1 ~ 2 天	3 千个/天	15 天
普通贴纸（手贴）	备纸 2 ~ 3 天，印 1 ~ 2 天，覆膜天	1.5 万 ~ 2 万张/天	7 天

续表

物料明细	工艺	产能 （单位：个）	大货正常周期 （周日除外）
软管 PE 标/瓶子卷贴	备纸 2~3 天，印 1~2 天，覆膜天	1.5 万~2 万张/天	7~10 天
吸塑	排版 1 天，订料 4 天，做模具 2 天，成型 2 天，冲床 3 天	8 千~1 万个/天	15 天
PVC 折盒	排版 2 天，订料 4 天，开刀模 2 天，啤 1 天，粘胶 2 天	8 千~1 万个/天	15 天
陶瓷	倒泥浆 5 天，烤模 5 天，第二次倒泥浆跟烤成品 30 天	普通陶瓷碟 1 千个/天	40 天
		复杂陶瓷碟 600~800 个/天	45~50 天
浴珠	煮干油和明胶 1 天，配料灌装 2 天，干燥 4 天	30 万粒/天	12 天~15 天

：表 4-10 与很多企业的常规采购周期表有点不一样，它把每一款物料的生产工艺流程都列举了出来。

：把供应商的生产工艺流程都列明了，这样采购员就知道自己要的某款物料在供应商各工序所需的生产时间了。尽管不是他自己企业的生产工序而是供应商的生产工序，但采购员也都能全部搞清楚了。

：这样的采购周期是有依据的，采购员跟进的时候，当供应商告诉他货在哪道工序生产的时候，采购员就能大概知道还要几天才能收到货。

我们以纸折盒为例，它的工艺流程是备纸大概要 3~4 天，印要 1~2 天，啤要 1 天，粘胶要 1 天，这样我们就知道这一款物料的采购周期最长在 8 天左右。而整个大货的正常生产周期是 7~10 天，这样的生产周期相对来说比较准确，供应商不能准时交货到时也没话可讲了。

动作 4：要求供应商提供人事架构名单、联系方式，并回复交期分解时间

问题	实施动作
供应商何时生产不清楚，何时交货不确定	（1）要求供应商提供人事架构名单及联系方式，便于采购员对订单生产进度进行跟进 （2）要求每个供应商回复订单交期后，在 3 个工作日内必须回传订单的交期分解时间，采购员按供应商的订单交期分解时间跟进，了解供应商是否能在交期分解时间内完成各项生产工作

：针对不清楚供应商何时生产，不确定何时交货的问题，我们要求供应商提供人事架构名单及联系方式，便于采购员对订单生产进度进行跟进。

这个动作很有意思，相信很多采购员不会这样做。为什么要供应商提供人事架构名单以及联系方式呢？由于很多企业的业务员很熟悉采购员的工作方式，他们知道怎么忽悠采购员，采购员很难从业务员那里了解到准确的物料情况。

现在采购员知道了供商应每道工序甚至仓库人员的名单以及电话号码，在跟进订单生产的时候，可能就不仅仅给供应商的业务员打电话了，可能还要给工序的车间主管、班组长或仓管员打电话，以确认业务员讲的话是不是真的，这样采购员对订单的跟进就非常到位，跟进到了细节。

：采购员可以跟供应商的车间主任最后确认是否开始生产了，跟仓管员确认产品是否入库了，这样业务员就很难再忽悠采购员了。

：我们还要求每个供应商回复订单交期后，必须在 3 个工作日内回传订单的交期分解时间。供应商根据工艺流程进行的订单交期分解，什么时间做哪一道工序、什么时间入库的时间回传给 FZ 公司的采购员，采购员按供应商的订单交期分解时间进行跟进，了解供应商是否在交期分解时间内完成各项工作。

为什么向供应商要人事架构名单？就是为了方便采购员按照交期分解的时间对订单生产进行跟进。

动作 5：制订采购管制表及采购日计划

问题	实施动作
采购员无管制表，跟催无计划	清理所有未交货物料，制订采购管制表及采购日计划，采购员根据管制表里的交货时间定期跟催，并作详细跟催记录

：采购管制表以采购样板管制表为例，具体如表 4 - 11 所示：

表 4－11　采购样板管制表（部分）

开单时间（月日）	业务员	样板编号	样板名称	样板数量	要求到样时间（月日）	厂商联系人及电话	厂商回复交样时间（月日）	样板跟进明细						实际到样时间（月日）	不良及退样记录	备注
								跟踪时间（月日）	内容	跟踪时间（月日）	内容	跟踪时间（月日）	内容			
4－9	余丹	Y042	500ml 丝印瓶	10	4－10	源一丝印小谢	4－11	4－10	出菲林					4－10		
	余丹	Y041	400ml 丝印瓶	10	4－10	源一丝印小谢	4－12	4－10	出菲林					4－10		
	余丹	Y041	4 款 100ml 丝印瓶	32	4－10	源一丝印小谢	4－11	4－10	出菲林					4－10		
	黄芳	**C032**	**70ml 扁瓶**	**100**	**4－13**	**恒威戴小姐**	**4－13**	完成						4－13		
	鲁芳利	R018	500ml 铁线罐	30	4－15	浙江华立	4－22	4－12	铁线圈电镀					4－12		
4－10	钟金先	E031	KC－1010 罐子＋盖	60	4－15	康佳美								4－15		
	钟金先	E031	400ml 罐子＋盖子	60	4－15	创立								4－15		
	余丹	Y044	67.5 牙电镀盖	30	4－13	平锋	4－15							4－13		

：采购管制表发挥什么作用呢？

：发挥跟进的作用。供应商反馈交期分解之后，采购员就根据交期分解的时间进行跟进。

以某家供应商为例，比如它的交期分解是4月4日完成备料，20日上机，23日号把货交给FZ公司。那么4月5日采购员就要跟供应商确认是否开始备料了，供应商可能反馈在定料中。4月7日采购员再次跟进的时候，就要确认供应商所定物料是否回来或状况怎样，这样，采购员就基本上掌握物料在供应商这边的情况了。采购员是针对每一个节点进行跟进的。

除了采购管制表，我们还要针对每个采购员制定采购跟踪日计划，以明确每人当天的工作。

采购跟踪日计划如表4－12所示：

表4－12　采购跟踪日计划

时间（月日）	本日应催工作	跟催情况	本日所需处理事项	处理情况	本日应下订单	下单情况
4－18	P031	胚管模还未好	P009单瓶子补数1万个	继续重新做	Y002丝印瓶子	已审核
4－18	C单500ml瓶子	在调机	P034单退货问题	QC决定不退货	Y003丝印瓶子	未审核
	C单500ml大扁瓶	在改模	C单蝴蝶瓶	在开模中	FZ13W030瓶子	已下
	C单滚字压泵	在氧化铝片			FZ13W030压泵	已下
4－19	P009单未到齐瓶子	送来了			R061	已下
4－20	催P034单瓶子上线	胚管模在开模	P单丝印排期	厂家在对图稿	R071	已下
4－22	催P034单下午上机	上机了	发P单透明盖子去电镀		R091	已下
	催陈霞丝印样板	上机了	在上机			

续表

时间（月日）	本日应催工作	跟催情况	本日所需处理事项	处理情况	本日应下订单	下单情况
	催丝印厂出鲁芳利 5 款烫金版	在做烫金版	在做丝印版			
4－23	催龙信工贸一定寄出晓玲姐橘色压泵	已寄出				P069 向诚盖子

：表 4－12 分成几个部分：

第一是本日应催工作，就是采购员当天要去了解物料到底到哪道工序了，他要把每天跟催的物料名称列出来。

第二是本日所需处理的事项，主要是一些异常问题。

第三是本日应下订单。这个要给采购经理审核，审核完成之后给采购员。采购员每天完成后，又要把这张表交给采购经理，让采购经理看到他们每天的工作情况。

：以前采购员的主要工作其实只有一个，下单。跟催也好，异常的处理也好，都是随机的，由他自己去决定。推行采购日计划以后，对每个采购员每天应该跟催谁，应该怎么跟催，物料如果没有回来，该怎样进行异常的处理，都有明确的要求。采购员除了下单外，他的采购工作每天被分段进行管控，采购经理要审核各采购员的工作情况。

：改变了采购员以前的只管结果不管过程的工作方式，把对结果的追踪变成了对过程的追踪。

：就是根据时间点，对供应商的订单生产情况进行分段追踪、分段管控。

动作 6：制订采购作业控制卡

问题	实施动作
采购下单、跟催无规定，供应商物料交期回复无规定	（1）制订采购作业控制卡，规定采购员接到业务签板后，在 2 个工作日必须将采购单下达至供应商（现金采购除外） （2）每款物料下达到供应商后，必须在 24 小时内取得书面的交期回复 （3）采购根据仓库每天提供的入仓单、下单情况、供应商交期回复以及跟进情况更新采购管制表

：采购管制表是每天可以跟 PMC 分享的，PMC 从采购管制表中能看到每一个采购员所跟催物料的整体情况。

动作 7：当天完成电脑入账信息，送货单签字

问题	实施动作
仓库没有电脑入账人员，物料入仓信息采购部要几天后才能看到	(1) 招聘一名仓库电脑做账人员，要求仓库当天所有物料出入仓的数据必须在当天录入电脑 (2) 供应商送货时，先将送货单找相关采购员签名确认后再到仓库卸货，采购员了解送货信息后及时更新采购管制表

：针对仓库没有电脑入账人员，招聘一名仓库电脑做账人员，要求仓库当天所有物料入仓的数据必须当天录入电脑，这样采购员就能够准确看到物料的入库情况。而且要求供应商送货的时候，送货单先让采购员签名，这样采购员就知道自己跟进的物料到了，然后再到仓库去验货、卸货，采购员了解送货信息后要及时更新采购管制表。

动作 8：制订跟催计划

问题	实施动作
采购员跟催没有标准，没有记录，甚至出现漏催的情况	(1) 20 天以上的物料在交货期前 10 天跟供应商确认一次，提前 3 天跟催一次，交货前一天确认 (2) 20 天以内的物料提前 7 天进行跟催，交货前 3 天和交货前 1 天跟供应商确认 (3) 7 天内的物料在下单后 24 小时内了解清楚供应商对订单的生产安排情况，交货前 3 天开始跟催确认；交货前 1 天再次确认

：在采购过程中，这样严格不断地约束、要求采购员，他肯定很反感、很烦，那怎么来解决这种矛盾冲突呢？以前他们总是把责任推给供应商，而真要解决问题的话，就得每天给自己定明确的任务，不断追踪物料的情况 ，这种压力会很大。说实话，这个过程会令他们很不舒服。那怎样化解由这种不舒服产生的冲突和对抗？

：第一，在开始的时候欧博项目组的老师一定要带着做，一定要跟采购员一起来做这些事情；第二，就是当习惯形成模式后，对采购员的工作会有很大的帮助，好的工作成绩会让采购员接受这种工作方式的。其实在后面的时候，连采购员自己都说自己的工作变得清晰并有条理多了，以前虽说不用承担什么责任，但心里终究是不舒服。

：以前是一笔糊涂账，而且物料回不来，采购员也不舒服。只是他认为没法解决，实际上真正解决了，他的采购准交率高了，他自己的工作有成绩，也有种成就感。

：至少不用天天被车间指着骂了，至少每天的日子不是那么难过了。

：其实真正做到以后，新的工作方式所带来的种种不愉快会慢慢被成就感替代。以前把责任直接推给供应商了事，现在要给自己定任务，要不厌其烦地跟催供应商，这期间要有一个适应的过程，要有一个坎，而这个坎采购员要迈过去。

：所以前期欧博的老师就一定会带着走。

动作9：制订各采购员每日考核表

问题	实施动作
每个采购员每天的工作情况如何，不清楚	制订各采购员每日考核表，由采购经理每天检查各采购员的工作，并对工作目标达成情况进行考核

：针对不清楚每个采购员每天的工作情况，我们制订了各采购员每日的考核表，由采购经理每天检查各采购员的工作。以采购员 5 月 25 日工作情况为例，具体如表 4－13 所示：

表 4－13　采购员 5 月 25 日的工作情况

项目 采购员/时间	黄伟			周红			肖娟		
	抽检数	不合格数	合格率	抽检数	不合格数	合格率	抽检数	不合格数	合格率
采购管制表的跟进及更新	0	0	0	98	3	97%	65	4	94%

续表

项目 采购员/时间	黄伟			周红			肖娟		
	抽检数	不合格数	合格率	抽检数	不合格数	合格率	抽检数	不合格数	合格率
货期分解跟进情况	0	0	0	69	3	96%	60	4	93%
下单及时处理情况	0	0	0	27	0	100%	19	0	100%
合同回传情况	18	18	0	9	0	100%	10	0	100%
采购日计划的更新	12	0	100%	40	7	83%	10	0	100%
采购样板管制表的更新	0	0	0%	6	0	100%	26	7	73%
物料准交率	8	0	100%	7	0	100%	/	/	/
品质合格率	11	3	73%	21	4	81%	4	2	50%
样板准交率	/	/	/	8	0	100%	11	0	100%
资料出错次数	无			无			无		
总计:			34%			95%			89%
名次:			5			2			4

：从表4－13我们可以看到，每天采购经理都会对每一名采购员的工作情况进行抽查，如采购管制表有没有及时跟进及更新、下单是不是及时处理了、合同回传的情况如何、采购日计划的更新情况、采购样板管制表的情况、物料准交率的情况等。稽核部也会对采购员的这些工作进行抽查，检查他们每一项工作每天的完成情况怎么样。

：其实某种程度上来讲，企业采购员原来的那种工作状态也跟他的工作结果没有被人关注、评价有很大关系。因为他做好了，既不表扬他，也不奖励他，他没有成就感；做不好，也不会批评他，他自己就无所谓。

所以我们一方面要约束采购人员，另一方面采购经理、企业要对每个采购员每一天的工作进行检查，进行评价、进行总结、进行考核，这样他才能产生成就感，否则他做和不做又有什么区别呢？

动作 10：制订样板物料采购作业控制卡

问题	实施动作
样板物料如何交接，不明确；如何下单及跟催，不清楚	制订样板物料采购作业控制卡，规范样板物料的跟催与交接

：样板物料采购作业控制卡如表 4 – 14 所示。

表 4 – 14 样板物料采购作业控制卡

项目	动作要求	制约	责任
样板的作业流程	1. 收到 PMC 样板通知单，4 小时内评审样板并回复交期，合理安排适合的供应商，如预感有问题速上报，并记录入《样板申请管制表》内 2. 对供应商详细解说样板的内容及重点注意事项 3. 跟催供应商交样	1. PMC 监督采购员是否按规定在 4 小时内完成样板下单并回复 PMC 交期 2. 采购经理监督采购员对供应商传达信息是否正确 3. 采购经理监督采购员是否按时更新《样板申请管制表》	如发现未按要求做，责任人乐捐 2 元/次
样板的跟催	1. 样板下给供应商后，2 天内交期的，每半天了解样板进度；7 天内交期的，每一天了解样板进度。香精 2 – 3 天更新一次，并把跟催情况填入《采购样板申请单》 2. 再次提醒供应商注意事项 3. 按时催回样板	1. 采购经理每天检查各采购员的《样板申请管制表》内是否有跟进记录 2. 采购员是否按要求催回样板 3. 采购经理每天检查采购员是否有提醒供应商及跟进	1. 未按要求更新《样板申请管制表》，责任人乐捐 2 元/次 2. 未按要求催回样板，责任人乐捐 2 元/次
接收 PMC 样单的明范	1. 无条件先接收样板单，发现问题及时跟业务员确认清楚 2. 了解样板的特性，根据经验合理判断交样期 3. 如样板交期经过努力后无法完成，要书面通知 PMC 能完成的时间	1. PMC 是否有投诉采购员的态度问题 2. 采购经理监督采购员是否合理选择供应商 3. 采购员是否有完成不了的样板及时反馈给 PMC	1. 未合理选择供应商，责任人乐捐 2 元/次 2. 没有按要求通知 PMC，事后又扯皮的，责任人乐捐 2 元/次

续表

项目	动作要求	制约	责任
样板回来后与PMC的交接	1. 收到样板，采购员自己先检查样板的品质及数量 2. 自己发现数量及品质问题，先与业务员沟通，业务同意，再交PMC进行登记。如不同意，采购员加急处理，并在最短的时间内完成 3. 交与PMC的样板，应由PMC签字确认	1. 业务部是否投诉样板品质及数量问题 2. PMC是否投诉交样没有签名	1. 由于采购员传递信息错误造成品质及欠数问题，责任人乐捐5元/次 2. 如发现交与PMC没有签样确认的，责任人东捐5元/次

：通过以上动作的推行，采购流程、动作和表单得到了规范和清晰，采购准交率得到了明显的提升。虽然物料能按时到，但经常因为品质不良，造成退货和挑选补数，造成最终的采购准交率还是不高。

：要退回去返工，有些供应商是物料退回去以后不返工，等到企业急需的时候他又给送过来，使企业不得不特采。

：那时企业就只能挑选使用了，他也摸准了企业的习惯。

：甚至他知道企业的上线时间，他匆匆忙忙给企业送过来，不用也得用，这就是双方博弈的结果。

：所以针对这些情况，我们展开了第四层觉知。

四、 第四层觉知： 来料品质合格率的提升

（一） 变革前的问题

大家都知道物料经常退货或挑选，但来料品质合格率是多少？不知道。哪些物料影响最严重？不清楚。物料不良的主要问题有哪些，不清楚。哪些供应商的品质问题最严重？不确定。

这些问题导致车间经常等着物料上线，即使物料好不容易催回来了，但由于品质不合格要退货又导致停产，因此大家都在忙着处理物料品质异常。

：只要企业对情况不清不楚，稀里糊涂，后面的结果就是差的。所以针对品质问题进行解决，也要从把事情弄清楚着手。

：其实针对这个问题所做的动作并不复杂。

（二）变革后的动作

动作 1：统计各供应商的来料合格率并在会上公布

问题	实施动作
来料品质合格率是多少，不知道	由品管部每天统计各供应商的来料合格率，并在每天的生产协调会及每周的品质周例会上进行公布

：针对不清楚来料品质合格率的问题，由品管部统计各供应商的来料合格率，并在每天的生产协调会上及每周的品质周例会上进行公布，这与前面所做的准交率的统计是一样的。各供应商来料质量统计表如表 4－15 所示：

表 4－15　2013 年物料来料质量统计表

供应商来料情况第 4 月第 4 周											
日期 内容	20 日	21 日	22 日	23 日	24 日	25 日	26 日	27 日	28 日	29 日	周汇总
来货总批次	47		55	27	23	22	23	39	35	31	302
不良批次	6		1	1	3	4	1	9	2	5	30
不良率%	12.77%		1.82%	3.70%	13.04%	18.18%	4.35%	23.08%	5.71%	16.13%	9.93%

供应商分布	东方	恒威	中冠	华美	富彩	南天	平峰	三先	智诚	松林	松泰兴	进元	峰升	春亮	新隆	中蕾	源一	三顶	慧杰	客供	三槐
不良批次	1	1		1	3	2	1		1					1	4	1	1	4	1	9	1

：从表 4－15 大家可以看到每一个供应商每天总共送了多少批次、不良批次有多少、不良率有多少，也能看到哪些供应商的不良总数最多。例如，在表4－15 中，我们看到不良批次最多的是客供的物料，其次是三顶、新隆这两家供应商。

动作 2：对来料不良进行原因分析，重点物料要确认合格后再生产

问题	实施动作
哪些物料影响最严重，不清楚；物料不良的主要问题点有哪些，不清楚	（1）每天由品管部统计各供应商来料不良的种类及来料不良的原因，进行原因分析 （2）针对重点物料，安排人员到供应商生产现场看货，确认合格后才生产

：针对不清楚哪些物料的影响最严重，不清楚物料的不良点有哪些，我们采取的第一个动作是每天由品管部统计各供应商来料不良的种类及来料不良的原因，进行原因分析。2013 年 5 月供应商送货明细如表 4－16 所示：

表 4－16　2013 年 5 月供应商品质合格率（部分）

厂名	次数	不良次数	合格率	名称	厂名	次数	不良次数	合格率	名称	厂名	次数	不良次数	合格率	名称
宇兴	36 次	1 次	97%	彩印	康佳美	12 次	0 次	100%	罐子	彩欣	5 次	0 次	100%	瓶子
正安	133 次	4 次	96.90%	纸箱	龙信	6 次	0 次	100%	压泵	诚忠	12 次	0 次	100%	瓶子
新隆	17 次	7 次	58.80%	软包装	峰升	27 次	0 次	100%	软管	雅程	4 次	0 次	100%	瓶子
智润	30 次	0 次	100%	压泵	宏盛泰	10 次	2 次	80%	瓶子	三鼎	36 次	0 次	100%	丝带
平峰	36 次	11 次	69.40%	彩印	迪尚	6 次	1 次	83.30%	饰品	金福顺	11 次	0 次	100%	垫片
富鸿海	15 次	0 次	100%	电镀盖	慧杰	4 次	2 次	50%	浴缸	允达	2 次	2 次	100%	胶袋

：表 4－16 列明了 2013 年 5 月各供应商送来了多少批次物料、来料不良次数是多少、各供应商的合格率是多少，这些信息每个月都要进行统计和确认。物料不良统计表如表 4－17 所示：

表 4－17　2013 年度供应商来料不良统计表

日期	订单号	供应商	来料名称	来料数量	不良率%	不良原因	处理方法
5 月 2 日	FZ13P058	超伟	套件贴	5050	10%	表面脏、油墨	已退货
5 月 3 日	FZ13Y003	平锋	67.5#电镀盖	225		来料有大小不一的盖子	采购自己挑选
	FZ13Y003	平锋	24#电镀盖	10200	10%	电镀表面气泡	已安排挑选
	FZ13P031	客供	夹链 PVC 袋	11630	20%	内封口规格不一	现场边做边挑（客供物料，业务处理）
5 月 4 日	FZ13P067	允达	OPP 袋	2150	50%	脏、毛边	已退货
	FZ13P068	允达	OPP 袋	3100	50%	脏、毛边	已退货
5 月 6 日	FZ13P008	新隆	狮子软包装	800	12%	大块的油墨印	拒收
5 月 7 日	FZ13E009	宏盛泰	150ML 透明罐	72150	40%	黑点、灰尘、脏	已安排挑选
	FZ13P031	恒威	300ML 牛奶瓶	5415	15%	底部发黄、黑点	已安排挑选
	FZ13P041	进元	磨砂膏正贴	5050		大货明显两色	已退货
5 月 9 日	FZ13P071	艺轩	四款拷贝纸	40 令	40%	黑点	已安排挑选

：表 4－17 统计了每一天来料的数量、不良率以及不良的原因，从中我们能找出经常出现不良的物料。

：看是哪家供应商供的货，然后追究供应商的责任，对他进行处理。

动作 3：召开供应商大会，强调物料交期及品质问题

问题	实施动作
供应商对来料品质不重视，对来料准交率无感觉	（1）要求采购员每次跟催物料时必须强调物料交期及品质控制点 （2）召开供应商大会，让供应商上台检讨准交率及品质合格率不达标的原因，并提出改善措施

：针对供应商不重视来料品质，对来料准交率没感觉，项目组要求采购员每次跟催物料时，首先必须强调物料交期以及品质的控制点；其次召开供应商大会，让供应商上台检讨准交率以及品质合格率不达标的原因，并提出改善措

施。如果没有前面的统计，这个动作就没法做。

：拿不出真实的数据统计，供应商也不服。

：对，就没法做。所以有了前面的统计，我们就可以针对供应商采取一系列动作了。供应商上台检讨不达标原因照片如图4－3所示：

图4－3 供应商上台检讨不达标原因的照片

：下面坐的都是供应商老板，哪一个老板做得不好，物料不准交或品质有问题，那他就当着所有供应商进行检讨。照片左边的这位是欧博项目组老师，右边的就是一个供应商老板，他正在上面做检讨。这样做能对供应商形成考核和压力，能督促他更加关注物料的准交问题以及物料的品质。

：应该说这种方式比处罚供应商更有效，因为老板要面子。

动作4：制订印刷类物料品质要求书

问题	实施动作
印刷类物料品质异常最多，退货次数最频繁	（1）制订印刷类物料品质要求书，发给供应商，明确印刷类物料的品质控制点、接收标准及注意事项 （2）安排品管部经理到供应商生产现场指导品质控制点及品质异常的处理方法

：针对印刷类物料品质异常最多，退货次数最频繁的问题，我们制订了印刷类物料品质要求书，并发给供应商。印刷类物料品质要求书明确了印刷类物料的品质控制点、FZ公司的接受标准以及生产过程中的注意事项，如产前的要求、验货的要求以及最终的质量要求，这样供应商就能真正重视品质要求。另外就是安排品管部经理经常到供应商的生产现场去指导品质控制点以品质异常的处理方法。

通过以上来料品质改善动作的推行，供应商的品质意识加强了，来料品质合格率也得到了改善。如表 4－18 所示，来料合格率由 4 月的 88% 提升到 5 月的 92.8%，但要想进一步提升采购准交率，让供应商能够持续保持和配合，还要进一步进行问题分析。针对这种情况我们展开了第五层觉知。

表 4－18　来料合格率的数据变化

数据指标	统计部门	调研数据	承诺目标	4 月汇总	5 月汇总
来料合格率	品管部	未统计	95%	88%	92.80%

五、第五层觉知：供应商的帮扶与激励

（一）变革前的问题

（1）很多供应商都是小微型工厂，生产规模较小，管理相对粗放。

（2）采购员下单时不考虑供应商的能力，只要价格低就行，至于订单能不能按期交货则没有做评估。

（3）供应商从不进行产能分析，只要有单就接，经常不能实现承诺的交期。

这些问题导致供应商想做好，但有心无力；采购单价合适，但下单后收不到货。

：对供应商还要进行很多帮扶工作。

：对，因为前面的动作其实更多的是一种考核和控制动作，接下来就是对供应商进行帮扶和激励的动作，总不能只提要求而不帮助。

（二）变革后的动作

动作1：交流学习

问题	实施动作
供应商管理粗放，没有生产计划，没有交期分解，什么时候能出货，不清楚	（1）安排各采购员把欧博三九控制法视频发给供应商学习，由FZ公司李总出面沟通，做出强制性要求，要求供应商老板限时学完 （2）要求供应商安排管理人员到FZ公司学习车间早会及生产管理方式 （3）制订走访帮扶计划，由李总带着欧博的老师到供应商现场进行辅导 （4）把所有供应商名单、地址提交到欧博总部，由欧博总部定期给各供应商寄学习资料，辅导供应商提升管理水平

：等于我们在帮FZ公司做管理咨询、提升管理的同时也让他的供应商跟我们保持理念上、动作上的一致，让FZ公司的供应商也学欧博的一些做法。

：让FZ公司的供应商逐步完善自己的管理。在实施动作的同时，需要走访供应商，制订计划。周走访供应商名单如表4－19所示：

表4－19　周走访供应商名单

供应商	经营项目	三九控制法	学习情况	5月品质合格率	5月准交率	是否奖励	老板及联系电话	地址	备注
宇兴	纸折盒/贴纸	已发	6月8日	97%	88%	是		厚街镇S256省道赤岭路段	
富彩	彩印	已发	已学	100%	85%			东莞市横沥镇长巷工业区	
东方	贴纸/纸折盒	已发	6月6日	78.20%	80%			宝安区松岗街道办东方一路37号5栋	
南天	彩印	已发	6月7日	100%	89%			东莞市塘厦镇蛟乙塘银湖工业区1号	

续表

供应商	经营项目	三九控制法	学习情况	5月品质合格率	5月准交率	是否奖励	老板及联系电话	地址	备注
恒威	吹瓶	已发	6月8日	80%	94%			惠州市惠城区潼桥镇金星管理区	
峰升	软管	已发	6月8日	100%	86%	是		汕头市潮南区两英镇高堂乡忠诚驾校	

：表4－19里有走访的供应商名称、地址、准交率、品质合格率等信息，走访之前，我们要把这些情况都了解清楚。

欧博给供应商邮寄的学习资料，如报纸《管理实战》（如图4－4所示）。

管理实战
欧博简介
顾问不是门客，更不是食客
欧博大事记
欧博商讯
欧博管理锦句
4008-298-885
管理实战
怎样将制度化到人的内心去?
与欧博团队合作企业成效显著

图4－4 《管理实战》报纸

：《管理实战》这份报纸既有管理理念的阐述，也有欧博实战案例的展示，可以帮助供应商提高管理水平。

动作2：对各供应商的物料准交及品质合格率进行排名并给予奖励

问题	实施动作
供应商配合的积极性不高	每个月对各供应商的物料准交及品质合格率进行排名，对配合好的前五名供应商分别颁发红旗和奖金，每名奖励500元，要求供应商将这些钱拿回去奖励他的管理人员，以调动他们的积极性，全力帮FZ公司赶货

：500元为什么不给老板？为什么要求一定要给员工呢？

：很简单，因为真正做事的是员工。

：或者说供应商的老板不在乎这500元，但是这500元拿回去给他的员工是一种荣誉，且员工拿了这500元就会重视FZ公司。在员工看来，这500元像天上掉下来的，他会当回事。

：而且帮其他客户赶出来了货，可能什么也没有，帮FZ公司做好了还能拿到奖励，所以他们当然会先帮FZ公司赶货。

：小奖励大效果，抓人心，就能有效果。

：我们可以看看供应商颁奖现场照片，具体如图4－5所示：

图4－5 供应商颁奖现场照片

图4－5右边的是FZ公司的李总，左边的是某个供应商，“我最棒”这个红旗颁发给了这位供应商。

：这个动作的关键是让供应商的员工知道客户不仅仅关注他的老板，也关注员工，这是件令人高兴的事情。

动作 3：重点物料安排专人驻厂守货

问题	实施动作
供应商订单多，经常不能按时安排上线生产	针对重点物料，安排专人到供应商处驻厂守货，协助供应商确认质量，强制要求供应商按期安排上线生产，发现异常及时将信息反馈回公司

：通过实施动作，供应商的积极性得到了明显提升，配合力度也加强了。FZ 公司的老板娘在走访供应商的时候，有个供应商就对她说："从来都没有哪个客户这么关心我们，想不到 FZ 公司对我们这么重视，我们无论如何都会把 FZ 公司的订单做好。"

通过上述一系列的动作，采购部的工作业绩得到了提高，但工作量也增加了。采购员每天晚上都要工作到深夜或者凌晨，采购员难免产生抱怨。特别是前期的时候，我打电话问过项目组的老师，他说采购员的工作量确实非常大，因为项目组的老师都会和采购员一起做，有时会加班到晚上 11：00 甚至 12：00，这样采购员就会有些抱怨，针对这种情况我们展开了第六层觉知。

六、第六层觉知：采购员的考核与激励

（一）变革前的问题

（1）大家都非常努力地工作，但哪个采购员做得最好？不清楚，各采购员做好做坏一个样。

（2）各采购员疲于催货，没有每天关注数据，所以，每天的数据有没有变化，不确定。

导致结果：

（1）凭感觉评价或者不评价每个人的工作好坏。

（2）采购员工作积极性不高。

：出现这些问题说到底就是没有成就感，做得再好、再努力反正都一样，满足不了自我荣誉感。

（二） 变革后的动作

动作1：对采购员的工作业绩排名并奖励

问题	实施动作
各采购员做好做差一个样	（1）每周采购部召开周总结会议，对各采购员的工作业绩进行排名，对排名第一的颁发红旗，奖励100元 （2）制订周看板，对各采购员每周的工作业绩进行排名并公布

：针对做好做坏一个样，采购员工作积极性不高的问题，欧博项目组推行的动作首先是每周采购部召开周总结会议，在会上对各采购员的工作业绩进行排名，给排名第一的颁发红旗，并奖励100元。采购周总结奖励照片如图4－6所示：

图4－6 采购周总结奖励照片

：我想问一下，现在还有人在乎那面红旗吗？

：有，因为做得不好的采购员，我们会给他发黄旗。

：听说发黄旗，他们不高兴，所以，说到底做管理还要在人心上做文章，在员工的荣誉感、自尊心上做文章。如果仅仅靠钱管理，管理未必就做得好，我们还是要在人的精神上多下些功夫。

：其次，制订周看板，对各采购员每周的工作业绩进行排名、公布。采购部周评比排名看板如图 4－7 所示：

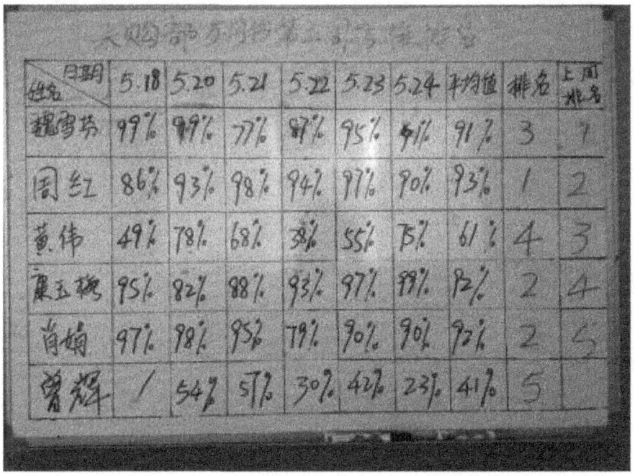

图 4－7　采购部周评比排名看板

：业绩排名表要拍照贴到公司的宣传栏，不仅采购员自己看得到，而且整个工厂的人都看得到。

动作 2：制订考核奖励制度

问题	实施动作
采购员不关注自己的数据变化	由数据统计部门制订横向考核奖励制度，设定多个奖项，每周对各采购员进行考核奖励

：考核奖励是按多长周期进行的？是每周进行的吗？

：对，每周进行。

：每天针对数据变化，对采购员进行及时考核、奖励？

：是的，这样的考核每天都有，然后每周又有个统计、考核，考核奖励非常频繁。

通过对采购员实施考核和激励，各采购员的积极性及对数据的关注度都得到了明显提升。但推行的动作这么多，有些采购员就难免顾此失彼，导致有些动作流于形式。针对这种情况，我们展开了第七层觉知。

七、第七层觉知：执行过程中频繁地进行检查

（一）变革前的问题

（1）随意检查或者不检查各种规定，检查也没有结果记录和数据统计。

（2）不是很关注每一次动作执行的好坏，对做得好的部门没表扬奖励，对问题点没进行曝光，做了没做一个样 。

导致结果：

（1）采购员做的好与不好一个样，没有人检查。

（2）部分动作流于形式。

：以前由于没有人进行频繁地检查，导致采购员做得好与不好一个样，很多管理动作慢慢就流于形式了。

：前面讲到频繁考核和总结，每天每周都有，那考核和检查有什么区别呢？检查的重点又是什么？

：考核是对结果、对数据的考核，检查是对员工每一个动作有没有做进行检查。

：考核以最终的结果、最终的数据为依据，而检查是对动作本身来说的。也许这个动作不一定能马上带来业绩，但这个动作必须做，因为效果需要时间的累积。一个更注重过程，另一个更注重结果；一个重因，另一个重果。

（二）变革后的动作

问题	实施动作
执行过程中没有查、跟进，有些动作流于形式	（1）稽核部成立以后，针对采购部的一系列动作，设专人每天检查各动作的完成情况，并落实责任人 （2）采购经理每天下班前检查各采购员动作完成情况 （3）PMC、业务部横向监督各采购员的工作

：通过统计，在不到 2 个月的时间里，稽核部对采购部的专项检查就达 1206 次，发现不合格项 25 次。除此之外，采购经理每天下班前检查各采购员动作的完成情况；PMC、业务部横向监督各采购员的工作。这么频繁地检查他们烦不烦？一开始的时候真的会烦。

例如，有一个姓刘的采购员，稽核员第一次检查的时候，发现他没有将其负责的物料信息填到采购管制表里，稽核员让他交罚款，他就交了。第二次检查的时候，他又没填。稽核员要处罚他，这个姓刘的采购员就不耐烦了，他对稽核员说："你天天来查，你不烦啊？我干脆拿 100 元给你，以后你不用每天来查，反正每天你都当我没做，等把这 100 元罚完了，你再来找我。"

遇到这种情况怎么办？稽核员马上把这种情况反馈给我们的项目组老师，项目组老师就直接找这个采购员谈话。项目组老师同时也把这个问题反馈给 FZ 公司的老板，这个老板也直接找这个采购员谈话，对他增加稽核次数。之后，基本上每一天稽核员都要对这个采购员的所有工作进行检查。

：一开始这个采购员认为他按照采购管制表做了就行了，为什么非要填到采购管制表里呢！所以他不按照要求做，他觉得约束了他。

：对，他说做了就行了，干吗一定要每天更新呢？这不是一个重复动作吗？但是稽核员和项目组老师都盯着他做、陪着他做、守着他做采购管制表。到了快下班的时候，项目组老师就过去坐在他旁边。

：如果采购员受不了，走了怎么办呢？实际上对企业来讲，采购员的工作也不是谁都能够马上接替的。

：确实是这样。但我们没有加大处罚力度，也没有对他做什么动作，就是项目组老师到了快下班的时间，就过去陪着他、看着他把表更新完。

：为了让他知道这个工作究竟有多大的工作量，让他看看究竟有多难。

：让他试一下要花多长时间，如果真的时间很长，我们再来调整。其实两天之后，这个采购员就告诉老板，做了这个采购管制表之后，第二天要做什么他自己确实清楚很多，工作更有条理了。

：这样做还是为了帮他，最后他会发现这些管理动作对他是有益的，对他是有帮助的，他只是心里不习惯，调整过来就好了。

：其实往往执行不执行真不是对错的问题，只是员工被以前的习惯牵着走，让他改变习惯，他马上会有这样一个念头：我凭什么按照你说的做？其实真守着他做了两天之后，他也没那么大的情绪了，一切都按部就班了。

：他也没有理由一定要对抗。

：通过以上动作的推行，采购部的各项动作都得到了有效落实，员工的习惯慢慢发生了改变。正如采购部经理在5月公司的月总结的时候所说："事事有标准，标准要执行，执行要有结果，结果要有检查，信息要有沟通，沟通要有反馈，不良要有改善，改善要有跟踪，职责要分明，责任要到人头。"说实话，这些都能做到的话，采购部门的工作就真正做到位了。

：其实说到底，这些工作大家做起来好像很辛苦，很受约束。但只有这样做，才能把工作做好。所以做管理也好，做变革也好，要相信人内心的那种正直、那种善良，不要把人想得太坏。

：其实真正做起来后，大家都不用去考虑什么，事情都按规定做，反而还轻松了。

：习惯了就越做越顺手了。

八、项目效果——企业方变革感言分享

（一）FZ公司管理人员的变化

：接下来我们再看看一系列的管理变革动作之后，FZ公司管理人员的

变化。

邱副总：

通过两个月的管理变革，我对PMC的工作开始真正了解，PMC工作的核心就是用数据让各部门觉知自己存在的问题，提前做好预防，共同去完善自身，提升整体的管理水平。

皂花部主管涂兴海：

通过管理变革，我清楚地知道以前的那些做事方法是不对的，我会努力遵守公司现在的各种流程与制度。

业务部经理杨艳：

变革进行了两个多月，业务员已经形成了每天写工作计划、每天更新订单等习惯，而且他们每周都上交工作总结，分析自己的个人得失，从错误中总结经验。现在大家做事情比以前要用心、谨慎，犯错误后都觉得很愧疚，所以同样的错误在同一个人身上不会重复发生2次。我有信心2013年我们业务部会交一份让大家满意的答卷。

研发部经理厚静学：

经过2个月的管理变革，我发现了自己在工作中的很多不良习惯：遇事推脱，不能正视自己应该承担的责任，不能深入问题去解决问题。我深受曾教授一句话的启发——“时刻保持清醒的觉知”，尤其是对自己的觉知，相信“所有的问题都出在我们心的觉知力不够”。

：“心的觉知力不够”，就是不敏锐的意思，这句话说得太好了。

整个案例的分析就是在一层一层地觉知业务、觉知企业订单资料的确认、样板的确认等方面的问题。因为觉知力不够，所以他们以前并没有做好它，不知道哪个地方出了问题，哪家供应商的问题更严重。

采购人员也一样，我们不知道哪个采购员工作得好、哪个工作得差，甚至采购员自己都不知道自己每天究竟在干些什么。

总的来讲，就是稀里糊涂，打糊涂仗，产生很多管理问题。所以，只有保持心的觉知力，我们才能够把所做的事情弄得清清楚楚、明明白白，才能最终解决好管理问题。

（二） 数据变化

：最后我们来看看变革两个月以后数据的变化，具体如表 4－20 所示。

表 4－20　最后的数据变化

部门	数据指标	统计部门	调研数据	承诺目标	4 月汇总	5 月汇总
采购部	采购准交率	PMC	20.89%	98%	80.07%	88%
	样品物料采购准交率	PMC	未统计	98%	76.20%	88.60%
	来料合格率	品管部	未统计	95%	88%	92.80%
业务部	订单样板、资料确认及时率	PMC ／采购部	未统计	98%	67.00%	98.92%
PMC	订单准交率	业务部	31.53%	95%	97.30%	100%
	生产欠料次数	制造中心	未统计	2 次	2 次	1 次
制造中心	计划达成率	PMC	未统计	98%	95.87%	98.27%
	人均小时工值	人事行政部	未统计	7/H	5.45 元/H	5.96 元/H

从表 4－20 中可以看出：

采购准交率由调研时的 20.89% 提升到 5 月的 88%；

样品物料采购准交率由 4 月的 76.20% 提升到 5 月的 88.60%；

来料的合格率由 88% 提升到 5 月的 92.80%；

订单准交率由调研时的 31.53% 提升到 5 月的 100%；

生产欠料次数在 5 月下降到 1 次；

计划达成率在 5 月提升到 98.27%；

人均小时工值在 5 月提升到每人每小时 5.96 元，相对于 4 份的 5.45 元也提升了约 9.2%。

案例五

OB 公司如何管控来料的品质

（曾教授）：案例四讲述了生产计划的实现与采购的关系，也讲到了如何管理供应商。对供应商的管理有个非常重要的内容，那就是对来料品质的管控。对于来料的品质，不能把希望完全寄托在供应商身上，我们需要到供应商的现场进行一些动作改善，下面这个案例将谈谈怎样对来料品质进行管控。

一、进驻前OB公司品质管控状况

（一）OB公司简介

OB电子实业公司（简称OB公司）是东莞的一家电子厂，成立于1995年，主要生产开门器、充电器以及报警器等电子产品，欧博项目组老师进驻的时候，这家工厂的员工有800多人。

（二）OB公司进驻前存在的问题

（1）整个GTO（电力电子半导体器件）产品是公司的一个重点产品。经常是所有物料都已经齐全，但铝管未到。好不容易催到了，经IQC（来料质量控制）检验，大部分是不合格品，要作退货处理，这款来料严重影响了产品的生产和交货。

（2）为了改善来料品质，公司也想了很多办法，也多次与供应商沟通，但都未见效果，供应商也没有信心做好。

（曾副总）：GTO 产品是 OB 公司的一个重点产品，生产中经常面临上面所讲的情况。

二、第一层觉知：铝管来料批退率的统计、分析

（一）变革前的问题

（1）企业管理人员知道铝管来料批退率很高，严重影响生产和出货，但没有对铝管品质不良的原因进行过分析，没有统计过铝管来料不良率，不清楚铝管来料不良率究竟是多少。

（2）企业管理人员清楚铝管批退率高的主要原因是铝管表面刮花、碰伤，但没有进行数据分析，不清楚刮花比例占多少，碰伤比例占多少。

：欧博项目组老师进驻以后，首先对铝管原料的批退率进行统计和分析，这也是第一层觉知。

欧博项目组老师进驻 OB 公司之前，对于铝管来料批退率高并严重影响生产和出货的问题，OB 公司的管理人员也讨论过，也提了一些改善的办法，但效果都不好。

：我发现一个现象，就是企业出现问题，企业的管理人员往往都知道，但问题究竟有多严重，具体是怎样一种状况，管理人员往往不清楚，这到底是什么原因呢？

：因为管理人员只是抱怨，但不把解决问题作为自己的责任，所以就没有认真地想要去解决这个问题。

：到底是不想解决，还是他们认为没有办法解决呢？

：应该不是不想，他们也希望来料及时而且品质好。

：如果很容易解决，他们肯定也愿意解决，他们为什么不解决呢？应该说，他们觉得没办法解决的可能性更大一些，他们试过一些解决的方法，但效果不尽如人意。曾副总，你认为这是什么原因呢？

：我觉得主要原因是他们不去现场。例如，针对供应商的改善，很多企业就是品管、技术工程人员在自己的工厂里空想，或根据经验判断问题可能是什么原因造成的，但这样分析出来的原因不一定正确，根据这个原因制订出来的改善措施往往也无效。

：凭我对很多企业的了解，我认为解决供应商来料不良的问题，以罚代管的方式比较普遍。也就是说供应商来料不良，就对他进行处罚，迫使他下一次一定要把东西做好。供应商其实也想做好，但他也没有办法解决他的问题，最后他也认罚，或者品管员、采购员出于“罚也没有用，还影响双方关系”的考虑，最后就特采，以这样的方式解决问题。

大家都想解决这些问题，但都觉得没有办法，很无奈，我认为他们没有进行数据统计是根本原因。也就是说，不是他们主观上不想，而是客观上很无奈。那么OB公司是怎么解决来料不良问题的？我们往下看！

（二）变革后的动作

问题	实施动作
铝管来料批退率数据不清楚	组织品管人员对5月、6月铝管来料批退率进行统计，得出批退率为50%
未做批退率高的数据分析	对刮伤与碰伤的数据进行统计，制定供应商铝材不良报表，来料刮花比例占28.77%、来料碰比例占21.22%

1. 统计来料批退率

：组织品管人员对5月、6月铝管来料批退率进行统计，得出批退率是50%。批退率是来料批次退货率，例如10批次的物料，有5批次是整批退回去的。

2. 统计刮伤与碰伤的不良数据

：对刮花和碰伤的数据进行统计，来料刮伤占总不良来料的 28.77%，来料碰伤占总不良来料的 21.22%，这两项加起来就已经是 49.99% 了，几乎占了所有不良来料的一半。

：OB 公司来料的问题点很集中，这便于我们采取攻关措施来解决。

三、 第二层觉知： 铝管来料碰伤刮花原因分析

（一） 变革前的问题

凭借经验分析导致碰伤、刮花产生的可能原因，也做过品质改善，但效果不明显。所以，到底什么原因导致碰伤、刮花不良率居高不下，不完全确定；到底在供应商生产、运输过程哪个环节或者工序导致，不完全确定。

：问题找到了，数据统计出来了，接下来要针对数据进行原因分析和制订改善措施。那么，我们欧博现在的做法跟他们以前的做法有什么不一样呢？我们可以看到，他们变革前的工作习惯是凭借经验制订改善措施，没有去供应商那里实地了解情况，所以不了解具体的问题。平时品管主管也去供应商那里，但到供应商那更多的是把管理人员、老板叫到一起进行沟通，不会到供应商的生产现场进行动作分析。

：这就是企业的一个很不好的习惯：事是做了，但就是没关注细节，不愿意到现场去，不愿意了解工人们的动作。我们的品管主管跟很多老板一样，把要求提出来，做得到和做不到各有奖罚，然后就寄希望于供应商给一个好结果，但实际上这样往往没有用。因为不去关注细节，不去关注现场，不去关注过程，所有

的人都只是一层一层地把要求提出来，但没有人深入现场，没有深入细节，没有关注员工的动作，这是问题长期得不到解决的根本原因。

：不错，不了解导致问题的具体原因，凭猜测制订的改善措施往往针对性不强，缺乏具体的动作，结果就只能提出一些空洞的口号。例如，向供应商提出加强出货检验、完善检验标准等无法执行或者概念性的要求，因为没有针对具体问题的办法，往往无法达到改善的效果。

（二） 变革后的动作

问题	实施动作
铝管碰伤、刮花原因不明	（1）召集供应商品管人员、生管人员及OB公司品管人员、采购、生管人员进行讨论 （2）到供应商两个厂（铝材挤出厂、阳极厂）进行现场确认 （3）通过讨论、分析、确认，总结出造成碰伤、刮花原因
碰伤、刮花原因	（1）铝管挤出切割后，未做表面保护，相互碰撞 （2）抛光时直接抽取造成拉伤表面，且未做表面保护 （3）阳极前、阳极后均未做品质检查 （4）阳极过程相互碰撞 （5）出货前无品质检查

：针对碰伤和刮花的问题，召集供应商品管人员、生管人员以及OB公司品管人员、采购、生管人员进行讨论，寻找解决办法，这是很多企业对供应商改善都会做的事情。

：这是个常规的做法，很多企业帮供应商改善品质都会有这样的动作，这实际上也是一个常规的、表面的做法。

：对，但很少有企业会到供应商的两个厂，即铝材挤出厂和阳极厂（阳极指的是表面处理也就是氧化），进行现场确认。通过讨论、分析，最后到现场找到了造成碰伤、刮花的原因。

：从找到的原因来看，是表面处理之前以及表面处理之后没有再进行检验？

：是的，阳极前没有进行检验，使明显有刮花、碰伤的铝管也被拿去阳极了。阳极后也没有检验，那就意味着在阳极过程中造成的刮花、碰伤也没有处理。

其实有些企业的管理人员也会到供应商的现场，但他不会很细致地去了解相关情况。就以碰伤、刮花为例，有经验的管理人员一看就知道，这肯定是因为防护不到位造成的。

：从碰伤、刮花的原因来看，都很简单，大概是两类，第一类是员工操作动作出了问题，像拉伤，是员工操作动作不规范、不注意造成的；第二类是该设置的检查点没有设。

：但很多管理人员以为品质标准有问题，或是工艺有问题，却不去关注这些最直接的问题点。

：他们认为问题一定没那么简单，如果这么简单的话为什么还长期存在？他们把一个结果当成了原因。

：对，我们的分析做得很细，整个生产过程到底哪一部分、哪一道工序出了问题以及员工的哪一个操作动作出了问题我们都找到了，要采取什么动作就很简单了，而以前他们之所以没有做这些动作，原因就是他们没有到供应商的生产现场去观察员工的操作。

四、第三层觉知：形成问题改善的具体动作

（一）变革前的问题

：凭借经验制订改善措施，但是因为没有到实地了解情况，所以不是很了解具体的问题点，不了解导致问题点的原因和具体的产生环节，往往制订的改善措施针对性不强，缺乏具体动作，只提出一些较空洞的口号。无法针对具体的问题，也就无法达到改善效果。

（二） 变革后的动作

问题	实施动作
切割后刮花与碰伤	（1）切割完成后用胶框和胶卡分根分层摆放，防止在运输中损坏 （2）切割过程轻拿轻放，把铝屑吹干净 （3）阳极后产品与产品之间进行隔离
抛光时直接抽取造成拉伤表面	（1）推动管：先使用自动抛光机→尼龙轮→细麻轮 （2）定位管：先使用人手抛光机→尼龙轮→细麻轮 （3）抛光取管方式不能抽取，抛光过程用胶框和胶卡分根分层摆放，防止损坏 （4）每两根打一次抛光蜡
阳极前后无品质检查及过程刮伤与碰伤	（1）阳极之前增加100%全检外观，将不合格品返工抛光，不能返工的报废处理 （2）阳极之前全检时灯光换40W，光源距离1米 （3）阳极过程轻拿轻放，避免碰撞 （4）阳极后产品与产品之间隔离
出货前无品质检查	（1）出货检验时，规定一条管分两人检查，每人检查五分之三长度 （2）与供应商确定检验标准

1. 对切割后刮花和碰伤采取改善措施

：针对切割后刮花和碰伤的问题，切割完以后用胶框和胶卡分根分层摆放，防止在运输过程中损坏，而且切割过程要轻拿轻放。同时一定要把铝屑吹干净，因为如果有铝屑粘在铝管上，一碰就容易刮花。阳极后产品与产品之间要进行隔离。图5－1、图5－2是改善前后的对比。

图5－1 改善前

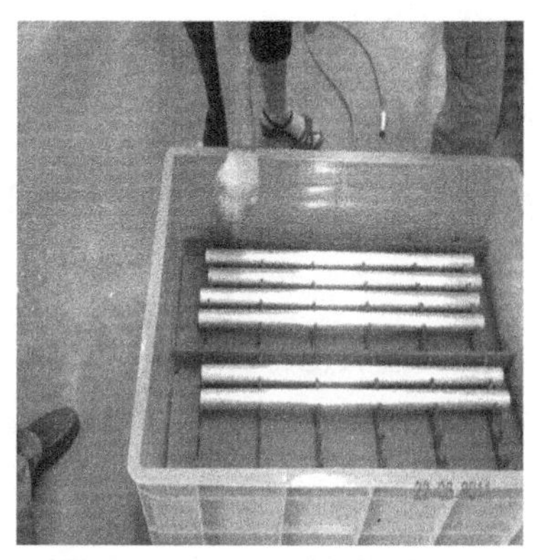

图 5－2　改善后

：改善后主要是不要让它们直接接触。

：原来铝管是堆在一起的，搬运时就很容易刮花。

：其实把铝管隔开摆放很简单，就是买一些筐，在这些筐里放一些隔板，然后分层，非常简单。我认为这样的方法他们想不到或者不去想，是很奇怪的事情，这样的方法不需要很高的智商，那他们为什么不去做呢？

：很简单，就是他们没有到现场去真正地察看，没有跟进整个过程。其实我们的老师到现场后就是带着品管人员，一个点一个点地察看整个生产过程，看问题到底出在哪里。

：原来那些人没有人静下心来，没有抱着一定解决问题的心态到现场看。首先主观上就觉得这个问题解决也行，不解决也行，甚至觉得这个问题可能没那么容易解决，所以即使到了现场也不会那么傻傻地待着看，自然发现不了这些细节问题。

2. 对抛光时造成的拉伤采取改善措施

：抛光时直接抽取造成拉伤表面，针对推动管，先使用自动抛光机，然后使用尼龙轮（是抛光时使用的一种工具），最后使用细麻轮。针对定位管，要求先使用手动抛光机，然后再用尼龙轮，最后用细麻轮。

：哪些用自动抛光机，哪些用手动抛光机，都做了细分，因为不同的铝管要采取不同的抛光方式，以前可能没有这样的细分。

：对，包括抛光的顺序也做了细分，对使用什么材质的抛光工具都做了明确的规定。抛光的取管方式也不用抽取，直接拿起来就行。

：因为已经分格，而不是堆放。分格摆放时自然也不用抽取了。

：抛光过程，用胶筐和胶卡分根分层摆放防止损坏，然后每两根要打一次抛光蜡。

：这道工序有时候工人觉得挺麻烦的，甚至这么摆放他都觉得挺麻烦的，为什么呢？以前是放成一堆，丢进去，抽出来，很方便。现在要一根一根地摆。工人会认为麻烦且没效率，工人有这样的想法怎么办？

：他们是不太愿意做，不过有这种想法，让他们做一次就知道有没有效率了。

：也就是说实际上没有耽误太多时间。反过来，如果造成各种刮花、造成各种拉伤，返抛更加浪费时间，而且也没法算他的工资。所以有时候员工也存在这样的问题，他们跟管理人员一样，也以为原来的做法效率更高、更方便，但就是不知道分开摆放，改善后减少了返抛工序，提高了效率，而且也提升了品质。

3. 阳极前进行品质检查

：针对阳极前后无品质检查及过程中刮花与碰伤的问题，要求供应商在阳极之前对外观进行全检，100%的全检外观，所有准备阳极的成品、半成品都必须进行全检，没有刮花、碰伤才可以进行阳极。另外，将不合格品返工抛光，不能返工的就作报废处理。

：这里有一个问题，就是工人往往认为真正有问题的铝管数量很少，例如100根里头可能有几根，但是全部进行检验，对效率的影响就太大了，这也可能是他们原来没设检查的原因。还有就是铝管的总量那么多，检查出少量有问题的铝管，工作要停顿，会浪费大量的时间，他会觉得不值得，没有必要，甚至有人会说："凭经验我大概也能看出来有没有问题，干吗要那么认真地一个一个检查呢？"

我带中山大学总裁班去日本考察时发现一个现象，日本的邮局跟我们的邮局一样，对寄送的东西有一个重量规定，例如达到某个重量以上是一种收费标准，在这个重量以下又是一种收费标准。日本人有一个很"笨"的动作——有些东西明显不超重，像有些信封就装一两张纸，放在手上一掂量就知道它不可能超重，不可能按超重标准来收费，但即使这样，日本人也一定要把它放到称上去称一下。

这事在中国，肯定不会这么做，手一掂就知道它一定不超重，为什么还要称？偏偏日本人就不这样，对每一封信件，哪怕用手能掂得出来重量范围，他也一定要走这道程序，要做这个“称”的动作。我们很多总裁表示不理解，觉得真是在浪费时间。那你觉得这件事情说明日本人和中国人到底有什么区别？

：我觉得这个动作更多的是让员工养成一种按照规定做事的习惯，因为邮局有这个规定，不管是不是可以判断它超重还是不超重，都一定要称一称。

：首先是养成按规定做事的习惯；其次，经常那么掂，恰好掂到那个临界点，左也可能右也可能的时候，你觉得没问题，结果有可能就是超重了。你习惯性掂，哪怕 100 次里面有一两次超重，你都觉得无所谓。但对于很多的生产过程来说，一两次失误就可能会造成很大问题，养成了习惯，不去堵住问题，造成的后果将是非常严重的。

我记得以前中山有一个企业项目就是这样，就因为一个小小的配件，好像那个配件才 1 元，就因为没有严格把关，最后产品出口到欧洲，造成的赔偿是一百万元。大家觉得这个东西只是 1 元，而且问题也不是很严重，但实际上最后造成的损失却非常严重。工人如果没有养成严格按规定做事的习惯，后果是非常严重的。

：阳极之前全检时灯光换成 40W，光源距离 1 米，这样会看得清楚。阳极过程要轻拿轻放，避免碰撞。阳极之后产品与产品之间要进行隔离。这就是阳极厂所做的一些改善，如图 5 – 3、图 5 – 4 所示。

图 5 – 3　阳极厂改善后现场图（一）

图5－4　阳极厂改善后现场图（二）

：从图5－3和图5－4可以看到，用胶筐和胶卡，铝管被隔离开来，同时阳极完成之后，每一根铝管都用报纸包起来。

：送给客户的时候还要包好再送过去，避免在运送过程中碰撞。以前他们没有这么做，是直接把铝管堆起来。

总之，改善就是增加了一些麻烦的动作，但不是高难度的动作，可是这些麻烦的动作他们原来都没有做，不愿意做，甚至怀疑做这些动作就能够解决这么严重的品质问题吗？但事实上就是如此。

4. 出货前进行品质检测

：针对出货前无品质检测问题，在出货检验时规定一根管由两人检测，每人检查五分之三的长度，这样保证不会出现问题，而且与供应商明确检验标准。

：表5－1对刮花在多长范围内可以接受，同一可见面内有几个可以接受，每根容许有几处刮伤或者碰伤等都做了明确的规定。

：也不是绝对不能刮花，有些刮花还是可以接受的。

：但这个刮花的长、宽、高要在一定范围之内，也就是大小一定要控制。而且一根铝管内只能有几处这样的刮花，不能超过范围。

表 5－1　外观铝管的检测指标

OB 科技电子实业有限公司	文件编号：		版次
文件名称：铝管检测指导书	产品型号	MM200/350/500/PRO2000	A
工序名称 ：外观检测	工序号：		1

1. 检测工具：

名称	规格
色板	铝管颜色样板
灯光	500～800lx
距离	≤30cm
角度	30°～45°

2. 铝管颜色检测：铝管颜色需符合颜色上下限样板

3. 铝管外观检测标准：

序号	不良现象	直径 Φ	大小（mm）				每根容许数≤	间隙≥	同一可见面	参考图示
			长≤	宽≤	高≤	100mm2≤			YES/NO	
①	刮伤（在铝管长度方向）		2	0.2	－0.15		2	15	NO	
			8	0.2	－0.15		1			
②	碰伤（在铝管直径方向）		5	0.2	－0.15		1			
③	结合线			0.05	－0.1		1			
④	砂眼	0.1	100		－0.15	10	2	100	NO	
⑤	凸点	1			+0.1		2	100	NO	
⑥	打磨痕		20	0.2	－0.15		2	15	NO	

备注：

－（负）：表示凹面

+（正）：表示凸面

每款样板均有参考样板提交供应商和 IQC 参考比较

编写		审核	日期	批准	日期

：就是要让供应商把握一个度，如果要百分之百没有任何问题也做不到，就是告诉他还得把关，但掌握一个度就可以了。

五、 第四层觉知：刮花与碰伤不良攻关动作的执行过程

（一） 变革前的问题

：变革前的做法是不对供应商进行现场评价，从不检查供应商的动作。管理人员可能去过供应商那里，也跟供应商确定了一些动作，但是确定完之后、要求完之后，就像曾教授讲的“要求了就行了”，至于供应商做不做那是他的事情。

：就是要到供应商那边去进行现场检查，一般的企业只是要求供应商自己去做检查，但现在不是这样，而是我们直接去做检查，检查得更细了，也是给供应商树个榜样。

（二） 变革后的动作

问题	实施动作
有规定不执行、无频繁检查	由攻关组长每周三下午组织采购员、供应商管理人员到供应商生产现场进行检查

：由 OB 公司负责解决这个问题的攻关组长（我们成立了以品管部为首的攻关小组）每周三下午，固定用半天的时间组织 OB 公司采购、供应商管理人员到供应商生产现场进行检查，检查之前规定的动作都做了没有，每周三去一次。

：简单的事情真要做到位还真不容易。

：确实是，到供应商现场做检查的照片如图5－5所示。

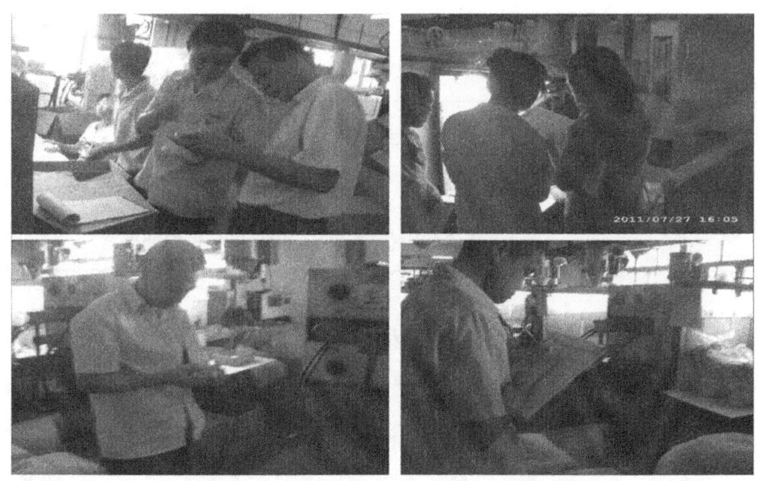

图5－5　到供应商现场做检查图片

：欧博的老师也会陪着去吗？

：会陪着去，那个时候我们有一个固定的老师，专门抓这件事情，每周三老师都会跟着OB公司的管理人员一起过去。

六、第五层觉知：攻关过程反复的总结与评价

（一）变革前的问题

（1）每天知道铝管来料不良，但对不良的原因未进行总结与分析。

（2）每天知道有刮花与碰伤不良品，但对不良的原因未进行数据分析与总结。

（二）变革后的动作

问题	实施动作
改善后未反复总结，凭感觉评价或不评价改善效果	（1）每天对来料情况、数据进行小结 （2）每周进行攻关总结并奖罚 （3）对供应商违规行为进行乐捐处理

：这里的违规行为不是指我们对供应商的考核，而是 OB 公司的管理人员，包括欧博项目组老师到供应商那里发现供应商没按照事先定下来的动作执行，我们就要对供应商的管理人员、老板进行乐捐。乐捐单如图 5－6 所示。

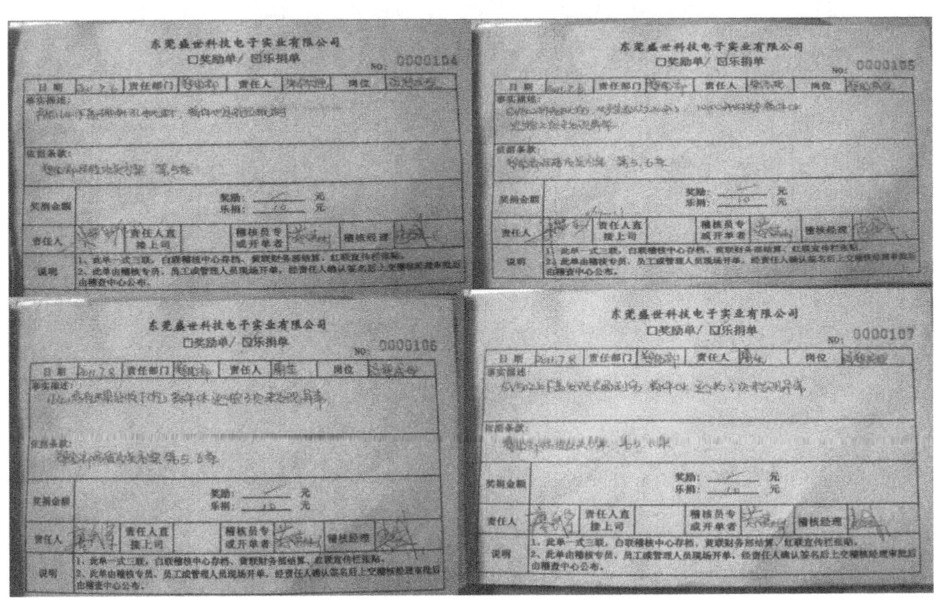

东莞盛世科技电子实业有限公司
□奖励单/ ☑乐捐单
NO: 0000104

东莞盛世科技电子实业有限公司
□奖励单/ ☑乐捐单
NO: 0000105

东莞盛世科技电子实业有限公司
□奖励单/ ☑乐捐单
NO: 0000106

东莞盛世科技电子实业有限公司
□奖励单/ ☑乐捐单
NO: 0000107

日期 | 责任部门 | 责任人 | 岗位
事实描述：
依据条款：
奖励金额 奖励：＿＿元 乐捐：＿＿元
责任人 | 责任人直接上司 | 稽核员专或开单者 | 稽核经理
说明 1、此单一式三联，白联稽核中心存档、黄联财务部结算、红联宣传栏张贴。
2、此单由稽核专员、员工或管理人员现场开单，经责任人确认签名后上交稽核经理审批后由稽查中心公布。

图 5－6　乐捐单

：不仅仅处罚企业，还要直接处罚供应商的管理人员。问题是哪个人造成的，就直接处罚这个人，就好像其直接参与供应商的管理一样。

直接参与供应商的管理活动，供应商这边的管理人员会有很多情绪，他们会不满，认为你既不是我的老板，又不是我的上司，你只是我的客户，凭什么参与到我具体的管理活动当中来，还要给我开罚单。

：这要跟供应商的老板提前沟通。

：那老板为什么能接受别人来管理他的工厂呢？

：他的产品批退率这么高，帮他管好了，他的扣款额就降下来了，他当然愿意了。

七、 变革后的数据变化

表 5－2　批退率公关前后变化表

攻关前：批退率 50%				
攻关目标：批退率 20%				
周期	**来料批次**	**不合格批次**	**不合格率**	**数据变化**
第 26 周	15	4	26.67%	↓23.33%
第 27 周	16	4	25.00%	↓25.00%
第 28 周	14	4	28.57%	↓21.43%
第 29 周	20	0	0	↓50.00%
第 30 周	12	0	0	↓50.00%
合计	77	12	15.58%	↓34.42%

：从表 5－2 可以看到，第 26 周来料的不合格率是 26.67%，第 27 周是 25%，第 28 周是 28.57%，然后到第 29 周、第 30 周时，直接为 0。

：这是一件很奇怪的事情。不是说数据降到了多少，而是差不多一个月的时间，这个问题就彻底消失了，我想这是供应商想都不敢想的。

：那个时候欧博的老师、供应商与 OB 公司的人，包括 OB 公司的老板都没有想到问题能够这样解决。

这个供应商跟 OB 公司老板的关系非常好，以前遇到批退、来料不良的问题，他就会给OB公司老板打电话，OB公司老板就放他一马。所以最后的结果出来后，不管是供应商的老板，还是OB公司的老板都非常惊讶。

：这是一种很意外的结果——能够杜绝不合格批次。在我们的头脑当中，把批退率降下来就已经不错了，因为原来的批退率高达50%。我们原来给供应商设定目标时，就想能降低30%就行，达到20%已经很不错了，没想到竟然能杜绝。他们原来为什么连目标都不敢定太高？

：因为大家觉得做得再好，还是有问题的，觉得这个问题是不能杜绝的。

：可见，在我们管理人员的心目中，认为这些改善动作不可能那么有用，即便有用也不可能彻底解决问题。对问题他们总是有一种恐惧感，哪怕这种恐惧感能减轻，他们还是觉得不可能彻底失去这个恐惧，好像留一点恐惧放在身上才有安全感。说实话，大多数企业的管理人员就是这样。

：也可以这样讲，这是给自己留一点退路。

：也就是说，他更多的不是留一点恐惧感，而是给其他人造成一点恐惧感，甚至给老板造成一点恐惧感，他认为让老板时刻担心着比较好。如果老板百分百不允许错误，认为就不应该有错误，那管理人员就麻烦了。

：这样他们会有压力并承担责任。

：所以实际上现在很多企业弥漫着什么？弥漫着烟幕弹，这个烟幕弹就是恐惧感，从老板到管理人员到员工都认为有一些问题是正常的，没问题是根本不可能的。我们对问题采取了这种容忍的态度，这跟日本的管理相差很远。

日本人有武士道精神，在他们的心目中，犯错好像就是天大的事情，而我们则认为犯点错是没问题的，犯很大的错那就要深究了。大家总觉得错肯定是要犯的，这是一种很莫名其妙的心态。

这个案例数据变化那么大，可我真没有看到什么好的动作，我说的“好”就是一般人想不到的东西。我甚至觉得这个案例不太有什么代表意义，为什么？因为没有什么了不起的动作，就是员工的摆放、搬运，然后多检查一下。这些简简单单的事，把困扰供应商和其他企业的问题彻底解决了，你觉得这说明了什么？动作这么简单，方法这么简单，但是又能彻底解决问题，而他们之前却没有做，你觉得这个案例的精髓在哪里？它究竟要告诉我们什么？

：告诉我们大量的品质问题，特别是中小企业现在所面临的这些问题，有 90% 是可以通过管理手段解决的，它不是技术或者工艺问题。

：这个说得还是抽象了一点，我觉得应该明确地说，90% 以上的品质问题是可以简简单单解决的。简单到什么程度？简单到不可置信，简单到谁都想得出来。分开摆放谁都想得出，谁都想得到，这就是简单的含义，而问题就在于你想得到，不代表你就这样做了。你觉得做出这些简单的动作究竟要靠什么？

：靠我们欧博项目组老师的一种信念，为什么呢？因为我们做了这么多家企业的项目，我们深信，复杂的问题背后往往是简单的原因。我们有经验，我们之前的项目企业也碰到过类似的品质问题，也是这样解决的，所以我们知道这样做肯定有效果。

：**第一源于我们的信念。**欧博项目组老师做这一类的案例做得太多了，被很多企业讲得天花乱坠的问题，我们最后都用很简单的动作解决了，这首先就是经验或者说是信心的问题。**佛家讲做什么事情都要有“信、愿、行”，信是第一位的，就是你要有信念、有信心，不要把问题看得很复杂。**欧博项目组老师做了这么多项目，解决了这么多品质问题，其实就是抓一抓员工的操作，抓一抓现场摆放，抓一抓运送，抓一抓这些很简单的问题，很多所谓的品质问题就能解决。

：甚至所谓的行业难题都能解决。

：之所以行业难题都能解决，第一是过往的案例给了信心，那么第二点呢？

：第二点是欧博的老师和企业的管理人员有一个区别，就是对企业的管理人员来说，这个问题解不解决他都在企业做，但是如果欧博的老师不能解决，那么企业是不付咨询费的，所以我们必须解决这个问题。

：也就是说，**欧博的工作是要用钱来衡量的，**什么叫用钱来衡量？就是究竟改善了什么，改善了多少，这是衡量欧博工作价值的一个标准。而很多企业的人可能觉得上班下班就可以了，上班 8 小时也好，几百个小时也好，是不是解决了某个问题不是衡量他工作的标准，而上下班是不是准时、上下班的状态成了衡量工作价值的标准。这是第二点，也就是说，欧博项目组老师是去做项目的，压力还是非常大。

我想这里面其实讲到了第三点，也是最关键的问题，就是**遇到问题别只是想，要去看，要去现场看，要去做。不要老想来想去，**因为一想就复杂，一看就简单，所以要用“觉”来代替想。这是欧博提倡的一种精神，叫作觉知。这也是佛家的一个精髓，叫“佛者觉也”。

说来说去，**我们要去觉，而不是去想**。觉是什么？觉就是观，观在这里就是现场的看、听、说、做。很多品质问题，到现场看，看不明白，多看几次、多看几天，或者一个人看不明白，大家一起来看，一起来讨论，就会发现，其实问题很简单。看，就能把问题看简单；想，只能把问题想复杂。

看到问题以后，找到了动作以后，接下来最重要的是什么？

：这就是第四点，检查、执行。

：动作很简单，但是动作做下去并不简单。

：对，因为这种简单的动作，只有不停地做，最后才能产生效果。

：这个动作是很简单，但是，把这个动作做到位并不简单。**动作简单是指想起来很容易，但是抓到位不简单，做起来不容易**。为什么说想起来很容易，做起来又不容易呢？这里面的原因是什么？

：因为频繁，就是这一个简单的动作一定要不停地做，反复做，坚持很长时间才能产生效果。

：**要真正产生效果，就要坚持**。因为改变员工的操作动作以后，他可能不习惯，又会倒退回去，那么你就要不断地检查。

想起来容易，做起来难，因为想的过程中他心里可能不难受。例如你告诉员工这么做，他想一想不觉得难受，但做起来他就难受了。为什么？做法跟他的习惯有冲突，而且他经常想，这样做有没有用啊？

所以，在做的过程中，人的一些坏习惯就开始产生影响了。要把这个坏习惯改掉，就只有频繁地检查、频繁地总结、频繁地激励。这里我又要提出一个问题，很多企业的人特别喜欢跟员工做思想工作，你觉得改变一个人的习惯是做思想工作有用还是频繁地检查更有用？

：频繁地检查，肯定是频繁地检查。

：从人的本意来讲，没有谁想把企业弄垮，所以跟管理人员、跟员工讲那么多道理，他也不是不懂，但是懂的事情，他们不一定就能做。

像抽烟的人都懂得抽烟不好——抽烟伤身体，但他为什么戒不掉呢？因为这不是一个想法的事，习惯是每天养成的，要改掉就得每天坚持。抽烟的习惯是每天形成的，那么想让他戒烟，就得让他每天戒，最后养成一个不抽烟的习惯，这就是佛家说的如来——怎么来的，怎么去。

坏习惯是慢慢的、一天一天养成的，要改掉它就得慢慢的、一天一天地去查。通过这种反复查，反复抓，改掉我们工作中的坏习惯。

案例六

CY 公司如何控制外发、缩短生产周期

（曾教授）：接下来，我们再介绍一个如何管控物料外发的案例。

很多企业有外发业务，也就是自己提供物料，让别人来加工，然后又返回来自己用。外发业务的管控是很多工厂非常头痛的问题，因为外发厂不是自己的生产车间，往往很难控制和指挥。所以，我们将通过下面的案例来讲讲怎样对外发厂进行管控。

（曾副总）：下面我向大家介绍一个如何通过外发管控来提高订单准交率以及缩短生产周期的案例。

一、进驻前 CY 公司的状况

（一）企业简介

中山市 CY 电器有限公司（简称 CY 公司）是一家集贸易、研发、生产为一体的灯饰制造企业，年产值将近 2 亿元，员工 800 人左右。

2001 年 4 月，公司通过 ISO9002：1994 质量体系外审，并获得英国高宝质量体系认证公司颁发的证书。2003 年 7 月，CY 公司顺利取得 PCT 国际质量产品认证。2004 年 2 月，“TINKO”图形商标成功注册，并获得中华人民共和国国家工商行政管理总局商标局颁发的商标证书。

（二）进驻前 CY 公司存在的问题

（1）订单准交率低，生产周期长，客户对交货延期抱怨非常严重。

（2）采购、外发周期长，欠料严重，直接影响装配效率，拉长生产周期。

1. 订单准交率低，生产周期长

：我们欧博项目组 2008 年进驻 CY 公司进行调研时，发现 CY 公司存在订单准交率低、生产周期长、客户对交货延期的抱怨非常严重的现象。CY 公司的老板跟我们说他们的生产周期大概是 60 多天，而行业的标准周期应该是 30 天左右。在 2004 年，他们的生产周期是 40 天。现在企业变大了，交期却越来越长。

：这是一个普遍现象，很多企业不仅做得越大，交期越长，而且做得越大，赚钱越少。

：利润越来越低。

：不仅是利润率越来越低，而是利润额越来越少。

我认识一位家具企业的老板，他说企业年产值为 8 千万元的时候，他一年能赚 2 千万元。那时候，家具行业是国内少有的几个暴利行业，他的企业利润率将近 30%。后来企业年产值达到 1.5 亿元的时候，一年盈利却才 5 百万元。企业年产值 2 亿多元的时候，他竟亏损了 50 万元。他很困惑，企业越来越大，但是不赚反赔，他不清楚究竟哪里出了问题。

2. 采购、外发周期长

：采购、外发周期长，欠料严重，直接影响装配效率，拉长了生产周期。

：在这里生产周期长主要还是外发厂造成的。工厂欠料问题也很严重，而欠料问题又主要是由于采购和外发业务，最主要的是外发业务没有控制好。

二、第一层觉知：订单准交率和生产周期的数据统计

（一）变革前的问题

知道订单准交率低的问题，但未统计订单准交率和生产周期的数据，所以到底一个月准交多少张单，未准交多少张单，不知道；哪些单准交，哪些单未准交，不是很确定！每张单的交期多少天，不完全确定；未准交的订单延误多少天，不确定。

：我们做了这么多家企业的项目，他们的问题都很相似，CY 公司变革前的工作习惯也是没有统计数据。

：托尔斯泰说："幸福的家庭个个相似，不幸的家庭各有各的不同。"我们可以把他的这句话颠倒一下："不幸的企业个个相似，成功的企业反而各有不同。"不成功的企业都有相同的毛病：大家一天到晚稀里糊涂，都凭感觉在做事，不做数据统计。

（二） 变革后的动作

：欧博项目组老师进驻之后，统计了 CY 公司全年 12 个月每月的订单准交情况（如图 6－1 所示），发现全年共生产 1064 单，准交的只有 326 单，全年订单准交率只有 30.64%。

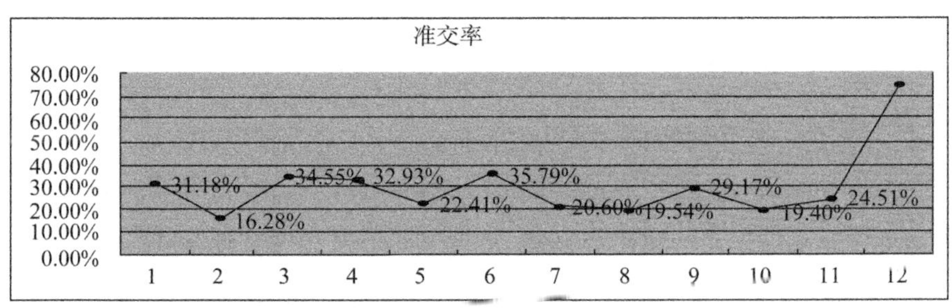

图 6－1　CY 公司年订单准交率统计表

同时把他们的订单一张一张拿出来，统计客户要求的时间以及公司的实际交货时间。发现公司生产周期全年平均 62 天，同时要求业务部开始制订订单准交率统计表，后续统计每一张单是否准交以及交货周期有多长。

：让他学会算账。

：对，首先学会了解自己的情况，就像了解自己有多少钱一样。

三、第二层觉知：订单准交率低和生产周期长的过程分段统计

（一）变革前的问题

凭借过往经验确定采购以及外协交期长是主要问题，但不进行订单交期分解，不对订单处理过程进行分段，不统计实际的采购和外协周期。所以，订单处理过程的时间到底是多长，不能确定；除了采购和外协，其他部分是否拉长了生产周期，不完全确定！采购和外协拉长了多少天的生产周期，不完全确定。

：知道了订单准交率与生产周期，那么影响订单准交率与生产周期的具体因素是什么呢？大家不清楚，只是凭印象觉得是采购和外协拉长了生产周期。

他们以前不进行订单的交期分解，也就是不清楚从接到订单到技术资料分解需要多少天，技术资料分解完成之后PMC下物料购单需要多少天，采购接到物料请购单到下采购单需要多少天，也就是不去统计每一环节的实际天数。

：企业方接到订单时，应该进行订单交期分解。比如客户要求30天交货，那么要把这30天进行一个合理的分配，例如技术部门给资料需要多少天、采购下单需要多天、物料回来需要多少天和生产需要多少天，生产时，第一个车间需要多少天、第二个车间需要多少天、第三个车间需要多少天等，都要进行一个时间的划分，进行一个过程的分段。

我们欧博经常讲一句话，叫作“单位划小，控制更好”。你每天数钱，保证你对钱的使用率会高很多，要不然你糊涂地用钱，什么时候用光了都不知道。

这些都是很简单的道理，但为什么他们以前没有做这些事呢？

：因为这样统计确实比较麻烦，而且大家觉得没有必要，觉得这样统计了又能怎么样呢？

：男同胞不太喜欢数自己钱夹里面还有多少钱，女同胞会经常数，看看自己

当天用了多少钱。我听说有些女同胞（经济条件拮据一点的）会把今天买酱油花了多少钱、买盐花了多少钱、买扫帚花了多少钱，都一一记在账本上，而男同胞绝对不会，这什么原因呢？

：因为他觉得这不是一个男人应该做的事情。

：男同胞对自己有个定位，觉得这样做影响他的身份。在企业做管理的恐怕也是这样，认为作为领导，作为管理者，做事不能那么小气，应该大气一点。很多男同胞也是这样，觉得自己是个爷们，爷们就应该大气一点。所以要他这样数钱，他觉得不爽。说来说去，是企业的人有不好的习惯。

企业的人有什么不好的习惯呢？做什么事情喜欢凭感觉，觉得好受就去做，觉得不舒服就不做，哪怕该做也不做。让他把订单处理过程一个一个分时间段，然后一个一个统计——把一件事情搞得那么烦琐，他很抗拒，这跟他的习性是矛盾的。

：对，所以一张订单各个过程的时间到底是多长，大家不确定。除了采购和外协，其他部分是否拉长了生产周期，大家也不知道；如果采购和外协拉长了生产周期，拉长了多少天大家也不知道；这六十天的生产周期，有多少是外协拉长的，大家都不是很清楚。

（二） 变革后的动作

：针对变革前的做法，欧博项目组老师进驻之后，就和 PMC 一起统计并跟踪部分订单处理过程各阶段的时间，如表 6－1 所示。欧博项目组老师、管理人员先拿 2～3 张订单统计每一阶段所需的时间，发现影响订单周期的环节首先是物料需求的下达，即物料的需求要 5 天的时间。常规来讲，2～3 天足够了。

表 6－1　订单处理各过程的周期时间

部门				外贸部	PMC部	采购部			品质部	采购部	仓务部	采购部	仓务/采购	采购部			品质部	装配部
计划单号	客户	款数	交期	外贸下单1天	物料需求5天	采购下单3天	五金交坯22天	外厂粗坯8天	检验及发坯1天	外协送货6天	备料报欠1天	补坯及清完16天	异常处理1.5天	玻璃交期15天	其他辅料交期15天	装灯0.5天	总装3天	清尾4天

：这很奇怪，接到一张订单，搞清订单需要的产品、需要什么样的物料要用5天的时间，犯得着用这么久吗？

这5天是什么原因造成的？是仓库有那么多物料要数，数不过来，还是账面上没法真实反映，还是BOM表（物料清单）不清楚，然后还要临时去技术部门把BOM表弄清楚呢？

：**主要是压单**，就拿采购下单或者说PMC做物料需求为例，都是“单”压了很长时间所致。

：就是接到单以后，放在手头，不着急下，不着急去做这件事，因为他认为拖两天没关系。他觉得他手头还有别的活要干，这种情况很普遍。

：甚至有时候人们都会忘记手头还有这张单，等业务员追的时候，他才发现，原来还有一张单没安排。

：这说明他们一直在没有任何压力的情况下工作。采购人员工作没压力，认为工作抓紧一点也行，松松散散做也行。下一个采购单都要3天，也太离谱了。

：五金交坯是22天，这个相当于黑坯的采购。黑坯就是五金件，最原始的五金件，由供应商送过来。

：粗坯就是没有经过电镀处理的，不能直接用，要拿出去外发电镀。

五金粗坯的供应商要22天才能交货，这个生产周期也太长了，应该根本不需要这么多天，正常十来天应该够了。为什么实际需要那么多天呢？

：采购不跟进，没有压力。供应商也没有压力，采购员把单发过去就完事了。

：我听说这家供应商实际上也是这个老板占了一定股份的另外一家厂。

：是的，两家企业隔得不远。

：隔得也不远，还是老板自己投资的另外一家厂，也就是说还不是求人的事，老板自己还是管得了的。但对方还是拖了那么长时间，为什么？因为对方没有压力，时间拖长一点他们无所谓。最后老板也觉得没有办法。

：对。影响交期的还有补坯及清尾。这个补坯及清尾主要针对电镀件。

：就是五金粗坯回来以后，再发出去电镀，完成电镀后送回来，但回来以后发现数量不够，然后又补，重新补又要16天。

：就是把这张单所有的尾数，需要电镀的外发的尾数全部追回来，使之全部齐套还需要这么长时间——16天。

通过这样的分解，我们知道了核心问题点到底在哪里，而且我们也搞清楚了每一个核心问题点到底影响了生产周期多少天。接下来，我们要了解为什么这些动作要花这么长时间。

四、 第三层觉知： 延长交货周期重点过程的动作分析

（一） 变革前的问题

1. 供应商未及时交货原因不清楚

凭借经验确定采购或者外协周期长的主要原因是供应商未及时交货，未及时交货的原因是供应商产能不足、工厂采购单价低、工厂付款不及时等问题，但不愿意进行实际问题的统计，不进行流程动作的了解，所以采购问题有多严重，不确定！采购问题到底产生在哪个环节，往往回答是供应商！采购内部工作有无问题，回答往往是绝对没有问题！

：为什么采购时间长，外协周期长？他们的回答是因为供应商不及时交货。采购员首先把责任推给供应商，说供应商交货不及时。这与供应商的产能不足，CY公司给的单价太低，CY公司付款不及时有关。而采购单价低、付款不及时又是工厂老板的问题。

：最终问题到了老板头上。

：到最后老板成了冤大头。

我遇到过这样的企业，因为客户把货柜车开到工厂，在厂里停了三天，老板知道后气得要死，他把计划部、生产部、仓库、采购部负责人全部叫来，然后对那些经理说："我现在要被处罚 5 万元，你们每个部门给我平摊这些钱。"

可是计划部说："我早就做计划了。"业务部说："我早就下单了。"生产部说："接到计划我就去领料了。"仓库说："没料，采购没回来我有什么办法。"采购说："我一天催五次，但供应商说都不想做我们的单了，因为我们老拖他的款。"最后老板说："是我的事，我的责任，你们都没事。"这就是很多企业存在的普遍现象，事情错了，所有的人都没错，最后是老板错了。

事实上也是老板担责任，因为不管怎么样，最后他肯定要付罚款，只不过他没有办法把罚款分摊到每个人头上去。

后来我们去查了延迟交货的细节原因：采购未及时下单，延误了一个星期；回来的物料仓库未及时发料，又延误了一个星期……诸如此类问题不一而足。

：因为之前管理人员或者采购人员不愿意进行数据统计，不愿意进行流程动作的分解，所以大家都可以把责任往供应商身上推，最后推到老板头上，使问题长期得不到解决。采购人员自己有没有问题呢？采购往往会说他们肯定没有问题，他们做采购都做了这么久了。

：就像很多管理人员所说的，是下属的执行力有问题。制度都订了，方案也对，也和下属讲了，下属就是不执行，他也没办法。这些管理人员就不知道，执行是检查出来的。供应商也一样，采购不去管他，哪有好的供应商。

：接下来我们看看企业在具体操作动作上存在的问题。

2. 订单评审流于形式

：企业原有的订单评审动作流于形式。订单评审只是评审生产能不能做，物料能不能到。但是物料什么时候能到，不评审；生产什么时候能够完成，也不评审；各部门工作什么时候能够完成，也不评审。

：也就是说，这个评审只评审生产部门能不能生产出来产品？

：对，只评审能不能生产出来，能不能达到技术要求。

：时间不评审，物料也不评审。各个部门聚到一起，不谈各自的实际问题，评审当然走形式了。实际上，很多企业也有订单评审，也会问各部门有无问题，但每个人都说没问题。明明有问题，都说没问题，他们为什么敢这样说呢？

：因为他们知道最后他们不用承担责任。

：他们知道，即使出了问题，老板也奈何不了他们。

在评审会上，要说有问题，大家还会追问到底是什么问题，说不定自己还要承担责任，回去解决问题。说没问题，开完会就走，多轻松！还有些企业干脆就没有订单评审这个动作，大家会都不用开，面都不用见。每个人都觉得每天做事，每天上下班就对得起良心了。

3. 订单处理无标准时间

订单处理没有各部门动作的标准完成时间，处理一张订单，各部门的工作应该什么时间完成，不确定！订单应该多少天交货，不确定！

：订单处理没有各部门动作的标准完成时间，例如 PMC 做物料需求计划应该需要多少天，没有一个标准，谁也不知道应该是多少天。

：就是每个人做事都没有时间观念。

4. 采购下单时间长

：采购的下单时间长，有个采购员接到请购单后，将请购单放在抽屉 3 天，欧博项目组老师去查才发现忘了，此时这张订单已被压了三天。

5. 无黑坯采购进度跟进

没有黑胚采购进度跟进，采购员没有每天的日任务，采购员每天应该干什么，自己说了算！各订单黑胚能不能按时回厂，不确定！黑胚五金厂每天应该给什么，给多少，不确定！

：这说明第一员工做事的随意性很大；第二没有明确的标准，包括任务的标准。有单就下，没单就没事。这跟我们前面讲的采购案例很类似，所以说不幸的企业非常相似。

6. 各订单物料是否齐全不确定

> 各订单物料是否齐全不进行确定，总装上线物料欠不欠料，不确定，只有等到总装上线领料才知道到底欠什么物料。

：很多企业都是这样，所有的问题都会在最后的总装或包装工序暴露出来。所以，很多企业都有这样的现象，包装、总装工序白天没事干，因为上工序的产品传不下来，工人白天就只能等。等产品传下来了，也到了晚上。于是工人们常常干到深夜，甚至通宵，这样的事经常发生。

为什么会这样？因为上工序产品好不容易流下来了，工人们就忙着做，做着做着发现还欠尾数，于是又到前面催，催回来以后，又开始做……一天天、一年年，这样的事情经常发生，工人们经常打疲劳战。

最后，员工流失率很高。我发现很多企业，总装或者包装员工的流失率特别高，与这个非常有关系。

：工作量不是很大，但工作时间却拉得很长。

：没计划，就只能打疲劳战。工作量不大就意味着收入低，打疲劳战就意味着身体扛不住。收入低，又有损健康，谁干？最后，就只有走人了。

7. 电镀件掉件问题严重

> 电镀件经常掉件，导致尾数，但是掉了多少，需要补多少，不确定；什么时候能够补回，不确定。

：因为CY公司是做外单的，主要客户在欧洲、中东，所以也只有等到货柜车到门口了，要装货了，才知道还差件。

：五金粗坯拿出去电镀以后，拿回来时经常发现少数。而且拿回来时可能还没数，在总装时才发现数量不够。拿回来随便数一下还好，还可以马上到电镀厂去催，或者可能有的东西丢在电镀厂了，还能找到。而到总装的时候发现电镀的东西少了，最后跑到电镀厂那边找可能都找不着了。找不着怎么办？找不着又得重新去采购粗坯，采购回来又得去电镀，然后再拿去总装，时间就拖得非常长，难怪他们补坯及清完要16天。

：所以，变革后的做法就是：统计采购准交率只有35%，月补胚件数即补件的数量在38980PCS、月补件金额是45952.18元。

针对上述问题点，我们确定了调整动作。

（二）变革后的动作

问题	实施动作
(1) 订单评审只是评审生产能不做，物料能不能到。但是物料什么时候能到，不评审；生产什么时候能够完成，不评审；各部门工作什么时候能完成，不评审 (2) 没有各部门处理订单标准完成时间，一张订单各部门的工作应该什么时间完成，不确定；订单应该多少天交货，不确定	1. 订单评审 (1) 推行新订单评审表，每次评审要求各职能部门回复工作的完成时间，生产部回复车间完成时间，采购部回复物料齐套时间 (2) 讨论明确的订单标准交期（31天），明确各部门动作的标准周期
采购下单时间长，采购员接到请购单后，将请购单放在抽屉3天，欧博项目组老师查到才发现忘记了	2. 采购下单 必须在规定时间内完成所有的采购下单，接到PMC每一张请购单，采购必须在一个工作日内完成采购单的下达
没有黑坯采购进度跟进，采购员没有每天的日任务，采购员每天应该干什么，自己说了算，各订单黑坯能不能按时回厂，不确定；黑坯五金厂每天应该给什么，给多少，不确定	3. 五金交坏 (1) 制订采购管制表，计划员每天根据跟进情况进行更新，明确每款物料的采购进度情况 (2) 采购部长在每周的星期五制订采购内部的周交货计划；在每日下午16：00前，制订并下发第二天各采购员的采购日计划 (3) 每天根据采购周交货计划，制订黑坯五金厂的日交货计划，并发给黑坯五金厂 (4) 要求所有采购员在交货前3天和交货前1天两次与供应商确认生产进度和交期 (5) PMC和采购部每天早上召开采购进度跟进会议，核对采购进度 (6) 与黑坯和电镀厂签订协议，没有按交期达成，分批次进行货款的扣罚

续表

问题	实施动作
各订单物料是否齐套不进行确定，总装上线物料欠不欠料，不确定！只有等到总装上线领料才知道到底欠什么物料	4. 五金交坯物料 （1）PMC每天制订日备料计划给仓库，日备料计划提前总装上线2天 （2）划分专门的备料区，上线的每张订单一个区域，仓库每天根据套料单提前2天实物备料，提前发现欠数，提报欠料单 （3）制订备料看板，每天仓管员进行更新，明确需上线的每一张订单的物料状况 （4）每天在生产协调会上针对欠料，要求采购员回复欠料交期
电镀件经常掉件，导致尾数，但是掉了多少，需要补多少，不确定！什么时候能补回，不确定	5. 外发电镀 根据备料情况和总装入库情况制订日清尾计划，当天欠数必须当天开始补

1. 订单评审

：原来的订单评审只是评审生产能不能做，现在推行新的订单评审表，**每次评审要求各职能部门回复工作的完成时间，生产部回复车间完成时间，采购部要回复物料齐套时间，**如表6－2所示。

表6－2　订单评审表

<table>
<tr><td colspan="8">编号：</td></tr>
<tr><td>客户名称</td><td></td><td>国家地区</td><td></td><td>订单号</td><td></td><td>预定交期</td><td></td></tr>
<tr><td>接单日期</td><td></td><td>品名规格</td><td></td><td>单价确认</td><td></td><td>实际交期</td><td></td></tr>
<tr><td>部门</td><td colspan="4">项目或问题说明</td><td>完成日期</td><td>责任人签名/日期</td><td>其他</td></tr>
<tr><td rowspan="2">外贸操作部</td><td colspan="4">（1）内部初审要做成什么，特殊要求是什么，什么时候要求交</td><td></td><td></td><td rowspan="2"></td></tr>
<tr><td colspan="4">（2）各部门在评审中需要业务部完成的事项</td><td></td><td></td></tr>
<tr><td rowspan="2">研发中心（ERP资料及新灯要求）</td><td colspan="4">（1）能不能做，怎么做，难点是什么</td><td></td><td></td><td rowspan="2"></td></tr>
<tr><td colspan="4">（2）技术资料提供的完成时间</td><td></td><td></td></tr>
<tr><td rowspan="2">品检部</td><td colspan="4">（1）要求做成什么样，品质标准是什么，根据以前的经验，将会产生什么异常，如何进行预防</td><td></td><td></td><td rowspan="2"></td></tr>
<tr><td colspan="4">（2）品质标准的制订完成时间</td><td></td><td></td></tr>
</table>

续表

采购部（瓶颈物料交期回复）	（1）瓶颈物料是什么，何时能供，能供多少			
	（2）瓶颈物料解决的决议			
生产部	（1）能不能按照要求做出来，瓶颈工序是什么，产能预估是多少，是否需要做夹具配合			
	（2）产能预估承诺			
计划物控部	（1）整体能不能按照要求做到，什么时候上线及交货			
	（2）决议的跟进			
备注：				
评审结论：		**签名：**		**日期：**

：表6－2跟企业之前使用的订单评审表相比，在格式上可能会不一样，但整体思想是一样的。各个部门在进行订单评审的时候，必须确定本部门工作的完成时间。

：第一，给出一个时间标准；第二，把问题先暴露出来，好去解决，并确定到底由谁去解决。因为有些事情也不是一个部门就能解决的。大家有话先说，然后把标准定下来，按照标准走，不打糊涂仗。

2. 明确订单处理过程中各段的准确周期

：针对订单处理的各部门没有动作的标准完成时间，要讨论、明确各个动作的标准周期，明确各部门的标准周期，如表6－3所示。

表6－3　订单交期分解表

部门				外贸部	PMC部	采购部			品质部	采购部	仓务部	采购部	仓务/采购	采购部	品质部		装配部	
计划单号	客户	款数	交期	外贸下单1天	物料需求3天	采购下单1天	五金交坯8天	外厂粗坯8天	检验及发坯1天	外协送货6天	备料报欠1天	补坯及清完6天	异常处理1.5天	玻璃交期15天	其他辅料交期15天	装灯0.5天	总装3天	清尾2天
制表：											审核：							

：从表6－3可以看到，相对于之前统计出来的实际时间，现在的时间缩短了。

：PMC在物料需求下达的时间上压缩了2天，只有3天。特别是五金粗坯，采购回来的时间原来是22天，现在是8天，减少了14天。采购下单原来是3天，现在只给他1天时间。补坯及清完原来是16天，现在压缩成了6天。

原来22天现在变成8天，原来16天现在变成6天，这样安排那些部门主管同意吗？是强压下去的还是他们心甘情愿接受的？

：前期就是强压，没条件可以谈。

：压任务，总得有原因，有理由。

：第一个原因是同行的标准交货周期就是30多天；第二个原因是到现场以后，我们了解到很多时候都是拖沓造成的。例如电镀回来的东西，当时没有清点，到总装的时候发现差件再去补，毫无疑问时间就拖长了。

所以，把时间点一个个找出来，去掉多余的时间，然后定一个合理的时间，他们是能够接受的。

：以同行的生产周期为标准，然后强压任务是可以的。另外还要找到时间延长的原因。所以，做管理还是要掌握细节，包括重新给他们订标准、定任务时，也得把他们原来做不好的一些细节问题找到，他们才会心服口服。这样生产周期就是30几天了。

这个时间标准比原来的整整压缩了一半，是通过对细节的了解，进行压缩的。一开始企业的人也认为做不到，死活不干。

：一开始确实没办法，只能压。表6－3的下半部分是每一张订单评审后的各部门标准完成天数。按照这个天数，我们要对各部门的真实完成情况进行考核，表6－3也是我们在这家工厂稽核时最关注的一张表。

：很简单，但是很有用。不过大家要注意，生产周期并不能将表中的各个时间加起来，因为有些工序是平行作业的，所以真正算下来的话，大概是30几天。

：32天左右。针对采购下单，要求必须在规定时间内完成所有的采购下单，意思是采购必须在规定时间内把订单传给供应商，不能拖延时间，这也是稽核重点检查的内容。

：那要拖延了呢？

：直接进行处罚。

：你怎么知道他有没有拖延呢？

：首先，PMC将申购单发给采购，有一个时间点。其次，采购有没有把申购单发给供应商，也有时间点。稽核根据这个时间点去检查，就知道他有没有拖延时间了。

：计划部的物控员，首先把物料需求计划，或者申购单发给采购，采购签名。什么时间收到的，这个时间就有了。然后，什么时候安排下去的，这个时间肯定可以查到。把这两个时间点查一查，就知道他有没有拖延了。

另外，我们的稽核部也会经常去督促。这家企业首先成立了一个专门检查执行问题的部门，就是稽核部。

3. 规范黑坯采购员的工作任务

：针对没有黑坯采购进度，采购员每天不知道干什么，给采购员定一个任务，第一，制订采购管制表，计划员每天跟进情况并进行更新，明确每款物料的采购进度情况，如表6－4所示。

：从表6－4我们可以看到每天到底有哪些采购单，这些采购单哪些在采购员那边，哪些在供应商那边。我们还可以看到下单时间，供应商回复的交货时间、第一次跟进时间、第二次跟进时间和采购最终确定的齐料时间。

：**也就是先把采购员要做的动作详细地规范下来**，分解到每一天，这样采购员就知道他每一天应该做什么。以前，很多企业的采购员工作很随意，而且因为都很有背景，无人能管。

：一般来说，企业的采购工作不是老板娘管，就是老板很信任的人管，下面的采购员也都是跟老板关系不错的人。

第二，采购部长在每周五制订采购部内部的周交货计划，明确下一周到底有哪些货要回工厂。在每天下午16：00前，制订并下发第二天每一名采购员的采购日计划，如表6－5所示。

表 6－4 黑坯采购管制表（部分）

生产通知单号：CY055　　　　下单日期：　　　　外协日期：

序号	订单号	产品名称	配件名称	用量	颜色	数量	订购量	备品量	供应商	下单时间	交期回复	实际交齐日期	外协数量	外协日期	供应商	交期回复	第一次跟进	第二次跟进	齐料时间
	玻璃类																		
1	CY055	61122	61122 D60×H80mm 直筒玻璃罩侧 3－D5mm 孔均布	4	黑色奶光	84	1416	100	西江										
2	CY055	61122	61122 D60×H80mm 直筒玻璃罩侧 3－D5mm 孔均布	1	奶光	216	2316	200	西江										
3	CY055	61122	61122/1S－L L130×W70×T5.0 平板玻璃（钢化）	1	黑色透明玻璃，单面印黑油	120	120		佳富										
4	CY055	61122	61122/1S－L L130×W70×T5.0 平板玻璃（钢化）	1	清光玻璃，单面印白油	216	216		佳富										
5	CY055	61122	61122/2S－L L300×W70×T5.0 平板玻璃（钢化）	1	黑色透明玻璃，单面印黑油	108	108		佳富										
6	CY055	61122	61122/2S－L L300×W70×T5.0 平板玻璃（钢化）	1	清光玻璃，单面印白油	204	204		佳富										
7	CY055	61122	61122/3S－L L480×W70×T5.0 平板玻璃（钢化）	1	黑色透明玻璃，单面印黑油	108	108		佳富										
8	CY055	61122	61122/3S－L L480×W70×T5.0 平板玻璃（钢化）	1	清光玻璃，单面印白油	204	204		佳富										
9	CY055	61122	61122/4S－F L280×W280×T5.0 平板玻璃（钢化）	1	黑色透明玻璃，单面印黑油	84	84		佳富										
10	CY055	61122	61122/4S－F L280×W280×T5.0 平板玻璃（钢化）	1	清光玻璃，单面印白油	120	120		佳富										
11	CY055	61122	61122/5S－L L760×W70×T5.0 平板玻璃（钢化）	1	黑色透明玻璃，单面印黑油	84	84		佳富										
12	CY055	61122	61122/5S－L L760×W70×T5.0 平板玻璃（钢化）	1	清光玻璃，单面印白油	120	120		佳富										

表6－5　采购日计划

采购日计划　　月　　日							
序号	订单号	产品名称	配件名称	用量	颜色	数量	备注
1							
2							
3							

：每天有哪些配件要回来，采购员要把相关信息填进表6－5中。

：采购日计划和采购管制表有什么区别，有采购管制表了，为什么还要采购日计划？

：采购管制表是一张总表，采购管制表和采购日计划的区别相当于主生产计划跟日生产计划的区别。

：相当于生产计划方面的主计划和日计划的区别，主计划是一个总的，采购管制表也是一个总的，所有给采购部门的物料，其状况都在采购管制表里体现。

采购日计划是采购员每天的工作任务，例如明天张三要做什么，李四要做什么，各采购员的日计划等于是从采购管理制表里分解出来的。

：对。第三，每天根据采购周交货计划，制订黑坯五金厂的日交货计划，并发给黑坯五金厂。也就是提前告诉黑坯五金厂明天要的东西，让他们提前一天排查，看看有没有问题，能不能明天交货，通过这样的方式保证黑坯五金厂有明确的日计划。

：对于五金黑坯或者五金粗坯，以前是下了单以后，就等它回来。现在下单以后，还要跟进中间过程，还要提前并明确告诉供应商，明天要回什么，后天要回什么，清清楚楚地规定他们每天要送什么。

：这个其实就相当于黑坯五金厂针对CY公司的一个日交货计划。

第四，要求所有采购员在交货前3天和交货前1天与供应商确认生产进度和交货日期，这里为什么是3天和1天呢？因为我们规定五金交坯的整个周期是8天，跟进两次就可以保证了。

：20天以上的供应周期，要提前10天开始跟进。

第五，PMC和采购员每天早上要召开采购进度跟进会议，核对采购进度。其实也是核对采购管制表，因为每天采购员更新完采购管制表之后都要把它交给

PMC 的物控员，物控员每天早上就拿着这张表并参照上线时间，跟采购员一个物料一个物料来核对，检查物料进度正常还是不正常。

：欧博在企业里有个重要规定就是**每天必须召开生产协调会，就是计划部和生产部门之间的协调会，目的是了解生产情况。**有些企业还推行了每天的物料对单会，或者物料协调会。就是当物料存在特别严重问题时，每天计划部门和采购部门要沟通，核实解决一下，遇到异常及时进行处理。每天要有一次沟通，会议时间不要太长。

：其实这也是物控员监督采购员的一个动作，发挥横向制约的作用。

：这样的会不要开成问题讨论会，这个会议的主要目的是检查进度，下达任务，快速处理异常。所以对问题不要做太深入的原因分析，因为深入的原因分析可以通过案例分析会、异常处理会进行，每天常规性的会议时间应该压缩。

：第七，与黑坯和外发电镀厂签订协议，没有按交货日期完成的，要分批次进行货款的扣罚。

以前他们有这个扣款的规定，但扣的很少。因为和电镀厂也合作了这么多年，电镀厂老板又跟 CY 公司的老板很熟，采购员说交货晚一点要扣款，电镀厂老板就给 CY 公司老板打电话，说这一批就算了吧，下一批一定保证交期。CY 公司老板一想，也是，真要罚款，他也拉不下这个脸。所以电镀厂这边就养成了一种拖的习惯，交不了货，就给 CY 公司老板打个电话，也不需要承担什么责任。

4. 确定订单物料是否齐套

：针对五金交坯各订单物料是否齐套，无人知道，上线物料欠还是不欠，不提前确认的问题，第一，要求 PMC 每天制订日备料计划发给仓库，日备料计划提前总装上线 2 天。

这里的备料计划，不是总装的生产计划。它是 PMC 专门单独做的一个备料计划，相当于仓库每天的日备料任务，这个计划比总装上线提前 2 天。CY 公司有一个规定，就是所有的物料一定要在总装上线前 2 天回到工厂。所以，第二就是日备料计划要提前 2 天做，然后划分专门的备料区（以前没有备料区）。

上线的每张订单都有一个专门的备料区域，订单涉及的所有物料都放在这个区域。仓库每天根据套料单提前 2 天进行实物备料，以提前发现欠数，及时提报欠料单，这样就还有 2 天时间追欠。

：等于在总装前有一个非常重要的控制点，因为总装之前所有的物料必须在备料区那边汇总。这个汇总所有物料的地方就是一个非常重要的控制点，通过这个控制点，我们可以检查接下来要装的东西都齐了没有。如果没有齐，我们可以往前面追，看什么时候能够回来，把相关情况搞清楚。

：很多企业没有备料区，CY 公司以前也是如此。以前 CY 公司的物料属于自然流动，其实很多家具厂、五金厂，那种长工序的企业，也经常是这种自然流动的方式。

什么叫自然流动呢？就是不对着出货来，前工序有什么，交下来什么，后工序就做什么，物料的流动完全是随意的，没有标准，没有控制。

那么，我们现在设立一个备料区的目的是什么呢？其实就是设立一个控制节点。在这里，我们要对物料的流动顺序和时间进行一次控制。

：对流动顺序、物料的配套性、总量是否达成进行控制。就像我们前文讲的 ZG 公司案例一样，在总装之前设了一个控制点，来检查物料的配套性，然后通过排查往前追；在涂装之前又设了一个控制点，这个控制点也是查物料的齐套性。所以，我们要在段和段连接的地方设立控制点。

在连接的地方设置这样的一个控制点，可以检查物料是否齐套，检查要生产的产品是不是有尾数。所以，我们就要在几段之间设几个这样的控制点来进行排查，使物料完全齐套。

：就像我们排队走路一样，在中途设立几个节点，大家走到这里可以重新整一下队。

：实际上很多企业没有这样做，产品一路流下去，最后到了包装工序，才发现有问题，出不了货。

：讲到这里，可能很多企业就会问了，又是设置控制点，又是排查，不是让物料的流动速度更慢了吗？其实如果做得好，这种流动是很快的，是不需要等待的流动，并且物料的配套性也好，还能有保证。

但现在很多中小工厂都不这样做，好像是为了让物料快速流动，但流到后面，它的配套性就没法保证了，这样生产周期会拉得更长。与其这样，还不如在中间人为地把物料流动的速度降一降，也就是进行一次“整队”。

：那种自然流动产生的高效率是一个假象，为什么？因为到最后总装不出来，包装不了，没有办法交给客户。半成品堆在车间，客户要的货却出不来，这样的效率是没有用的。因为只有把货发给客户，对方才会付钱。你不能告诉客户说货已经到前面几个车间了，已经快交给他了，这样客户会把钱交给你吗？不可能。所以自然流动产生的高效率是没有用的。通过配套好像减缓了物料的流动，但最终的效率却提升了。

：第三，制订备料看板，每天仓管员要进行更新，明确需上线的每一张订单的物料状况。其实也就是把日备料计划写到看板上去，让采购员、物控员每天直接看看板，了解、掌握备料的进度。

第四，每天在生产协调会上针对欠料，要求采购员回复欠料交期，如表6－6所示。

表6－6　套料欠料明细表

套料欠料明细表													
PMC/采购部									日期：				
序号	生产通知单号	生产订单号	产品型号	物料名称	物料编码	颜色	订单数量	实际需求数量	已备料数	欠料数	采购交期回复	物料进度跟进	备注
制表：									审核：				

：通过表6－6，我们可以看到每一个生产订单号已备了哪些物料，还欠哪些物料，采购员回复的交期是什么时候，针对欠料的追踪进度等。这些情况还要在生产协调会上通报，有异常马上要求采购员解决。

5. 确定电镀件尾数

：电镀件经常掉件，导致尾数，但是掉了多少，需要补多少，不确定。针对这个问题，我们根据备料情况和总装入库情况制订日清尾计划，要求当天欠数必须当天开始补。

其实电镀件回来之后，就要进行点数，这样就不用等到总装完成之后才进行清尾。

在备料的时候发现欠料，马上开始补，这样生产周期就缩短了。

五、第四层觉知：攻关动作必须要求反复查

（一）变革前的问题

> 随意检查或者不检查攻关动作是否执行，检查也没有结果记录和数据统计，不关注每一次动作执行的好坏，每天的每一个改善动作是否执行，不确定。

：动作制定出来了，不代表大家就按动作要求做了，我们还必须进行反复检查。

：我真想问一下，为什么企业对检查这么忽视？我们欧博在企业推行了很多动作，这些动作之所以能发挥作用，其原因就在于我们非常重视检查。那为什么企业那么反感检查，或者说那么忽视检查呢？

：首先这是长期养成的一种习惯。我跟管理人员沟通的时候，发现他们在讲话的时候会自然流露出一种心态，就是他要求了，就代表员工执行了，他要求了；等于他的工作基本上完成了，员工就会执行。

：也就是说，很多人不认为检查是自己的事。他们认为自己跟下属说了，做不做就是下属的事，不认为是自己的事。

：是的，他认为他的工作到这里基本上就可以了，不需要再往下走了。

：这些管理人员把工作分成两段，第一段是把计划做出来，把要求定出来，把标准订出来。第二段，该别人执行了，那不是他的事了。

：其次就是检查确实需要每天进行，很多领导忙没时间，像采购部部长，他不可能每天去检查每一个采购员的每一项动作，他确实做不到。

：企业原来没有设专门负责检查的部门，这就是我们欧博要设立稽核部的原

因。大家都忙不过来，我们就成立一个部门，专门负责检查工作，什么都可以查。查会议决议有没有执行，查制度有没有执行，查计划有没有执行，查任务有没有完成……

可能很多老板会说，这样做要增加多少人，要增加多少人工成本啊？成立稽核部会不会造成很高的成本啊？

：其实这个成本并不高，像一般 200 人左右的企业，稽核员是 2 名；像 500 人左右的企业，稽核员大概 3 ~ 4 名；1000 人左右的企业，可能会有 6 名左右。当然成本可能会增加，但实际上增加得不多。

另外，稽核部对于很多企业来说，就相当于企业的一个培训部门。我们在做的很多项目，当稽核员能够胜任稽核工作之后，他都可以调到车间当车间主任了。这家企业就有一名稽核员直接调到另外一个厂任厂长了。

：实际上，我们要把稽核检查看成是一家企业内部正常的培训活动，因为检查意味着训练。如果从事情角度来看，这么频繁地检查是高成本；如果从人员管理角度来看，它是低成本的，为什么？因为把员工的行为规范好了，做什么事情都顺利，反而降低了管理成本。

企业培训也是有成本的，因为要有专门的培训部门，要请专门的培训老师，要花培训的时间，员工要来听课，这都是成本。而且这种培训往往跟员工实际的工作还相差很远，外面老师的讲课内容跟员工动作不相关，跟员工所做的事情不相关，这样的培训还没有好的效果。

所以我觉得最好的培训是对员工习性的训练、习性的改变。这种培训在什么地方完成？只有在员工实际的工作中。

：对，在作业过程中去完成。

：稽核检查的意义就在于，当发现员工违反制度、规定或标准操作动作的时候，告诉他这样做不行，帮他调整过来。若他还不改，再查他，再帮他调整，多调整几次，他就能改过来了。按照好的方法来做，他的效率就会大幅度提高。所以可能这种检查对这件事的意义不大，但对人的意义却很大。

稽核从人这个角度考虑是低成本的管理，从事的角度考虑是高成本的管理。当然从事情的长远角度考虑，它也是低成本管理。这就是需要不断检查的原因。

企业不愿意接受检查的原因也很简单：不查别人，自己舒服一点。因为查别人就意味着也被别人查，不被别人查，当然舒服一点。说实话，很多企业的人是又想把工作做好，又不想自己太累。

：又想轻松，又想把事情做好。

：说他不想把事情做好，那是假的；说他想太累，也是假的。他就不知道，要把事情做好，就得辛苦一点，而且，辛苦成习惯以后也不累。

企业不愿意检查还有一个原因，这个原因可能大家忽视了，什么原因呢？就是很多老板，特别是中小企业的老板，**不希望在企业里面把大家的关系搞得很紧张，不希望下属有很多的矛盾和冲突**。他总觉得办企业就该是大家开开心心的，然后自己又能赚钱，那有多好！

以前很多企业，大家在一起开开心心就能挣到钱，为什么？因为那时市场机会多，企业没有压力，即使管理松散，老板也能赚到钱。但现在市场机会少了，管理不严格怎么能产生效益呢？

以前松散，现在严整，从松散到严整，这个过程肯定会伴随一些矛盾和冲突。所以，只有把矛盾冲突慢慢常规化，让企业的人慢慢适应这种紧张的工作节奏，这种认真的工作方式，企业才能够产生效益。

当然，我们要把矛盾冲突降到最低，降到理想的状态。

老板的这些想法跟员工的想法类似，员工又希望轻松、又希望把活干好。老板希望大家一天到晚很和睦，企业又能赚钱。在目前的情况下这些想法都是不现实的。

所以两难的时候我们只能够抓住重点。

（二） 变革后的动作

：变革后的做法以订单评审和采购工作为例：

（1）PMC 对各部门承诺的每一张订单的完成时间进行检查。

（2）稽核部对各部门承诺每一张订单的完成时间进行检查。

（3）PMC 和仓库对每一款物料的到料时间进行检查。

（4）采购主管对每名采购员日计划达成进行检查。

（5）稽核员对物料到料时间、采购日计划和采购管制表更新，对备料动作进行检查。

：这就是我们中国古话经常讲的：“螳螂捕蝉，黄雀在后。”做事的时候总有一个人在后面盯着，那他做事的效果是不一样的。

：积极性不一样。PMC和仓库要对每一款物料的到料时间进行检查，这是横向控制。采购主管对每名采购员日计划的达成要进行检查，这是行政控制。稽核员对物料的到料时间、采购日计划和采购管制表更新，对备料动作进行检查，这是专项检查。

：既有平行部门、相邻部门或者说相邻工序的互相检查，又有由上而下的行政检查，还有稽核部门的全面检查。也就是说，我们的检查工作是一个体系化的、系统性的工作。

六、第五层觉知：攻关动作必须反复总结和评价

（一）变革前的问题

：变革前的工作习惯是每天不统计数据，每天不去看动作效果，凭感觉评价或者不评价每天动作改善的效果。

（二）变革后的动作

（1）每天对采购员采购日计划的达成以及物料到料时间是否达成进行考核。

（2）对订单评审各部门承诺的完成时间进行考核。

（3）每天对物料到料时间、采购日计划和采购管制表更新、备料动作未按规定要求完成事项，乐捐2元/次。

（4）每周对各部门的稽核执行率进行排名，在每周二变革例会上进公布。

（5）对黑坯五金厂的交货情况进行考核；通过每天的数据统计和考核，发现订单准交率有提升，生产周期有缩短，但是仍未达到要求，主要原因在补坯和清尾，清尾计划无法完全控制。

：提升订单准交率的第五个动作是**攻关动作必须反复总结和评价。**

：每天都要考核，每天有奖有罚，很多企业的采购员会不适应。

：一开始的时候不太适应。

每周对各部门的执行率进行排名，排名情况在每周二的变革例会上公布。对黑坯五金厂的交货情况进行考核。通过每天的数据统计和考核，发现订单准交率有提升，生产周期有压缩，但是仍未达到我们的要求，主要原因还是在补坯和清尾。其实清尾日计划是做出来了，但尾数总不能按时回来，这是个问题。

：这就讲到我们的重点了，补坯和清尾，就是对外发这一块的控制。

：怎么控制呢？

七、第六层觉知：补坯和清尾未完全控制的原因分析

（一）变革前的问题

（1）知道电镀件有问题，周期长，也知道主要是尾数问题，但是尾数到底如何产生，不完全确定！

（2）电镀件无专人跟进，无人明确知道电镀件的进度情况。

（3）电镀件回厂后没有全检和全点，只有仓库进行来料检验，但是电镀件到底回厂多少，合格情况如何，不确定！

（4）尾数无专人跟进，尾数订单到底进度如何，不确定！什么时候回厂，不确定！

：这个地方，我要提个问题。其实委外和采购有类似之处，对很多企业来讲，

都是由别人来处理物料，然后返回到工厂。但是据我了解，很多企业觉得委外加工这一块，比单纯的采购要难得多，这是什么原因呢？

：首先，外发是企业自己要能够给别人东西。这不像采购，是供应商自己购买原材料。

：外发是企业要把东西给别人，加工完再返给企业。这样外发厂就会找理由。什么理由？东西没及时给他。

：或给的数量不够。

：给的数量不够，给的时间不够，这是我们外发时经常遇到的情况。确实有时候是拖了外发厂的时间，也就是说这个过程比采购复杂一些，中间有一个相互推责任的地方。

（二）变革后的动作

动作	问题	实施动作
补坯和清尾	电镀件无专人跟进，电镀件无专人明确知道进度情况	（1）在采购部设置电镀件科长，专门负责外发电镀件的采购进度和异常处理，并长驻电镀厂处 （2）电镀科长每小时在供应商处检查电镀件的进度情况
	电镀件回厂后没有全检和全点，只有仓库进行来料检验，但是电镀件到底回厂多少，合格情况如何，不确定	设立全检全点小组（11人），针对每一批电镀件进行全检和全点
补坯和清尾	尾数无专人跟进，尾数订单到底进度如何，不确定！什么时候能够回厂，不确定	（1）明确规定，全点全检小组发现欠数后，2小时内反馈给采购员，采购员当天必须将补数的订单下给黑坯五金厂，尾数黑坯第二天早上到工厂，第二天上午下班前必须外发电镀厂，第三天早上尾数必须回厂 （2）成立尾数跟进小组，工作原则：货不回，人不回。异常48小时之内必须解决；推行电镀件“先扣后补”原则，有效控制供应商掉坯和重复补坯现象

：针对电镀件无专人跟进的问题，在采购部专门设置了一个电镀件的科长，专门负责外发电镀件的采购进度和异常处理。以前没有专人负责，外发的工作由一个原材料采购员管。现在将他的工作分离出来，专门设一个电镀件科长，

并且这个电镀件科长不在本厂作业，而在电镀厂进行作业。

：这就有两个特点了：第一指定了一个专人，这个专人还不是一般的职务，是科长职务。CY 公司以前不一定有专人管电镀件，可能是今天你跟，明天又由他跟，属于采购的一部分。现在设了专人管，而且级别提高了。第二这个人一直在外发厂办公，依然属于 CY 公司的人员，这就为电镀件跟进提供了组织上的保障。

：电镀科长在外发厂就可以每小时检查一次电镀件的进度情况。通过频繁地检查，电镀科长可以清楚地知道订单到底做到哪里了，是准备上挂了，还是已经在电镀了，或者还是已经下挂完成全检了。原来电镀件回厂后没有全检和全点，只有仓库人员进行来料检验，现在设置专门的全检全点小组，针对每一批电镀件进行全检和全点。

：这个全检全点小组的人数不少，有 11 人。有些老板又会认为，这么多人不合算。

：相对于返工成本，这合算多了。

：以前这道工序拖了 16 天，返工成本、时间浪费都很大。

：还有空运费，客户扣款。

：其实很多老板真的只是看得到了显性成本，看不到隐性成本，这是很糟糕的。

：针对尾数无专人跟进，明确规定全点全检小组发现欠数之后，必须在 2 小时之内反馈给采购员，采购员当天就必须将补数的订单，就是这些尾数的采购单，下给黑坯五金厂。因为这个补数不是直接给电镀厂，而是要从头开始买原材料回来补，所以要下达到黑坯五金厂，并且是当天下达。

今天发现欠数，今天补数的采购单就必须下下去。尾数黑坯第二天早上就要回到工厂，第二天上午下班，也就是中午 12：00 之前，针对这个尾数订单，必须外发出去，重新送到电镀厂，第三天早上尾数必须回厂。

：发现欠数以及补数，再外发，再回来，顶多给三天。

：对，因为我们评估过，这个做得到。

针对尾数无人跟进的情况，成立专门的尾数跟进小组。工作原则就是货不回，人不回。异常48小时内必须解决，推行电镀件“先扣后补”的原则。

“扣”是扣款，“补”是补数。很多电镀厂，假如发给他100个，他发回来的时候只有90个，那么有10个是需要补数的。但是如果先不扣掉这10个的钱，然后就补给他，等于说实际给了他110个，到最后再扣款的时候，往往就扣不了了。

推行电镀件“先扣后补”的原则，是为了给供应商压力，包括给外发厂压力。只要少了数，就把款先扣下来。

：以往是把数补给他以后，例如100就变110以后，再去跟他谈扣款，那个时候就很难谈了。

：甚至以前都没有记这个数，不知道给了外发供应商多少，外发商也不认这个账。

：难怪以前出现这种情况外发商都觉得无所谓，因为不扣他的钱，不要他负责。只要他出现欠数，企业就给料，他就帮你做。工作过程中，电镀件丢了或出了问题，他都无所谓。

现在不行了，电镀件一回来就点数，数不够，马上就罚他的款，那他肯定就很重视了，就会注意不要再出现这种情况了。

：他就重视少数的问题了。

：也就是东西发过去之前，先点数，回来以后又点数。那边电镀科长会跟进，会频繁点数。这个过程中，电镀件的数量一直是被监控的。

：对，数量很清楚。这样就等于是给外发商压力了，就等于告诉他、要求他也要控制尾数问题，这样就能有效控制掉坏以及重复补坏的现象。

：重复补坏就是补完以后又发现少数？

：对。例如，企业给了100个，回来90个，然后又给10个，又只回8个，又要给2个。

：一直在给，没有一次弄准的，中间总要出现掉数。以前不用承担责任，外发厂就经常这样。但现在不是了，因为他要承担明确的责任，他就会主动去控制。

八、动作完成后数据的变化

：这些动作全部做完了之后，我们可以看一些数据发生了变化（如表6－7所示），数据变化很明显。

表6－7 变革前后数据变化表

项目＼变化情况	变革前	变革后	变化情况
订单交期	62天	32.1天	缩短了29.9天
订单准交率	30%左右	96.79%	提升了66.79%
清单达成率	73.68%	110.1%	提升了36.454%
月补坯金额	45952.18元	8736.54元	下降了37215元，下降了80.98%
补坯数量	38980PCS	13689PCS	下降了25291PCS，下降了64.88%

案例七

BJH 公司如何通过 PMC 运作提高订单准交率

（曾教授）：前面我们已经介绍了六个案例，这六个案例讲的都是生产计划或跟生产计划相关的内容，如物料管控、采购。总的来说，这六个案例讲的都是长交期产品的计划管控。很多企业都有短交期产品，接到订单后只有5～7天的生产时间，或更短，这个时间包括了把物料买回来的时间。接到订单5～7天就要出货，甚至3天就要出货的这一类企业，它的生产计划有什么特点？又怎么做好它的生产管控呢？

（曾副总）：接下来我向大家介绍深圳一家短交期企业如何快速清理尾数，提高订单准交率的案例。

一、进驻前BJH公司的状况

（一）公司简介

深圳市BJH科技有限公司（简称BJH公司）成立于2005年，是集笔记本电脑电池、适配器、移动电源的研发、生产和销售为一体的高新科技计高新科技企业。BJH公司拥有员工240多人，年产值1.2亿元。图7－1是这家企业的产品图片。

（二）进驻前企业存在的问题

（1）订单交货不及时，销售人员天天抱怨，PMC人员处于麻木状态、生产人员天天加班赶货，车间成品、半成品到处都是。

（2）行业竞争压力大，客户对交期已有很大抱怨，影响接单份额。

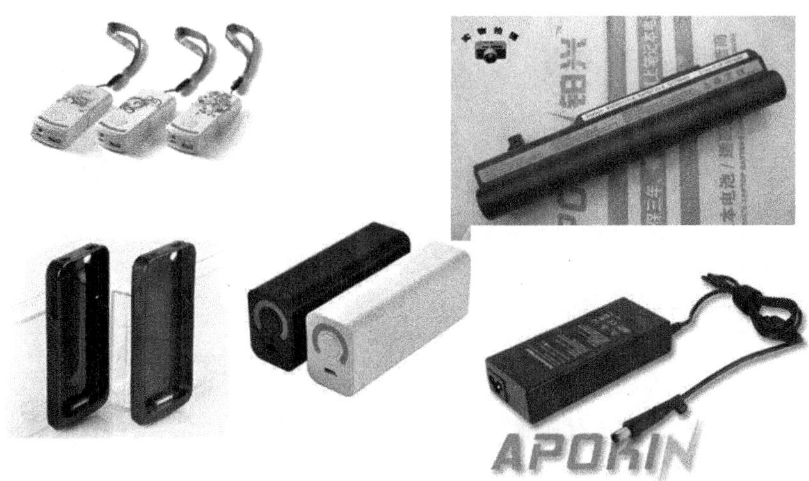

图 7－1　产品介绍

1. 订单交货不及时

：这里简要介绍一下这家企业的订单特点，它的订单跟前面介绍的那些企业有些不同。这家企业的订单特点是批次多、批量小，一天可能要接 100～200 张订单，但每一张订单的量非常小，小到甚至可能一张单就一两个产品。

：很多灯饰企业也这样，一两盏灯的订单也得接，而且每盏灯的款式还不一样。没有大批量生产的订单，但批次特别多，而且生产周期还非常短。

：BJH 公司的生产周期要求是 5～7 天，也就是接到订单 5～7 天后就要交货。

：它目前的实际生产周期是多长？

：10～12 天左右。

2. 接单的份额降低

：BJH 公司产品的技术含量不太高，客户对订单的核心要求就是交期越短越好。如果做到这一点，那么企业的接单量就会增加。

：他们不是生产最终产品吧？

：他们是生产最终产品，但是他们不直接面对终端客户。

二、第一层觉知：分析订单准交率状况

（一）变革前的问题

没有对订单准交率进行明确统计，都是到了马上要出货了，业务跟单、PMC人员、生产人员才全部在车间里到处找产品、清尾数，找不到马上再安排生产。至于目前哪张订单处于何种状态、生产到哪道工序、中间产生了多少不良，没有人清楚；业务只是天天抱怨，说交不到货，但准交率到底多低，却没有进行统计。

：欧博项目组老师进驻企业对业务部门进行访谈的时候，业务部门第一句话就是："我们的货天天不能按时出，客户老是投诉，影响我们接单，业务这一块真的非常难做。"这就是企业现状。

：也就是说，管理人员几乎天天都在救火。出不了货，大家都成了救火队员、救火队长，上蹿下跳，到处去找产品，清尾数，但真正的预防措施却做得很少。他们是一支救火队，不是消防队。

（二）变革后的动作

问题	实施动作
订单进度不清晰	召集PMC经理、车间主管、生产组长，对订单进度进行了整体排查，并对订单重新进行了交期回复
未统计订单准交率	按回复后的交期开始统计订单准交率，对以前所有订单的准交情况进行统计，发现订单准交率只有20%，包装批结率只有27%。规定以后每天由业务跟单，主管统计订单准交率，并在上午10：00前将订单准交率数据发送给PMC、生产部，每周在周会进行通报

：客户对交期的要求高，而 BJH 公司的准交率却这么低，BJH 公司确实面临着一个大问题。

针对订单进度不清晰，我们召集 PMC 经理、车间主管、生产组长对所有已接订单的进度进行了一个整体排查，并根据公司现阶段的情况，对订单重新进行了交期回复。

：就是首先确保不要打糊涂仗，先把情况搞清楚再说，先不要谈解决问题，先弄清问题。而统计数据就是让大家每天对所做的事情保持觉知，让大家心中有数。

三、第二层觉知：了解订单下达、评审及变更状况

（一）变革前的问题

从未关注过订单准交率，更没有分析过影响订单准交的原因。在调研时了解到，业务员给 PMC 的订单流程非常混乱，业务随意变更订单，经常中途插单、中途取消订单，使 PMC 对生产的统筹非常被动；而 PMC 接到订单后，未对订单进行评审及回复，而是由业务员直接回复客户交期。

：欧博项目组在调研时了解到，在 BJH 公司，业务员随意变更订单，想变就变，想调就调。这是什么原因呢？一是客户下单的时候，业务员往往没有跟客户确定准确的订单信息；二是实际生产过程中客户的订单要求可能会有调整。

：变更订单，客户自己本身也会变更。

：在调研的时候，PMC 就向欧博项目组老师抱怨业务员经常插单，一

天要插一两次订单。欧博项目组老师就问 PMC 有没有具体的数据统计，PMC 说还没有统计。于是欧博项目组老师就统计了 9 天的订单变更次数，发现 9 天内订单变更了 10 次，基本上每天都有订单变更。订单变更使 PMC 对生产的安排被打乱。

通过分析订单下达过程以及变更过程，欧博项目组发现业务员存在下单窗口不统一，订单变更不受控等现象。

：窗口不统一是什么意思？

：就是整个业务部的业务员谁都可以直接给 PMC 订单。

：他们内部没有把接到的订单归总，由一个人统筹，掌控整体的情况后再发到厂里面去，而是每个业务人员直接给厂里下单、提要求。业务人员也不知道彼此接了多少单，每个人都是按照所谓的行业标准的交货时间给客户回复交期。

：然后跟进的时候每个人的单都是最急的，PMC 也不知道到底哪一单先做哪一单后做。

：每一个人都站在自己的角度考虑问题，下达命令，肯定会乱。也就是说，业务部门这种管理模式也是造成生产管理混乱的一个原因，所以，解决订单准交率低的问题，首先要从这个源头下手。

：PMC 接到订单后又未对订单进行评审和回复，都是由业务直接去回复客户。

：企业的计划部门本来应该拥有确定交期的权力。我们在前几个案例都讲到，订单进入时，首先应该由计划部组织各部门进行订单评审，然后确定准确的出货时间，再由业务部把这个时间通知客户，确定交期，如果不行再跟客户协商。

总之我们不能盲目地承诺交期，造成内部混乱而失信于客户。而 BJH 公司的业务员承诺了交期，却不打算兑现，PMC 认为业务部把交期都定死了，还怎么按照计划部的交期安排生产？

：欧博项目组老师也问了业务员，没有订单评审，怎么回复客户交期？业务员回答说，按照常规交期回复，这个行业是 5 ~ 7 天，就按照这个回复客户。

：他不管工厂的实际生产情况，也不管物料情况，不管内部情况，他就按照他的标准做，好像有道理，但实际上没有用。

（二）变革后的动作

问题	实施动作
订单下单窗口不统一，随时下单	（1）将业务跟单工作统一并制订销售下单动作控制卡，明确业务下单的要求 （2）规定业务跟单不再直接将订单发到 PMC，而是每天将新接订单整理后发给业务主管，由业务主管根据客户等级排定先后顺序，每天两次（上、下午各一次）给 PMC
订单无评审及回复交期	PMC 计划员对订单进行评审后，在半个工作日内回复业务跟单交期
业务随意变更订单，经常中途插单、中途取消订单等	制订订单变更作业控制卡，对订单变更动作进行规范

1. 业务跟单工作统一

：针对订单下单窗口不统一，随时下单的问题，改善动作就是将业务跟单工作统一并制订销售动作控制卡，这张动作卡明确了业务下单的要求，并规定业务跟单不能再将订单直接给 PMC，必须每天将新接到的订单整理后给业务主管，由业务主管根据客户的等级以及交期排定一个先后顺序。

：他们以前没有对客户进行分类吗？

：以前有一个简单的分类。

：什么是简单分类呢？

：就是凭印象分类，业务主管大概知道哪些客户紧急。

：按主观印象进行分类，没有一个科学标准，不是根据它对企业的经营额，或利润贡献，或付款的及时性等进行分类。

他们有分类，但没有标准，或者说没有科学的标准。后来他们制订了这些科学的标准，进行了合理的分类吗？

：对。这里就等于把订单下单窗口统一了，以前谁都可以下，现在必须在业务主管这边归总，由业务主管进行整理、分类，然后才能给 PMC，而且是每天2次。

：就是业务员不能随心所欲了，把随意性降到最低，做到统一行动，然后定点行动，不要时时刻刻处在一种随时可下命令的状态，那就乱套了。

：那样PMC每天就疲于应付业务部门的这些订单了。为什么业务主管要每天2次把整理好的订单交给PMC呢？这就跟长交期的产品不同了。

长交期的产品不会一天分两次下单，今天接到的订单，不一定今天就进行评审，可能会把2～3天的订单合到一起进行评审。

：长交期的产品对物料的购买、生产的安排更有利些。例如下单的数量、采购的数量比较大，生产过程中就可以做到大批量生产，但是这个案例因为交期很短，没有办法做这样的一个安排。

：所以就要求他们每天下2次单。

：不能太长又不能太短，不能短到随时下，又不能长过半天。

2. PMC计划员确定回复交期

：针对订单无评审及回复交期的问题，要求PMC计划员对订单评审后，在半个工作日内回复业务员订单交期。这样就不是业务员直接向客户回复交期了，他就必须等PMC的回复，PMC回复又不能花太长的时间，必须是半个工作日之内。

：差不多下单是半天时间进行，回复也是半天时间进行，总的来讲不能超过一个工作日。

3. 规范订单变更动作

：针对业务随意变更订单，经常中途插单、中途取消订单的问题，我们制订了订单变更作业控制卡，对订单变更动作进行规范（如表7－1所示）。

表 7－1　订单变更作业动作控制卡

<table>
<tr><th>项目</th><th>失控点描述</th><th colspan="2">控制动作</th></tr>
<tr><td rowspan="3">订单变更控制</td><td rowspan="3">（1）订单变更信息传达不及时
（2）因订单变更带来的影响和损失没有追究原因和责任，导致问题重复发生</td><td>标准</td><td>（1）定义：经过评审后的订单发生以下任何形式的变动（订单交期、订单数量、工艺要求、包装要求等）
（2）遇到客户要求变动或订单下错时，销售部跟单员必须在 2 个工作小时内填写《订单变更通知单》知会 PMC，PMC 在半个工作日组织人员对订单情况进行评估，并回复销售部
（3）在生产过程中出现重大异常，影响到出货交期的，由 PMC 在出现异常的 4 个小时内填写《订单变更通知单》通知销售部跟单主管，与客户进行沟通，如销售部不能在 1 个工作日内回复的，则以约定时间为准</td></tr>
<tr><td>制约</td><td>（1）《订单变更通知单》由发出部门对接收部门是否确认、回复进行制约
（2）接收部门对发出部门订单变更的次数进行统计
（3）稽核部对造成订单变更的原因进行追究，如存在主观错误，追究相关人员责任</td></tr>
<tr><td>责任</td><td>（1）未按要求时间及时提供《订单变更通知单》的，责任人乐捐 5 元/次，影响生产的，乐捐 10 元/次，造成重大损失的按《质量赔偿管理制度》执行
（2）横向部门对造成订单变更的原因进行追究，按《横向问责一览表》进行问责</td></tr>
</table>

：在表 7－1 中，字体加粗的部分就是重点部分。例如客户要求变更交期或者下错单的时候，业务跟单员不能口头或者通过电话、QQ 这种方式通知 PMC，必须填写订单变更通知单，PMC 接到订单变更通知单之后也要快速进行处理、评估，然后重新回复销售部。

：这种情况就要及时处理了，而不是半天通知一次。当接到客户订单变更的消息或得知下错单的时候，业务跟单员要在 2 个小时以内以书面形式向 PMC 报告。如果能够更快那当然更好，这就是快速反应，快速向生产部门反馈。

：以上部分首先讲了业务部门的不规范运作对短交期生产模式所造成的影响，也讲了如何约束和规范业务部门，接下来是第三层觉知。

四、第三层觉知：主生产计划及订单交期分解

（一）变革前的问题

只有一个主生产计划，但没有订单交期分解表，订单何时上线、物料何时上线？不清楚！各工序何日完工？不知道！一切都是不确定。

：变革前的工作习惯是企业只有一份主生产计划但没有进行订单的交期分解。

：没有把整个交期分解到每一道工序，这样的生产计划就很笼统。在这种情况下，每道工序都盯着最终的出货时间，但自己这道工序到底什么时间上，什么时间下就不清楚、不知道。

：这张计划表相当于一张订单汇总，所有的订单都罗列在里面，每一张订单的出货时间也写在里面，但订单何时上线、各工序何时上线、各工序何时完成不清楚，最终导致一切都不确定。

（二）变革后的动作

问题	实施动作
无订单交期分解	（1）对订单状况进行梳理，重新回复客户交期，制订出订单交期分解表，按订单交期下达滚动生产日计划。PMC 文员每天上午 10：00 前将新订单输入主生产计划及订单交期分解表，发给相关人员 （2）PMC 文员每天将业务给到的订单变更单输入主生产计划，并更新主生产计划的订单出货时间 （3）PMC 文员每天根据车间提报的工序时间完成情况，更新各工序的完成时间

1. 订单交期分解，按订单交期下达滚动生产计划

：对订单状况进行梳理，重新回复交期之后，制订出订单交期分解表，按订单交期下达滚动日生产计划。PMC 文员每天上午 10：00 前要将新的订单录入主生产计划表，这些订单都是经过评审的，如表 7－2 所示。

：表 7－2 列明了下单日期、销售订单号、客户要求的交期以及 PMC 回复的交期等。从这张表我们可以看到整个生产进度的跟进情况，订单生产的每一道工序，从贴片到测试加工，到组装、老化、包装以及最后的清尾，每一部分的时间节点都在表里写清。

：相对于主计划来说，这张表就细化到了工序。我们可以把原有的主计划理解成对整个生产的计划管控，它以整个工厂为单位，计划非常大、非常粗，而这张新的主计划表细化到了对工序的掌控。

另外，我请问一下，前面说根据订单交期分解表直接下达滚动生产日计划，好像 BJH 公司的生产计划安排是直接从主计划到日计划的。前面讲的案例都有月计划、周计划、日计划，这里没有，至少取消了周计划，这是什么原因？

：因为它的周期本来就只有 5～7 天，就没有必要再单独做一个周计划了，直接按主计划进行滚动就可以了。

：也就是每天滚动主计划，不用把主计划切割成几周进行每一周的滚动，然后再生成日计划，BJH 公司根本不需要这样。它只需在一张总表里面每天滚动、每天排查、每天做调整，然后从这里面每天生成日计划。这可能就是短交期订单的一个最大特点，它不需要那么多中间过程。

：因为增加中间过程，不仅增加工作量，还拉长工作时间。主生产计划滚动是什么意思？就是每一天都要对主生产计划表里所有订单的物料情况、进度情况以及这张单的出货时间进行重新确定。

：等于每一天都要要对主计划中的每一订单每一天的物料情况、工序生产情况以及出货情况进行排查，每天都要对这三方面的信息进行确认，然后再输入到这个主计划里，这就是主计划的日滚动。

表 7－2　生产主计划表（部分）

OK 已完成　NO 未完成　在线 已在线　/ 未涉及　　　　已完成 未完成

下单日期	销售订单号	客户代码	客户要求交期	回复交期	客户产品编码	物料编码	产品型号	方案	电芯代码	胶壳	标签容量	订单数量	PCB物料编码	包装方式	产能	成品库存可出货数量	生产进度跟进						入库时间	电芯数	电芯总数	难度系数
																	贴片	测试加工	组装	老化	包装	清尾				
3-17	121101687	C0620	20120323		PP-LB-6001-8028	BDL1691 Y24E0000	■L1691Y24 ■-8-4460-B	BQ3050	C5	普利特	4400mAh 创明 2200mAh	10	PDL1691 Y240 BTA2	…	10		3-20	3-21	3-22	3-23	3-24	3-25		8	80	1
3-17	121101687	C0620	20120323		PP-LB-6002-7180	BDL700MY 24B0000	DL700MY 24B-8-4400-B	BQ20 Z70 + 29330	S3	普利特	5200mAh 三星 2600mAh	10	PBDL700 MY2401A1		10		3-20	3-21	3-22	3-23	3-24	3-25		8	80	1
3-17	121101687	C0620	20120323		PP-LB-6003-7181	PDLD500 Y33023E0	DLD500Y 23B-6-4400-G	BQ3050	S3	胜美	5200mAh 三星 2600mAh	60	PDLD500 Y230BTA1		60		3-20	3-21	3-22	3-23	3-24	3-25		6	360	1
3-17	121101687	C0620	20120323		PP-LB-6004-7182	PDLD800 Y33023a0	DLD800 Y33B-9-6600-SG	BQ3050	S3	力安	7800mAh 三星 2600mAh	10	PDLD800 Y330BTA1		15		3-20	3-21	3-22	3-23	3-24	3-25		9	90	1.5
3-17	121101687	C0620	20120323		PP-LB-6005-7183	PDLD820 Y23023E0	DLD820 Y23B-6-4400-SG	BQ3050	S3	长永	5200mAh 三星 2600mAh	10	PDLD820 Y230BTA1		10		3-20	3-21	3-22	3-23	3-24	3-25		6	60	1
3-17	121101687	C0620	20120323		PP-LB-6006-7185	PDL9200 Y33023B0	DL9200 Y33B-9-6600-B	BQ3050	S3	长永	7800mAh 三星 2600mAh	20	PDL9200 Y330BTA1		20		3-20	3-21	3-22	3-23	3-24	3-25		9	180	1
3-17	121101687	C0620	20120323		PP-LB-6007-7186	BDL5100 Y34E0000	DL5100 "34B-12-6600-G	BQ3060	S3	顶达	7800mAh 三星 2600mAh	5	PBDL5100 Y3402A2		5		3-20	3-21	3-22	3-23	3-24	3-25		12	60	1

2. 排查出货时间

：PMC 文员每天将业务给的订单变更单输入主生产计划并更新主生产计划订单的出货时间，其实这就是在排查出货时间。

：也就是说，接到订单得到的那个出货时间并不代表是最终的出货时间，因为 5 ~ 7 天后可能会发生一些新的信息变更，或者原来的信息有可能给错了，然后进行了新的调整，所以每天都要对出货信息进行排查。

3. 更新各工序的完成时间

：PMC 文员每天根据车间提报的工序时间及完成情况，更新各工序的完成时间，如表 7 – 2 所示。

：表 7 – 2 有些地方标了浅灰色，为什么要标浅灰色呢？这表示 PMC 文员跟进了该工序的实际完成情况，发现该工序是按照事先定好的时间完成的，标上浅灰色表示他知道完成了。有一个地方“3 – 22”没有阴影，表示该工序没有按时完成。

：也就是说，一方面每天排查出货信息，另一方面对生产各工序的信息也每天进行排查，而且每天对着主计划里的每一张订单进行排查，这种排查的工作量是相当大的。

：在前期的时候比较大，到后面就没那么大了，因为他们已经习惯了，而且每天变更的内容并不多。

：这说明每天都排查，信息的变更也不是想象的那么大，而且里面还有一些规律，再借助一些系统工具来完成的话，排查就很容易了，但是企业的人总把这个想的很难。

：大家也注意到了，为了应对 5 ~ 7 天这样的短周期，PMC 每天对所有的订单进行排查，保证自己能够清楚地掌握每一张订单的生产进度，这为后面的快速反应做足了准备。

五、第四层觉知：物料排查及欠料情况的分析

（一）变革前的问题

（1）没有提前进行物料排查以及采购进度的管控，无采购日计划，导致物料影响生产。

（2）没有提前进行实物备料并报欠追踪，装配车间上线后欠料严重，生产日计划无法达成。

（3）生产领料无明确的时间规定，车间用完才去领，出现随时领料、车间随时等料的情况。

（4）生产过程中出现物料异常，无人及时进行处理与协调，影响生产计划的达成。

：这样看来这家企业边生产、边领料，边生产、边等料，事先没有做任何这方面的排查。

：他们没有领料的时间规定，不管什么工序，用完了就去领。正常做法是，一个批次的订单或者是一批物料，车间要提前去领。

：应该有一个很明确的时间上的提前，但是他们这里没有。

：对，这样就容易造成等待，又把生产时间延长了。

（二）变革后的动作

问题	实施动作
没对物料进行提前排查	对物料排查动作进行规定，保证生产日计划的可执行性，并制订了物料控制作业控制卡

续表

问题	实施动作
采购进度无跟进	采购员在接到申购表后 1 个工作日内回复物控员具体的每款物料的交货时间，物控员将采购回复的交期记录在物料进度跟进表中
采购无日计划	采购员根据采购管制表每天 16：00 前提供采购日计划交物控审核，物控检查采购日计划的准确性
无提前备料及报欠	（1）原材料仓每天在 9：30 前完成第二天生产计划的备料，并将欠料信息上报 PMC （2）原材料仓每天在 20：00 前完成第二天生产计划的胶壳加工
生产领料时间无规定	生产部每天 20：30 前必须将第二天计划的仓库已备好的物料领到车间
物料异常处理不及时	规定物料异常处理时间，在生产过程中若因物料不良影响生产时，物料员和计划员必须在半个小时内协调处理

1. 规定物料排查动作，编制物料控制作业控制卡

：针对没对物料进行提前排查的问题，对物料排查动作进行规定，保证生产日计划的可执行性，并制订了物料控制作业控制卡，如表 7－3 所示。

表 7－3 物料控制作业控制卡

控制要点	标准	制约	责任
制订物料需求	（1）物控员每月 1 日根据业务提供的销售预测进行物料需求分析后，形成本月的物料申购表 （2）物控员每天 16：00 前根据当天下达的销售订单和 BOM 表，对每张订单进行物料需求分析、汇总减存后，形物料申购表 （3）物控员每周五实物排查所有未生产订单的物料状况（电芯、IC、胶壳配件和标签），于每周六 12：00 前形成物料申购表	PMC 负责人检查物控员是否按规定提供物料申购表	（1）月物料需求申购未按时完成，责任人乐捐 10 元/次 （2）每天物料需求申购未按时完成，责任人乐捐 2 元/次 （3）每周未按时进行实物排查，责任人乐捐 5 元/次
物料采购	采购员接到物料申购表后，在半个工作日内下达采购订单，具体见采购作业流程，要求供应商必须在半个工作日内回传每张采购订单的交期，并将交期更新在采购管制表中	采购主管检查采购员是否每天将订单及时下达并回传交期	未按时与供应商确认交期，责任人乐捐 2 元/单

续表

控制要点	标准	制约	责任
进度跟进	(1) 采购员在接到申购表后1个工作日内回复物控员具体的每款物料的交货时间，物控员将采购回复的交期记录在物料进度跟进表中 (2) 采购员根据采购管制表在每天16：00前提供采购日计划，交物控审核，物控员检查采购日计划的准确性	(1) 物控员检查采购员是否在规定时间回复物料交期 (2) 物控员检查采购日计划是否有遗漏、错误	(1) 采购员未按时回复物料交期，责任人乐捐2元/项 (2) 采购员未按时提供采购日计划，责任人乐捐2元/次 (3) 采购日计划遗漏、错误，乐捐2元/项
下达套料单	计划员每天在生产计划下达后1小时内下达定额表，让仓库备料	原材料仓主管检查物控员是否在规定时间内下达定额表	未按时下达定额表，计划员乐捐2元/次
备料、报欠	(1) 原材料仓每天在9：00半前完成第二天生产计划的备料，并将欠料信息上报PMC (2) 原材料仓每天在20：00前完成第二天生产计划的胶壳加工	物控员检查原材料仓是否在规定时间内完成备料并报欠	(1) 未按时完成备料，仓管员乐捐2元/次，未按时报欠，仓管主管乐捐2元/次 (2) 未按时完成胶壳加工，责任人乐捐2元/次
生产领料	生产部每天20：30前必须将第二天计划的、仓库已备好的物料领到车间	仓库检查生产部物料员是否在规定时间内完成领料	未按时完成领料，责任拉长乐捐2元/次
物料异常处理	在生产过程中若因物料不良影响生产时，物料员和计划员必须在半个小时协调处理	生产部检查PMC是否在规定时间内处理物料异常	未按时处理物料异常，PMC责任人乐捐5元/次

：从物料需求的制订到物料的采购，从进度的跟进到套料单的下达，到备料、报欠、领料，表7－3都有明确的规定，同时标准制订出来之后，还要确定到底由谁去检查，检查出来之后要承担什么样的责任。

：这里面包含了三要素：怎么做，谁检查和怎么奖惩。这三要素要相互配合，然后对所有人员的动作、时间进行规定。

2. 编制采购管制表

：针对采购进度无跟进的情况，我们采取的改善动作是采购员在接到申购表后的 1 个工作日内回复物控员具体的每款物料的交货时间，物控员将采购回复的交货时间记录在采购管制表里面（如表 7－4 所示）。

表 7－4　采购管制表

2012 年 2～3 月采购订单									
下单日期	采购订单号	供应商	物料编码	产品规格	订单数量	单位	需求交期	厂商回复交期	未交数量(件)
2012－2－5	122000313	三明鑫	TTS90630300BC01	90W 万能充 III 转接头 C1 Φ6.3×Φ3.0mm（HP、通用）	1500	PCS	2012－2－18	接 PMC 通知先做，交期待定	1500
2012－2－5	122000313	三明鑫	TIM90550250BC02	90W 万能充 III 转接头 C2 Φ5.5×Φ2.5mm（HP、通用）	1500	PCS	2012－2－18	接 PMC 通知先做，交期待定	1500
2012－2－5	122000313	三明鑫	TSY90600440BC03	90W 万能充 III 转接头 C3 Φ6.0×Φ4.4mm（HP、通用）	1000	PCS	2012－2－18	接 PMC 通知先做，交期待定	1000

：表 7－4 要发给每个采购员，每个采购员所负责的采购订单都在这张总表里面，包括厂商的回复交期、未交数量、需求交期等。

3. 编制采购日计划表

：针对采购无日计划的问题，我们采取的对策是采购员根据采购管制表在每天 16：00 之前提供采购日计划交物控审核，物控检查采购日计划的准确性。其实采购管制表与物料进度跟进表是一张表，如果物控使用就叫物料进度跟进表，而采购使用就叫采购管制表。

：这一点倒与长交期订单的采购日计划很相似，但在内部的管控上，短交期和长交期订单的差别非常大。

：对于采购来说，短交期订单和长交期订单的区别是什么呢？短交期订单的跟进时间更短，跟进的次数更多。

：动作的主要结构是差不多的，但是在内部各工序生产计划的管控上有非常大的不同。

4. 提前备料及报欠

：针对无提前备料及报欠的问题，我们给出的改善动作是原材料仓每天在9：30前完成第二天生产计划的备料并将欠料信息上报PMC；原材料仓每天在晚上20：00前要完成第二天生产计划的胶壳加工。由于胶壳是外购的，所以要对它进行贴丝印等简单的组装前加工。

5. 规定生产领料时间

：针对没有规定生产领料时间的问题，我们要求生产部每天20：30前必须将仓库已备好的第二天计划的物料领到车间。

：前一天就要把欠料的情况弄清楚，晚上就把物料领到车间去。

：对，不要第二天边做边领。

：这样如果发现异常，还来得及解决。

6. 规定物料处理时间

：针对物料异常处理不及时的问题，规定物料处理时间，在生产过程中若因物料不良影响生产，物料员和计划员必须在半个小时内就处理完成。

：这半个小时靠谁来监督？定了时间，但是没有在规定时间内执行，我们要怎么检查？

：因为异常提报表上会有时间的规定，异常提报出来之后，提报人要把异常发生的时间填在异常提报表上。

：大家都清楚异常，因为异常导致不能正常生产，所以提报人填写异常发生的时间肯定要实事求是，困为大家都知道。管理人员查一查时间也就知道有没有做，还有没有一些别的检查措施呢？

：稽核员对这个会有频繁的检查。

：抓异常时间的检查非常频繁，其实就是为了了解有没有及时提报。

我们有些项目还采取了另外一种方式提报异常，例如异常能在10分钟之内处理完，他们用多联单据中的一张白纸来表示异常。如果超过10分钟没有处理完或者车间内部一个小组的人都处理不了，那就把白纸换成黄纸，意味着异常很严重，需要别的部门来协调。如果2~4小时都处理不了，那么黄纸就变成红纸，这种情况下可能就要找老总或厂长直接出面处理了。这种多联单据根据时间点传递，在一个时间点过了后就会转向第二联，这也是一种表达异常的方式。

我觉得对于现在很多企业来说，影响交期或者品质的原因大都不是多么严重的问题，小问题、小异常居多，问题是我们要怎么把这些小问题、小异常快速地暴露出来，然后让相关部门快速去响应，这个速度显得尤为重要。

：特别对于这种短交期的企业。

：对，因为它本身就只有5~7天的生产周期，如果这个地方的异常拖一天，那个地方的异常再拖一天，那就会延长生产周期，所以快速反馈异常、处理异常显得特别重要。

：物料这一块的问题，我们通过这样的方式规定下来，那么第五层觉知就是生产计划的下达及我们的跟进分析，这一部分是这个案例的重点。

：短交期企业和长交期企业在生产管控以及模式上的最大不同也体现在这一部分。

六、第五层觉知：生产计划的下达及跟进分析

（一）变革前的问题

（1）计划只是每天下达给班组，计划是否合理，没有标准，所以最终也无法考核！

（2）无生产进度跟进，当天要完成多少产量，没有规定！生产线组每天能做多少是多少，计划完不成怎么办？没有要求！工作无激情。

（3）无每张订单的整体进度跟进，没有做订单结案动作，每张单在哪个车间、哪道工序、已生产了多少，不知道；外购物料进度如何，在哪家供应商生产，生产了多少，什么时候送货，不知道！

（4）工序间物料流转速度太慢，拉长生产周期。

1. 计划无标准

：计划只是每天下达给组装工序，因为PMC给到部门计划之后，主管会把计划分解到一个组装的班组去。

如图7-2所示，从贴片到测试、加工，我们叫测试加工段，也就是前工段，它后面有一个半成品仓。从组装到测试、老化再到测试，从包装前测试到卡机、包装，我们把它叫作组装车间，它包括组装段、老化段和包装段。老化是什么意思？老化是一道测试工序，就是将组装好的电池充放电循环一遍，这个过程需要8~16个小时，以此来验证产品的品质。

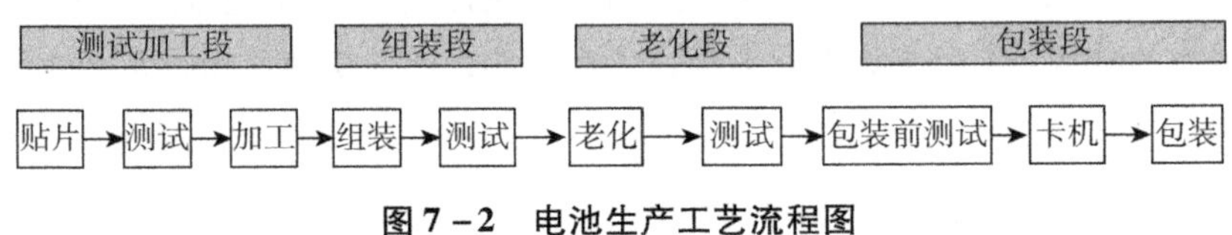

图7-2 电池生产工艺流程图

：贴片是什么意思？

：贴片指的是在电路板上贴一些电子元件。针对这样的一个工艺过程，他们只是把计划下达到组装工序，也就是下达到组装车间的第一道工序，计划是否合理没有标准，因为没有标准产能，所以最后也就没有办法考核。欧博项目组的老师调研的时候统计了12日、13日的计划达成情况，发现这两天有50款产品没有按照计划完成，因为他们一天大概生产100多款，两天加起来最少有30%的计划量没有办法完成。

：计划跟生产的实际根本对不上，那主要的原因是什么？

：主要原因是没有标准产能，或者说计划部门下达计划的时候也没有考虑实际产能。

：一个是产能问题，另一个是计划部门不了解各工序的实际情况，没有频繁进行排查。例如今天还不可能到这道工序，任务就安排下来了，肯定完成不了。

2. 生产进度无跟进

：生产进度无跟进，没有规定当天要完成多少产量，计划部门安排计划的时候也没有说今天的任务今天必须完成。计划部门早盘算好了，知道可能完不成，索性就不规定了。生产班组每天能做多少就是多少，计划完不成怎么办，没有要求，没有考核。员工也就没有激情，做多也是这样，做少也是这样。

3. 对每张订单无进度跟进

：没有每张订单的整体进度跟进，也没有订单结案动作，每张单做到哪个车间、哪道工序、已生产了多少，不知道；外购物料进度如何，哪家供应商在做，做了多少，什么时候送货，不知道！

4. 工序间的物料流动速度太慢

：工序间的物料流动速度太慢，拉长了生产周期。这家企业的组装车间相当于一条流水线，正常来说，工序间的物料流动应该比较顺畅。但实际操作过程中不是这样。以组装工序为例，他们现有的工作模式是，一张订单当天要全部做完了才往下流给老化车间，老化车间也是全部测试完了才往下流给包装车间。

：他们以前以天为单位，把今天的做完才一起下工序。

：是的，这样就造成：第一，工序的流转速度很慢；第二，组装有日计划，后面工序又没有日计划，容易造成后序车间不按组装顺序生产，而是挑单生产。导致急着出货的可能没做，做的可能不急着出货。

：这种大批量的交接会使工序间的流动速度变慢，这毫无疑问。

（二） 变革后的动作

问题	实施动作
问题1：计划没有标准，所以最终也无法考核	（1）制订生产计划作业控制卡，规范生产计划的下达、跟进 （2）根据现有设备、人员制订各车间、各工序标准产能分析一览表，把它作为制订每日计划数量的依据 （3）根据生产主计划形成**组装工序**的三日滚动计划并以书面形式发给相关部门，发布的冷冻计划须保持一致且确保不欠料。 （4）PMC每天根据生产日计划达成考核控制卡对超额完成的车间、班组与没完成任务的车间、班组进行奖励与乐捐
问题2：无每张订单的整体进度跟进，没有做订单结案动作	（1）车间主管必须在每天上午9：30前上交生产日报表给计划员 （2）计划员接到生产日报表后，4小时内将进度更新在主生产计划表内 （3）计划员把每天生产完成的任务进行统计，每周核算计划达成率

续表

问题	实施动作
问题3：工序间物料流转速度太慢	(1) **组装——老化**：每2小时到组装转料1次，转料时由组装拉长和老化上料员进行物料交接；当天组装计划非异常原因尾数最迟在次日上午10：00前转老化，老化上料员进行跟进 (2) **老化——测试**：测试人员必须每2小时转料1次，当日白天老化完成的产品，必须当天转测试；当天晚上老化完成的产品，必须在次日早上8：30之前转测试，老化与测试之间必须进行物料交接 (3) **测试——包装**：测试工序必须优先按包装当日计划的顺序来做，包装人员必须每2小时转料1次，当天测试完成的产品，必须当天转包装 (4) **完成情况提报**：组装、老化、测试、包装必须当天下班前提供当天完成报表给生产部主管，生产部主管在第二天上午9：00前统计批结率，发送PMC经理、计划员、跟单主管、跟单员、稽核员、欧博项目组老师、总经理等各相关人员

1. 针对问题1的动作

：针对计划没有标准，最终没有办法考核的问题。第一，我们首先制订了生产计划作业控制卡，规范生产计划的下达和跟进，如表7－5所示。

表7－5　生产计划作业控制卡

控制要点	标准	制约	责任
订单评审	(1) 计划员接受订单后核对订单信息的完整性，并检查订单内所有产品的可量产性 **(2) 计划员依据物料状况及产能负荷回复业务订单交期（每天10：00和16：00各回复一次）**，当回复的交期不能满足客户要求时，PMC负责人和跟单负责人必须在一个工作日内达成一致	PMC负责人和跟单检查PMC是否在规定时间内回复订单交期	(1) 未在规定时间内回复交期，计划员乐捐2/单 (2) PMC回复交期未能与跟单达成一致，且超出一个工作日时，PMC负责人和跟单负责人各乐捐5元/单
交期分解形成主计划	**(1) 计划员根据订单交期的优先顺序制订订单交期分解表（每天10：00和16：00各一次）** (2) 计划员依据订单交期分解表形成生产主计划，主计划中各工序上线日期须与订单交期分解表保持一致	(1) 跟单员检查PMC的订单交期分解表是否满足客户的交期要求，PMC负责人检查计划员是否在规定时间制订交期分解表 (2) PMC负责人检查生产主计划与订单交期分解表中各工序上线日期是否一致	(1) 未按订单交期优先顺序制订交期分解表，计划员乐捐2元/单，未按时作业乐捐2元/次 (2) 生产主计划与交期分解表上线时间不一致，计划员乐捐2元/单

续表

控制要点	标准	制约	责任
计划下达	**根据生产主计划形成组装工序的三日滚动计划，并以书面形式（含OA）发给相关部门（15：00前制订、发布第二天的冷冻日计划，17：30前制订、发布第三、四天的半冷冻计划）**，发布的冷冻计划须保持一致且确保不欠料	生产、品质、仓库检查PMC是否按时下达生产计划	（1）未按时下达冷冻日计划，计划员乐捐5元/次 （2）未按时下达半冷冻计划，计划员乐捐2元/次 （3）若出现冷冻计划不一致或欠料计划员乐捐5元/次
进度追踪	（1）生产看板2小时更新一次进度，由计划员检查生产看板填写情况 （2）生产出现异常时生产主管需在异常发生15分钟内处理完成，不能自行处理时，将异常提报PMC，计划员视需要决定是否调整计划 （3）计划员每天10：00前更新订单进度看板，每天两次（11：00、17：00）召开对单会 （4）每天17：00的对单会现场制订清尾计划，由生产部会后一个小时内提供书面的清尾计划	（1）计划员检查各拉长是否在规定时间内填写进度看板，有异常时是否在规定时间内提报 （2）跟单检查PMC是否按时召开对单会 （3）PMC检查生产部是否在规定时间内提供清尾计划	（1）生产看板未按规定填写，计划员乐捐2元/次 （2）生产异常未按规定提报，生产主管乐捐5元/次 （3）未按时更新订单进度看板，未按时召开对单会，PMC负责人各乐捐2/次 （4）未按时制订清尾计划，生产主管乐捐5元/次，清尾计划未按时完成，责任人乐捐2/项
计划结案	（1）车间主管必须在每天上午9：30前上交生产日报表给计划员 （2）计划员接到生产日报表4小时内将进度更新在主生产计划表内 （3）计划员把每天生产完成任务进行统计，每周核算计划达产率	（1）PMC检查生产部是否按时提交生产报表 （2）PMC负责人检查计划员是否按时更新主计划 （3）PMC负责人检查计划员是否每天对计划达成情况进行统计	（1）未按时提交生产报表，生产主管乐捐2元/次 （2）计划员未时更新主计划乐捐2元/次 （3）计划员未核算达成情况乐捐2元/次

：大家可以看到，表7－5把订单评审、交期回复等工作都明确了下来。在计划下达方面，表中的字体加粗部分也都有明确：根据生产主计划形成组装工序的三日滚动计划，以书面形式发给相关部门，而且每天15：00前要制订第二天的冷动日计划，17：30前制订、发布第三天、第四天的半冷动计划。

：一天两次，15：00做的是第二天的冷冻，17：30做的是第三天、第四天的半冷冻。

：对，就是冷冻60% ~80%的计划。

：一天的计划分两个节点来做，做两次，这是为什么？

：因为它的生产周期比较短，插单不可避免，订单信息也有可能变更，不可能不给业务留一点余地。

：等于15：00这个时间点卡死了，第二天的不能变了，但新的信息来了或新的变更来了，计划员还是留了时间，业务员第二天不能插单，要插单只能插到第三天、第四天。相对于今天来说，明天不能插单，要插得插到后天或大后天，但17：30之前计划员要把插单信息再综合一下，再安排。一方面考虑了规范插单，不能随意插单；另一方面又给业务员留有余地，就是第三、第四天可以插单，但是必须在17：30之前报过来。这种方式既充分考虑了规范又保持了灵活。

另外，三日滚动计划就是指第二天的冷冻，第三天、第四天的半冷冻。冷冻的意思就是不可更改。15：00之前把第二天要做的事情全部明确，如果想插单，不管多急都插不进去，都改不了。所谓半冷冻就是有一部分一定要确定，但是有一部分还允许调整，就是留了一条退路，那么到了第二天呢？

：原来第三天的计划百分之百完全冷冻了，原来的第四天、第五天就成了半冷冻，也就是第五天就被纳入了计划。

：这就叫滚动，所以这种计划模式实际上可以称之为冷冻滚动计划模式，每天既考虑到固定又考虑到变更，把定和变又做了一个结合。

：第二，根据现有的设备、人员制订各车间各工序的标准产能的分析一览表，把它作为日计划数量的生产依据，这就等于给PMC一个基本的依据了。

第三，根据生产主计划形成组装工序的三日滚动计划并以书面的形式发给相关部门，发布的冷冻计划必须保持一致，且确保不欠。三日冷冻表如表7-6所示。

第四，PMC每天根据生产日计划达成考核控制卡，对超额完成的车间、班组与没完成任务的车间、班组进行奖励与乐捐。

表7-6　三日冷冻表（部分）

2012年3月27日组装-封装（T3）生产计划表											
#	订单编号	客户代码	型号	方案	电芯	胶壳	数量	转入	转出	备注	产能
	1.21E+08	C0048	AR4710Y23B-6-4400-B（BQ3060）	BQ3060	J1	华铁	160				160
	1.21E+08	C0048	DL6400Y23B - 6 - 4400 -B	BQ3050	J1	长永	200				200
	1.21E+08	C0048	DLD620Y23B-6-4400-G（BQ3050）	BQ3050	J1	华铁	320				320
	1.21E+08	C0645	HP6120Y23A-6-4400-B（BQ20Z95）	BQ20Z95	J1	普利特	20				20
	1.21E+08	C0048	HP6720Y23A-6-4400-B（BQ3060）	BQ3060	J1	普利特	120				120
	1.21E+08	C0581	IMR61iY23A-6-4400-B（SL406通用）	IBM破解	B1	顶达	30			库存PCM	45
			合计：				850				865
2012年3月27日组装-封装（T2）生产计划表											
#	订单编号	客户代码	型号	方案	电芯	胶壳	数量	转入	转出	备注	产能
	1.21E+08	C0048	DL1525Y33B-9-6600-B（BQ3060）	BQ3060	J1	华铁	160				160
	1.21E+08	C0048	DLD500Y23B-6-4400-G（BQ3050）	BQ3050	J1	胜美	200				200
	1.21E+08	C0048	HP2000Y23A-6-4400-B（BQ3060）	BQ3060	J1	普利特	440				440
	1.21E+08	C0645	HP5000Y24B-8-4400-B（BQ3060）	BQ3060	J1	顶达	20				20
	1.21E+08	C0645	IMX60Y14A-4-2200-B（SL406通用）	IBM破解	J1	华铁	50			库存PCM	50
			合计：				870				870
2012年3月27日组装-封装（T1）生产计划表											
#	订单编号	客户代码	型号	方案	电芯	胶壳	数量	转入	转出	备注	产能
	1.21E+08	C0048	AR5920Y23B-6-4400-B（BQ3060）	BQ3060	J1	长永	360				360
	1.21E+08	C0048	DL1525Y23B-6-4400-B（BQ3060）新	BQ3060	J1	华铁	200				200

续表

	1.21E+08	C0645	HP2000Y43A-12-8800-B（BQ3060）	BQ3060	J1	华铁	30			库存PCM	30
	1.21E+08	C0048	SYBPS2Y23B-6-4400-B（SL-406）	SL406	J1	普利特	120				120
	1.21E+08	C0048	TS3534Y23A-6-4400-B（BQ3060）	BQ3060	J1	普利特	160				160
			合计：				870				870

：表7-6是3月27日做的28日（T1）、29日（T2）和30日（T3）的生产计划表，是一个三天计划。这个计划我们也只是发给了组装工序，没有发给老化工序，也没有下到包装工序，为什么也只下到组装工序，这跟以前他们下到组装工序有什么区别？下面会讲。

2. 针对问题2的动作

：针对无每张订单的整体进度跟进，没有做订单结案动作的问题，我们要求车间主管必须在每天9：30前上交生产日报表给到计划员。计划员接到生产日报表后，必须在4小时之内将进度更新到主生产计划里，因为这张主生产计划更新后要给到业务员，业务员也要看。计划员对每天生产完成的任务进行统计，每周核算计划达成率。

：主计划每天的更新来源于各车间的生产日报表，应该还有一些现场的排查动作。对计划的达成每天进行考核，每周进行考核，既有每天的日考核又有每周的周考核，考核的频率也非常频繁。

3. 针对问题3的动作

：针对工序间物料流动速度太慢的问题，我们制订相关措施加快整个工序间的物料流转。例如组装到老化的工序流转，每2小时老化工序就必须到组装工序去转一次料。我们把日计划只发给组装工序，他们以前也是只把日计划发到组装工序，两者的区别在哪里？就在于我们是两小时流转一次，速度就快了。核心点就在这里。

：现在不像以前，以前一天才转一次料，现在做2小时就转一次料，有一点就转下去了，这样就可以平行作业了。形成平行作业，毫无疑问整个生产周期就能缩短，速度会加快。例如生产100个东西，第一道工序做好了10个就先往下流，那么在做另外90个的时候，第二道工序已经在做第一个10个了。

：流转批量缩小，缩短时间。

：转料的批次就高了。

：转料时，组装拉长和老化的上料员必须进行物料交接，当天组装计划非异常原因，尾数最迟必须在第二天上午10：00之前转给老化工序，老化上料员要进行跟进。

：这里为什么这么强调交接？

：因为导致交期拉长还有一个很大的原因就是尾数，所以交接是控制或及时发现尾数的一个最有效的动作。

：交接的时候能知道尾数。例如应该交10个，结果交了9个，就知道少了1个，这一个要么损耗了，要么就是出了品质问题，那么就便于督促班组马上进行维修或者返工。所以，在交接点进行交接的控制是控制尾数的一个重要方式。

：应该说这是暴露尾数的最重要方式。

：一个地方欠数了，就要马上处理好，不要等到最后变成很大的尾数再来处理。另外，我认为交接点的控制、交接表的控制也是对生产日报的一个补充，因为在企业里，生产日报是一天填一次，而且生产日报是单方面的，下级填给上级的人看，它就有可能作假。

由于交接是在前后工序进行的，所以后工序没收那么多，前工序要他写那么多，后工序的人肯定不会同意。所以这种交接能够把数量控制准，能确保主计划中输入的信息是准确的。

我看了一下，这里有交接的控制、日报的控制、看板的控制，这些是确保主计划信息准确且互相配合的动作。主计划不能完全靠日报表，日报表可能作假，交接还可能出问题，要有看板配合，甚至还有现场标识票，要把这些统统合到一起，保证主计划报表数据的准确性，不能寄希望于一个方面。

：老化工序与测试工序的交接也一样，我们要求测试人员必须每2小时到老化工序转料一次，当天白天老化工序完成的产品必须当天转到测试工序，当天晚上完成老化工序的产品必须在第二天8：30之前转测试工序。

：这样做都是为了控制尾数，避免在工序转移的过程中形成欠数或者快速补欠。

：测试工序到包装工序也一样，我们要求测试工序必须优先按当日的计划生产，包装人员根据出货计划必须每2小时到测试工序转料一次，当天测试工序完成的产品必须当天转包装工序。组装工序、老化工序、测试工序和包装工序当天下班前提供当天完成报表给生产部的主管，生产部主管在第二天早上9：00前统计批结率。

批结率是什么意思？它和数量达成率不同。例如今天10单数量有100个，我们完成了90个，就是90%的数量达成率，但每一张单都欠1个，那么批次结单率就等于0。

对于像BJH这种企业来说，其实数量达成率反而是其次的，批次结单率才是核心。

：这一类的企业我们接触了很多，很多企业以数量达成率来考核管理人员，结果是数量达成率很高，管理人员天天拿奖金，但出不了货，这就是一种欺骗行为了。

：所以，批结率数据要发给PMC经理、计划员、跟单主管、跟单员、稽核员和欧博项目组老师，甚至发给老板。

：这里我再问一个问题。你提到了很多必须，如必须完成、必须交接、必须……这些必须难道光靠“必须”两个字就能解决吗，怎样确保“必须”呢？

：首先是横向控制，前后工序交接到了时间，前工序就要找后工序。

：就是他们可以相互处罚，前工序可以罚后工序，后工序可以罚前工序。前工序的数据如果跟下工序的数据不同，后工序就可以要求前工序将东西补齐，否则就处罚。如果今天后工序要求产品第二天16：00前转到，到了第二天16：00前还没转，后工序就可以处罚前工序。

：后工序可以制约前工序，可以究责。

：前工序也可以罚后工序，利用横向控制确保他们交接到位，同时还有稽核部门检查使这些动作到位。所以这些“必须”不仅仅是字面上的，我们还有很多动作配合，目的只有一个，确保这些“必须”达成。

：是的，后面会有很多动作。

：在企业里，我们经常听到“必须怎么样”、“一定要怎么样”这类说辞，但那都是空的。

：通过推行一系列的改善动作，工序间的物料流转由 1 天流转 1 次变成 2 小时流转 1 次，组装工序、老化工序、测试工序和包装工序就形成了流水线作业，所以生产日计划我们只需要安排给组装工序就行了。

：由组装工序去控制各项环节。

：对，通过缩短流转时间以及做好交接控制，等于第一道组装工序控制了后面的所有工序。

：所有计划只要下组装就可以了，然后剩下的就是把转接过程中出现的一些问题控制好就行了。

：通过这种计划上的调整以及流转时间的调整，我们有效缩短了生产周期，最后进入第六层的觉知。

七、第六层觉知：生产计划达成的瓶颈分析

（一）变革前的问题

（1）装配工序批结率只有 50%，主要原因是当天计划清尾不及时。

（2）欠尾数状况不明确，各车间尾数清理不及时，对紧急清理的订单尾数各车间各自为政，不配合。

（3）不良信息无提报，不良品的清理、维修、交接不及时。

1. 计划清尾不及时

：分析瓶颈是我们的核心觉知，组装工序是生产的瓶颈。通过分析，发现主要原因是尾数，这种电子厂的尾数直接影响订单准交率。

：PMC 有一句行话就是“生产计划好做，尾数难办”，因为出货的时候总是欠数，但欠的又不多。外单遇到这种情况，影响就更严重，有尾数就没有办法给客户，欠一点客户都有可能索赔，造成的损失很大。

：所以我们就对 PMC 说：“要是 PMC 能够控制好尾数,你就很合格了。”

组装工序的问题是什么呢？组装工序的批结率只有 50%，主要原因就是当天计划清尾不及时。

2. 欠尾数的状况不明确

：欠尾数的状况不明确，各车间尾数清理不及时。先不说到底能不能及时处理，到底欠什么产品都没办法及时搞清楚。

各车间对紧急清理的订单尾数各自为政，互不配合。例如包装工序发现了尾数，或者包装工序在生产的过程中产生了尾数，但这又不是包装工序能解决的，需要前面的维修组或组装解决，这就需要各个班组之间能够相互配合。

：要不然就出现互相推诿的情况。

3. 不良信息无提报

：之所以出现瓶颈，还有一个原因就不良信息没有人提报。尾数没有及时清除，也没有及时处理，产生尾数的不良信息也没有及时提报，也没有不良品的清理、维修、交接。

：其实尾数的主要来源是不良品，前面安排计划时，第一道工序也许没有那么多不良品，但在生产过程中各种不良品就出来了，然后返工又不及时，到了最后就有了尾数。欠数可以通过返修及时处理，但因为不及时，没有每天及时清尾，没有每天及时返修，造成尾数越积越多。

（二）变革后的动作

问题	实施动作
欠尾数状况不明确，清尾不及时	（1）生产主管每天清理各工序交接情况，重点注意尾数状况，制订、推行车间清尾动作分段控制卡（如表 7 – 7 所示）
	（2）PMC 经理每天上午 10：00 前与销售部跟单主管确认未来 3 天出货计划给生产部主管、稽核总监、品质部主管；凡是订了船期、空运日期的必须提前三天在出货计划备注栏备注
	（3）PMC 经理接到出货计划后，于 16：00 前排出包装清单计划，与组装工序日计划一起下达给包装线
	（4）包装拉长根据包装清单计划，在 17：00 前排查已完成包装型号，并填写包装尾数跟踪清单给 PMC 经理，稽核部稽核员专项稽核，每天在车间根据包装尾数看板进行尾数对单
确定清仓时间	（1）确定贴片、加工测试工序清尾时间 （2）确定组装工序清尾时间 （3）确定其他工序清尾时间
不良品处理无跟进	设置不良品处理跟进看板，对不良品进行跟进
不良品的清理、维修、交接不及时	（1）**组装——维修**：组装拉长每 1 小时内清理一次需维修的不良品并送到维修工序，填写不良品交接表及不良品维修看板，同时将已修好的不良品取回，原则上不良品清理必须在 2 小时内完成 （2）**测试——维修**：测试员随时将不良品交到维修工序，并填写不良品交接表及不良品维修看板，随时回收已完成的不良品 （3）**包装、测试——产线**：外观严重不良以及需拆机数量超过 5 个以上的，必须转组装工序进行返修，并在 1 小时内完成。组装工序线在收到不良品后，必须在 2 小时内完成返修，所有返修之后的产品必须重新通过测试再包装
不良信息无提报	组装工序、维修工序、包装工序和测试工序必须每天下班前向生产主管提报当天的不良品统计表

1. 明确尾数状况，及时清理

（1）每天清理各工序交接情况

：针对欠尾数状况不明确，清尾不及时的问题，我们推出的第一个动作是生产主管每天清理各工序交接情况，重点注意尾数状况，制订、推行车间清尾动作分段控制卡（如表 7 – 7 所示）。

表7-7 车间清尾动作分段控制卡

项目	针对失控现象	动作	标准	制约	责任
车间尾数清理控制	(1) 不良品流转不及时 (2) 不良品处理不及时 (3) 不良品信息提报不准确 (4) 尾数跟进责任不清晰	排查未来3日出货订单尾数信息	(1) PMC经理每天上午10:00前与销售部跟单主管确认未来3日出货计划，并将计划发给生产部主管、稽核总监和品质部主管；凡是订了船期、空运日期的必须提前3天在出货计划备注 (2) PMC经理接到出货计划后，下午16:00前排出**包装清单计划**，与包装工序日计划一起下达给包装线 (3) 包装拉长根据包装清单计划，在下午17:00前排查已完成包装型号，填写**包装尾数跟踪清单**并发给PMC经理、稽核部清尾稽核员	(1) 生产部主管、稽核总监监督PMC经理是否按要求提供出货计划 (2) 生产主管监督PMC经理是否在要求时间内排出包装清单计划 (3) PMC经理、清尾稽核员监督包装拉长是否按要求时间提供包装尾数跟踪清单	(1) PMC经理每日跟进生产计划的达成情况，统计批结率 (2) PMC经理每日跟进包装清单计划完成情况 (3) 清尾稽核员全程跟进包装尾数跟踪清单的完成情况
		各工序每日批结及清尾要求	**(1) 贴片、加工测试**：每天必须完成当天的计划任务；清尾型号必须在1小时完成 **(2) 组装**：每天必须完成当天的计划任务并转老化工序；包装不良品必须在1小时完成修复，并交接；不良品必须在2小时完成修复，并交接 **(3) 老化**：组装前1天计划，当天必须老化完成；当天所有不良必须当天老化完毕 **(4) 测试**：当天白天所有老化完成的产品，必须当天完成测试 **(5) 包装**：当天所有包装清单计划，必须当天完成；当天所有转到包装工序的计划，必须当天完成	(1) 责任人不按时提供，监督人有提醒义务 (2) 责任人不能按时提供资料，乐捐2元/次，提供资料错误乐捐5元/项 (3) 出货计划不能达成，PMC经理乐捐5元/单，造成重大损失按质量赔偿管理制度处理	(1) 如无异常情况，未完成当天计划任务，拉长乐捐2元/款 (2) 包装清单计划未完成，责任主管乐捐10元/单 (3) 不按时完成包装尾数跟踪清单进度，责任拉长乐捐2元/台机

续表

项目	针对失控现象	动作	标准	制约	责任
		清单绿色通道	**仓库、品质、工程**：必须配合包装清单计划，在仓库领料、品质优先判定、工程夹具制作、异常处理等方面提供大力支持		

：从表 7－7 我们能看到标准、制约、责任。

：就短交期企业来说，最影响计划达成率的是尾数。快速处理生产过程中不良品造成的欠数，是解决短交期企业尾数的一个最重要的方式。

：因为生产周期本来就不长，要是尾数都要处理两三天，时间就过去了。

（2）每天确认出货计划

：PMC 接下来的动作是什么呢？PMC 经理每天上午 10：00 前与销售部跟单主管确认未来 3 日出货计划给生产部主管、稽核总监、品质部主管；凡是订了船期、空运日期的必须提前 3 天在出货计划备注栏备注。未来的 3 天出货计划既已确认，就意味着这个计划不能再调整了，必须把产品生产出来，而且必须在规定时间内清理尾数，否则就得空运。

：这就是前推后拉的后拉动作。

：所以，清尾的核心动作是什么？就是保证能够及时处理出货的尾数。

：要确保出货，就先要清理出货的尾数，而不是完全按照生产计划，要按照出货计划清理尾数。

：出货计划表如表 7－8 所示：

表 7－8　深圳市 BJH 科技有限公司出货计划表

深圳市 BJH 科技有限公司								
出货计划								
序号	出货日期	订单编号	客户代码	订单数量	出货款数	业务员	出货方式	注意事项
2	3 月 22 日	121101530	C0064	174	26	关柏强		22 日 14：00 前出货，安排司机送货

续表

3	3月22日	121101554	C0655	130	10	关柏强	其中6款出库存	22日14：00前出货，安排司机送货
4	3月22日	121101555	C0643	58	5	胡容琳		22日17：00前出货，货代提货
5	3月22日	121101561	C0589	30	1	潘明军		22日14：00前出货，安排司机送货
6	3月23日	121101477	C0536	15	10	姚建武	其中6款出库存	23日11：00前出货，安排司机送货
7	3月23日	121101480	C0536	43	25	姚建武	其中23款出库存	23日中午11：00前出货，安排司机送货
8	3月23日	121101468	C0536	496	103	姚建武	其中80款出库存	23日中午11：00前出货，安排司机送货
9	3月23日	121101572	C0611	110	3	姚建武		23日14：00前出货，安排司机送货
10	3月23日	121101526	C0600	978	45	李永志		23日17：00前入库到成品仓
11	3月23日	121101560	C0608	650	5	潘明军		23日14：00前出货，安排司机送货
12	3月23日	121101588	C0048	50	3	徐中健		
13	3月24日	121101612	C0653	114	8	刘超群	其中4款出库存	24日14：00前出货，安排司机送货
14	3月24日	121101291	C0318	430	10	姚建武		24日14：00前出货，安排司机送货
25	3月24日	121101512	C0003	1980	21	胡容琳	海运	24日17：00前完成，货代提货
	制表：			审核：				

标准：（1）PMC经理每天上午10：00前与销售部跟单主管确认未来3日出货计划给生产部主管、稽核总监、品质部主管
（2）凡是订了船期、空运日期的必须提前3天备注在出货计划备注栏

制约：生产部主管、稽核总监监督PMC经理是否按要求提供出货计划

责任：出货计划不能达成，PMC经理乐捐5元/单，造成重大损失按《质量赔偿管理制度》处理

备注：以上出货计划请PMC同事在14：00前回复，如到时间未回复的，默认可以按时完成。

：在表7－8中，出货方式、出货数量，包括哪个业务员负责都列明了，表下面还有出货计划应遵循的原则。

：都有标准、制约和责任这三要素。

（3）做包装清单计划

：出货计划出来了，PMC经理接到出货计划以后要在16：00前排出后3天需要出货的包装清单计划，与组装工序日计划一起下达给包装线。清单计划表如表7－9所示。

表7－9　清单计划表

<table>
<tr><td colspan="8">深圳市BJH科技有限公司
包装清单日计划表</td></tr>
<tr><td>序号</td><td>清单
完成日期</td><td>订单编号</td><td>客户代码</td><td>业务员</td><td>订单
数量</td><td>出货
数量</td><td>备注</td></tr>
<tr><td></td><td></td><td></td><td></td><td></td><td></td><td></td><td></td></tr>
<tr><td></td><td></td><td></td><td></td><td></td><td></td><td></td><td></td></tr>
<tr><td></td><td>制表：</td><td></td><td></td><td>审核：</td><td></td><td></td><td></td></tr>
<tr><td colspan="8">标准：PMC经理接到《出货计划》后，下午16：00前排出《包装清单计划》，与《包装日计划》一起下达给包装线；</td></tr>
<tr><td colspan="8">制约：生产主管监督PMC经理是否在要求时间排出《包装清单计划》；</td></tr>
<tr><td colspan="8">责任：（1）责任人不能按时提供以上资料，乐捐2元/次，提供资料错误乐捐5元/项；
（2）包装清单计划未能达成，责任主管乐捐10元/单。</td></tr>
</table>

：清单完成时间、哪些单还欠数、订单数量是多少、出货数量是多少，都要在这张表里明确下来。

：这份清单计划比原来的组装日计划还重要。

：是的，这是最优先级的生产任务。

：这是重中之重，首先要保证这张单的尾数能被完整地清出来，然后再来实施组装日计划，组装日计划还排在后面。

（4）尾数对单

：包装拉长根据包装清单日计划在17：00前排查已完成的包装型号。

PMC 发给包装工序的清单计划列明哪些单在仓库，还没齐套，拉长要去进行一次排查，并将已完成的包装型号填写在包装尾数跟踪清单，交给 PMC 经理，告诉 PMC 经理什么时候完成尾数清理。

稽核部专员进行专项稽核，稽核每天要进行检查。包装尾数的跟踪清单如图 7－3 所示。

包装尾数跟踪清单

3.24 [illegible]

序号	清单完成日期	订单编号	客户代码	欠型号	欠数量	目前进度	完成时间						备注
							维修组	组装	老化	测试	包装	OQC检验	
		1613		4411	30					14:00	15:00		
		1615		4411	20						11:50		
		1687		D500/13	20					14:30			
				D800/10	20			T2 16:00		16:30	22:30		
				1210Y	10					17:45	22:30		
				1530/33	20		14:00			16:00	19:30		
				1525/03	20					15:00	17:45		
				1735/33	5					15:00	17:45		
				E6400	2		14:00				17:45		
		1597		T60/23	30		1PCS 14:00	T1 [illegible]		28PCS 16:30	28PCS 20:00		
		1640		T60/21	40				14:30	20:30	22:30		
		1674		[illegible]	1					14:30	15:30		
		试产		1210/23	20					11:50	16:00		
				[illegible]	20					16:00	17:45		
		1292		M50Y	20		3PCS 15:00			17PCS [illegible]	17:45		
		1520		T60/23	1	待定					17:45		
				①及时[illegible] ②[illegible] ③及时备料									

图 7－3　包装尾数的跟踪清单

：大家都可以看到，在图 7－3 中，包装尾数的跟踪不是以小时或天为单位进行的，而是精确到每一道工序几时几分完成。例如表中欠型号为 1530/33 的订单，它欠数 20 个，这 20 个维修组必须在 14：00 前清出来，清出来之后送到测试工序，测试工序必须在 16：00 前完成测试，包装工序在 19：30 之前必须完成包装入库。

：其实这一点欠数才是我们关注的重点，我们要死死地盯住它。

：对，以前车间管理人员也追欠数，但从来没有像现在这样追。

：每张订单所欠的型号、数量都写到表上，每道工序的完成时间点都卡得很死，到时间必须要完成，不然就必须接受处罚。

我发现在这个模式里，欠数特别是出货时的尾数就成了所有人关注的焦点，而且针对欠数，各工序是 14：00 完成还是 17：00、19：00 都定得很死，绝对不可以超过时间。

：同时，不仅包装拉长自己拿着这张表时时跟进和核查，而且这张表要写到包装尾数看板上去，每天进行核对。包装尾数看板如图 7－4 所示。

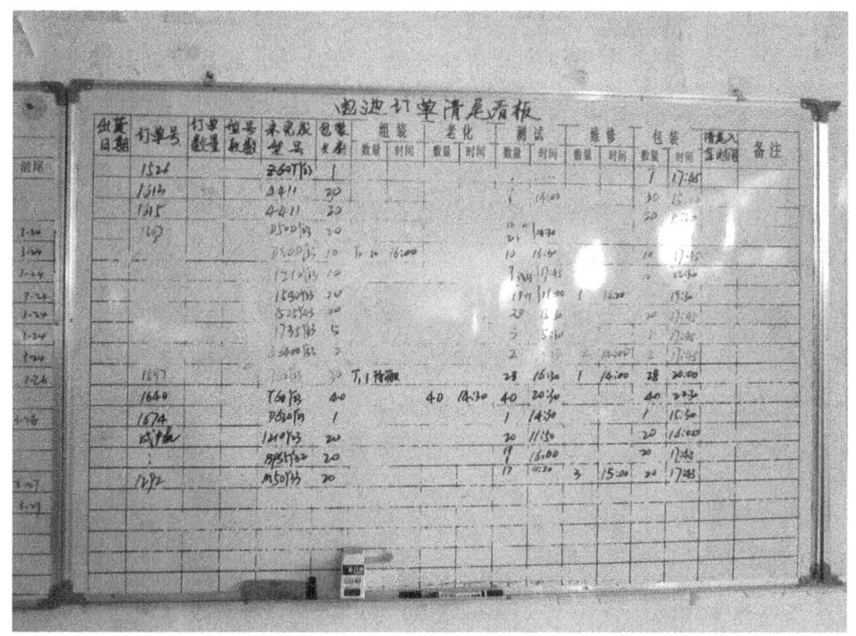

图 7－4　包装尾数看板

：每天在这个看板上看什么？尾数清楚了，各工序也承诺了完成时间，每天上午 10：00、下午 15：00 稽核专员要核对，看看他们有没有按照这个时间完成，这是看的核心。也就是所有人都在执行一个“追”的动作，以前管理人员随意追，现在是把欠数明确下来，每天上午下午各对一次单，按照各工序承诺的完成时间节点追欠数。

2. 确定清尾时间

（1）确定贴片、加工测试工序清尾时间

：以前他们对工序清尾时间是没有要求的，现在我们明确规定：贴片、加工测试工序每天必须完成当天的计划任务，清尾型号必须在 1 小时之内完成。

：这个尾数一方面是通过包装反馈回来的，另一方面还包括本工序在生产过程中因为不良品而造成的欠数。例如原来计划要交100个，现在可能只能交90个，有10个出现了不良问题，得返工，甚至要报废，这里面实际上也有潜藏着尾数、欠数。因此，如果出现了不良品，就必须快速维修。我记得他们以前的做法是出现了不良品，先放在一边，以人手不够等原因，拖几天才交下去，到最后出货就有尾数了。

：对。后面第三个重点的改善动作就是不良品的快速维修以及交接。

：如果是不良品甚至报废了，那就要从前工序快速补上，总之给定了这么多数量，前工序给后工序的数量也必须这么多，否则到后面就形成尾数了。采取什么方式来确保这个数量的达成，是工序自己的事情，但是要求非常严格。

（2）确定组装工序清尾时间

：组装工序每天必须完成当天的计划任务，并且转到老化工序；包装不良，也就是包装工序返回来需要维修的尾数必须在1小时之内修复，并且交接——重新退回给包装工序；不良品必须在2小时内完成修复并进行交接，就是自己产生的不良品，必须在2小时内完成修复并且交接给老化工序。

：绝对不允许拖。

（3）确定其他工序清尾时间

：老化工序必须将组装工序昨天做完并流到老化工序的东西当天全部老化完成，当天所有不良品必须当天老化完毕；要求测试工序白天所有老化完成的产品，必须在当天晚上就完成测试；要求包装工序当天所有的包装计划必须当天完成，当天所有转到包装的计划也必须当天完成。

：有这么多的必须！就像我一开始问的，你通过什么方式来达到这些必须呢？

：首先PMC的检查就是一个最直接的制约。

：就是计划有没有完成，PMC通过日报表、交接表来审查。因为是以天为单位进行考核的，没完成，该处罚就处罚，那么就会形成很大的压力，然后再通过前工序和后工序的横向控制，还有稽核的检查，最后把这些必须变成事实。也就是说，要达到这些必须，就要不断检查、考核，而且死盯着。

3. 对不良品进行跟进

：把各工序的清尾时间规定好了，接下来就是确定维修的时间了。不良品产生后，不一定所有的都要补，有一部分是可以进行维修的，怎样加快维修进度？不良品处理没有跟进怎么办？我们实施的做法是设置不良品处理进度看板，对不良品进行跟进。所有的不良品都写到这张看板上，如图7－5所示。

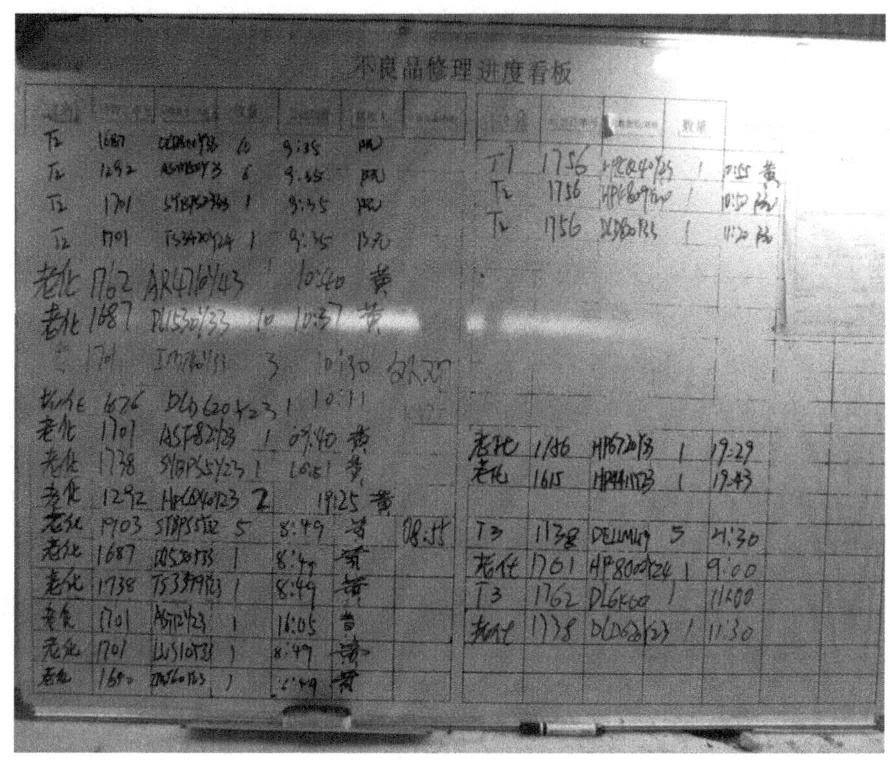

图7－5　不良品处理进度看板

：不良品的订单号、数量多少、实际转到维修组的时间和维修完成的时间，都能够在这张看板上直接体现出来。为什么要这样做呢？因为我们后面对维修组的维修时间进行了规定，把这张看板上的时间与标准维修时间比较，我们就知道维修组有没有在标准时间内完成维修。

：就是对维修工也有考核。

4. 及时清理、维修、交接不良品

：针对不良品清理、维修、交接不及时的问题，我们首先要求组装拉长每1小时清理一次需维修的不良品并送到维修工序。以前他们的做法是怎样的呢？就是到了下班的时候，把当天所有的不良品全部拿去，一起丢给维修工序，这样延长了不良品的维修时间。

除对不良品的维修时间进行规定外，我们首先还要求组装拉长填写不良品的交接表以及不良品的维修看板，同时将已修好的不良品取回，原则上不良品必须在2小时之内完成，就是从组装工序给维修工序到最后维修完成回到组装工序，这个时间必须在2小时之内。

：1小时清理一次，然后完成时间总的不超过2小时，时间非常短，以前拖1~2天是经常的事。

：甚至不止1~2天，拖着拖着东西都不知道去哪了，最后又只能重头做。

其次就是测试不良转维修工序的工作，测试员随时将不良品交到维修工序，并填写不良品交接表及不良品维修看板，随时回收已完成的不良品。

最后就是包装、测试转产线的工作，有些批量性的不良，需要拆机的就不仅仅是维修的问题了，必须重新回到组装工序进行维修。外观严重不良以及需拆机、数量超过5个以上的，必须转组装工序进行返修，并在1小时内完成。产线在收到不良品后，必须在2小时内完成返修，所有返修之后的产品必须重新通过测试再包装。

：这里面有一个问题，我相信实际上也出现过这样的问题，就是维修工说做不了，人手不够，维修组全体抵制的问题。因为对维修组限制得那么死，都是必须这么做、必须那么做，而且限定他们必须1~2小时完成，如果他们说做不了，那你怎么办?

：我们首先确定了维修组的标准产能。

：也就是说正常维修组是做得到的。

：对，我们对维修组实地了解后才确定这个标准，按照这个标准产能，维修组确确实实能做得出来。没有做出来，一方面是维修组本身的积极性不高，另一方面就是之前我们没有帮维修工确定到底哪些先修哪些后修。

：他们分不清先后，不急着要的在做，急着要的反而拖下来了。我觉得还有一个最重要的原因应该是对维修人员的积极激励。

：下面有一个专门的激励方案，这个方案明确了维修工及时、快速地修好不良品能得到的奖励。

5. 当天提报不良信息

：针对不良信息没有提报的问题，我们要求组装工序、维修工序、包装工序和测试工序每天下班前必须将当天不良品的统计表送给生产主管，让生产主管知道今天到底产生了多少不良，这些尾数按照前面的方式做到哪里，什么时候能返回。

通过计划，通过清理动作，通过抓最后的包装尾数、出货尾数和各工序的尾数清理，

尾数得到了及时反馈和处理，不良品得到了快速维修，保证了尾数能够及时补回来。

为提高订单准交率，我们规范了订单的下达和变更过程，实行了交期分解，规范了生产计划的下达和跟进工作，实施了清尾计划，一系列的动作明确之后，怎样保证这些动作持续做到位呢？接下来我们进行第七层觉知——通过攻关保证动作的落实。

八、 第七层觉知： 通过攻关保证动作落实

（一） 变革前的问题

> 管理动作要求下去，有没有效果？不知道！动作有没落实？不清楚！存在什么问题？不了解！只是为管理而管理，而不是从解决问题的角度思考问题。

：按以前的工作习惯，维修组返修不良品，管理人员只是要求他们及时进行维修，维修工愿不愿意做，有没有问题，管理人员不关注，即使有问题也不去帮他们解决。

：以前只是提要求而没有服务。我们首先要服务他，然后再去要求他。

（二）变革后的动作

问题	实施动作
生产批结率不高	制订生产批结率提升攻关方案，对生产批结提升动作进行规范，并进行达成激励
订单准交率不高	制订订单准交率提升攻关方案，对订单准交率的提升动作进行规范，并进行达成激励
生产效率不高	制订组装车间劳动竞赛方案，鼓励各班组落实各种控制动作并提升生产效率
无宣传	制订 PK 看板，每天公布成绩，并编制各种简报，对各班组的成绩进行激励和公布

：一切从解决问题的角度出发，如解决生产批结率不高、订单准交率不高、生产效率不高等问题。一方面制订各种规定动作并频繁检查，保证有针对性地解决问题；另一方制订各种攻关方案，对员工进行激励。

例如，针对生产批结率不高的问题，我们制订了生产批结率提升攻关方案。

深圳市 BJH 科技有限公司电池组装车间批结率提升方案

一、目的

（1）为有效改善电池组装车间目前生产存在的问题，如生产计划未按时完成、未按量完成、品质异常频繁等。

（2）建立完善的数据化管理，确保 PMC、生产车间、销售部的信息准确和及时流通，提高各相关部门工作效率。在保证产品质量的同时，在现有基础上最大限度提升车间批结率。

二、适用范围

电池组装车间各拉线。

三、实施时间

本方案实施日期从 3 月 1 日 ~3 月 31 日（结束后形成固化方案）。

四、攻关小组组织

总策划：　　组长：　　指导老师：欧博项目组　　组员：　　监督组：

五、产能提升目标

2月前工序批结率为50%，包装批结率27%左右，3月底提升目标：包装周平均批结率85%。

六、批结率提升攻关动作

序号	项目	动作	表单	责任人	执行时间
1	产前控制	（1）车间拿到生产排期后，组装拉长必须在下班前将第二天所用物料、夹具、辅料、样板准备好，如不齐备，快速将异常进行提报	生产异常处理单		3月3日
2		（2）车间制订排拉图，合理规划人员工位，并提前做好第二天人员安排	排拉图		3月3日日
3	工艺调整	（1）测试、加工工序进行对调，保证流入组装的产品的合格率	品质自检、互检动作控制卡		3月5日
4		（2）前工序调整正常后，组装段测试工位移至组装后段，兼卡机检验员，保证组装流出产品功能合格			3月15日
5		（3）组装段设拆胶纸工位，兼外观全检员			3月10日
6		（4）整合尾数清理小组，专门处理老化、包装发现的不良			3月5日
7	现场管理	（1）作业过程中，如有人员离开岗位，由拉长进行顶岗	车间管理规定		3月3日
8		（2）作业过程中，拉长随时关注流水线的连续性，特别要保证关键工位的连续作业			3月3日
9		（3）产品换线时，拉长注意控制流水线的衔接，提前备料，不要造成停线的情况			3月3日
10	异常处理	生产过程中，出现生产异常时，拉长必须快速填写生产异常处理单，提报生产异常，主管通知相关人员必须到现场处理	生产异常处理单		3月3日
11	进度跟进	（1）拉长每2小组填写1次生产进度，直接填写在日生产计划上	生产进度看板		3月2日
12		（2）计划员每2小时跟进1次。	计划跟进记录表		3月3日
13		（3）车间主管每2小进跟进1次，并在跟进记录上签名。			3月3日
14		（4）稽核检查跟进执行情况			3月3日
15		（5）每天早上8：30前提交前一天的计划完成情况及异常情况，将未完成信息写在生产日报表上	生产日报表		3月3日
16		（6）每天下午17：00，PMC、生产部进行对单，将任务安排到各个责任人，未按时完成乐捐2元/项	会议记录		3月3日

续表

序号	项目	动作	表单	责任人	执行时间
17	工序交接	（1）组装工序每2小时转老化工序1次；老化后，老化测试和包装测试同时进行	工序交接表		3月3日
18		（1）各工序发现的不良，必须每1小时清理1次，送尾数清理小组进行维修	生产不良品交接表		3月3日
19	尾数清理	（2）尾数清理小组每1个小时将返修好的产品送老化，时间见生产不良品交接表	不良维修看板		3月3日
20		（3）包装每天提报包装尾数，由各工序对尾数进度进行跟进，见清尾进度跟进表	清尾进度跟进表		3月3日
21	攻关	（1）车间每周组织各拉线拉长召开品质讨论会，针对不良类型进行分析和改善	制程不良统计报表		3月3日
22		（2）组装拉线提供难做、不良率高机型，由工程部立项进行工艺攻关	攻关立项表		3月3日
23	清尾考核	将批结情况每天进行统计，纳入到组装车间劳动竞赛，每天公布、每周三进行现金奖励	劳动竞赛方案		3月15日

七、奖惩标准：

1.（1）包装周平均批结率达成75%以上，奖励攻关小组成员200元/周。

（2）包装周平均批结率达成85%以上，奖励攻关小组成员300元/周。

（3）包装周平均批结率达成95%以上，奖励攻关小组成员400元/周。

（4）包装批结率低于50%，组长乐捐50元/周，组员乐捐10元/周（3月19日之前暂不作处罚）。

2. 每周订出本周清单目标，若目标未达成，攻关小组成员检讨原因，并进行改善。

3. 稽核对上述动作进行跟进，未按要求进行作业的，对责任人处罚1元/项；多次稽核仍不按要求执行的，交总经理进行处理。

制订：　　　　审核：　　　　审批：

会签栏：

：这个方案的重点是激励，包装的周批结率为75%的时候，我们每周奖励攻关小组成员200元，超过85%最终达到95%的时候，我们每周奖励各攻关小组成员 400 元。

：攻关人员包括具体的生产员工吗?

：包括。所谓的攻关就是集中大家的力量，一起来解决某个问题，管理人员和员工都是攻关小组成员（如图 7－6 所示）。

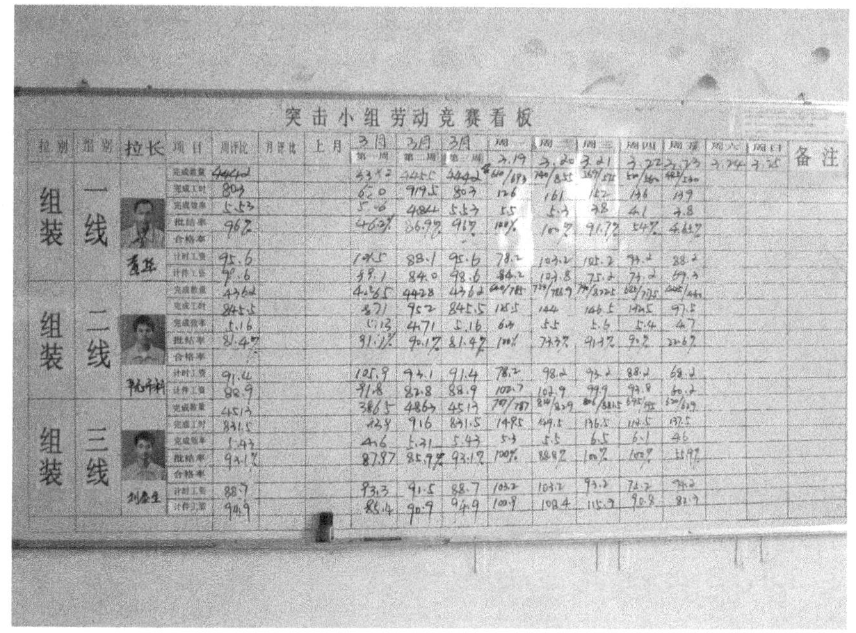

图 7－6　突击小组劳动竞赛看板

：如图 7－6 所示，左边是组装线，有一线、二线、三线拉长的名字。把当天的达成率、批结率、合格率和完成数量等相关数据填到这个看板上，每天进行评比。

通过这张看板，大家能看到每天谁做得最好，谁做得最差，同时制作各种简报对各班组的成绩进行公布。攻关方案里面更多的是物质上的奖励，员工做到了就能拿到钱，而看板和简报则是一种精神上的激励，简报如图 7－7 所示。

：从 PK 看板和简报，所有员工都能看到生产部电子车间的组装线劳动竞赛情况，能看到谁做得好，谁拿到了冠军，效果怎么样，数据是多少等信息。

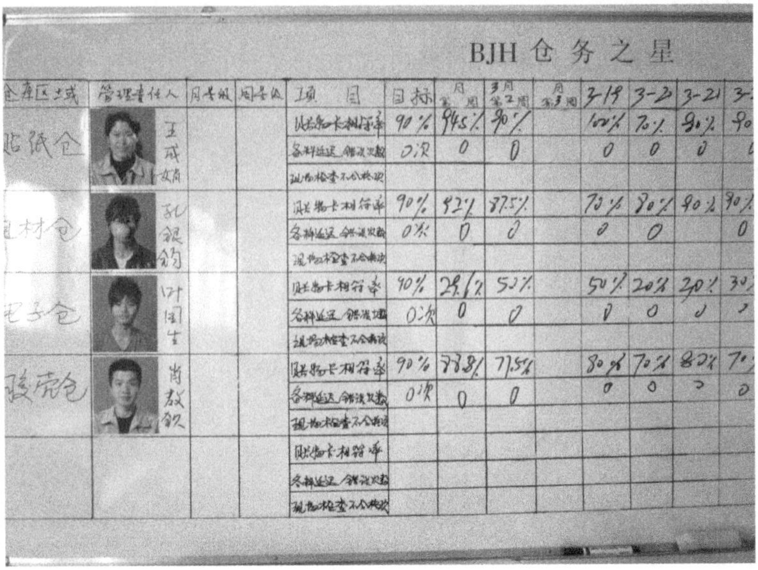

图 7－7　BJH 仓务之星简报

九、 动作完成后数据变化

：针对 BJH 公司短交期、多批次、小批量订单存在的问题，我们实施了一系列动作，最终取得了非常好的效果，如表 7－10 所示：

表 7－10　数据变化表

项目	变革前数据	2 月 27 日至 3 月 4 日	3 月 5 日至 3 月 11 日	3 月 12 日至 3 月 18 日	3 月 19 日至 3 月 23 日
组装批结率	50%	75.37%	78%	90.16%	90.76%
包装批结率	27%	50%	87.64%	98%	98%
订单准交率	20%	15%	65%	86.80%	97.62%

从表 7－10 看出，组装工序的批结率由变革前的 50% 提升到 90.76%，包装工序的批结率由之前的 27% 提升到 98%，订单准交率由 20% 提升到 97.62%。生产周期也压缩到了 7 天以内。

案例八

YS 公司如何通过"分段控制法"提升效率

（曾教授）：YS 公司属机械设备型行业，它的计划模式又有什么特点呢？

（曾副总）：这是我们在中山市所做的一家机械设备有限公司的计划模式案例，它的核心是通过“分段控制法”提升效率。

为什么要用“分段控制法”呢？因为大型机械设备的加工周期跟电子产品、家具的加工周期不太一样，它的有些工序加工周期长的时候可能都是一个星期，所以它没有办法明确每天的日计划。但如果不明确每天的日计划，我们最后又没办法对员工进行每日的考核，针对这种情况的企业，我们专门设计了一个计划模式。

：把一个大过程分成几段进行处理，这叫分段控制。也就是说，把一个生产过程分成几段，分段下任务、分段进行考核、分段进行管控，而不是等产品最终做出来了，针对做得好不好、有没有完成任务做一个笼统的考核。

一、 进驻前 YS 公司状况

（一） 企业简介

中山市 YS 机械设备有限公司（简称 YS 公司）创立于 2003 年，集数控车床设计开发、生产、销售及售后服务为一体，是国内较早致力于中高档精密数控车床生产、销售的企业。

公司下设机械加工、部件装配、机械总装、钣金加工、强电组装、机床检测等八个车间和设计开发、行政后勤两个部门，月生产销售数控车床达 100 余台，产品畅销全国各地，年产值达 8000 万元。

：YS 公司主要产品是全自动数控机床，年产值达 8000 万元。图 8－1 是产品图片。

图 8－1　产品图片

（二） 进驻前的公司状况

> **装配车间产能和人均效率低**：2012 年 1～4 月平均产量为 56.7 台/月，每天车间人均效率为 0.09 台/人 。
>
> **对工人操作要求高**：从底盘到大罩装配和自检，装配员工个人必须全部独立完成，装配周期长，导致不能准确安排每人每天的工作，其他车间的富余人员不能支援协助，造成车间忙闲不均。
>
> **物控操作难度大，备料要求高**：装配时所有物料必须一次全部发到车间，车间变仓库，明明有料生产，仍会报欠料。

：我们项目组是 2012 年 4 月 27 日进驻的，到 5 月 26 日的时候我们召开了誓师大会，这标志着项目正式进入实施阶段。

当我们进驻这家企业的时候，企业所面临的问题是装配车间产能和人均效率很低，据统计数据显示，2012 年 1～4 月平均产量只有 56.7 台/月，车间人均效率为0.09台/人每天。

装配车间对工人的操作要求很高。首先，从底盘到大罩装配和自检，装配员工个人必须全部独立完成。也就是说，整台机怎么装，每一个装配工人必须全部掌握。我们刚进驻的时候，他们采取的就是这种独立作业的方式——一台机械设备一个员工要从头一直装到尾。

：我到现场看过，说实话，效率非常低，而且过程也没法管。

：主要就是过程没法管，一个人从头装到尾，肯定不可能一天做完，那么每天该做多少就没法管控了，这就导致没有办法准确地安排每人每天的工作，其他富余的人员也没有办法支援、协助，并且过去帮忙也没用，因为不会组装，所以就造成车间人员忙闲不均。后面总是做不出来，前面总做也没用，或者前面比较闲，后面的总装车间忙得要死。其次，物控操作的难度大，备料的要求也高，因一备料就必须把所有的物料全部备好，并发给员工。物料一次性全部发给车间，车间就变成了仓库。装配员工面对一大堆物料，自己有时也理不清，导致明明有料生产，仍然会报欠。

：就是员工本来可以先做一部分，但他现在还是要等全部的料到位才开始做。

：对，料全部到位他才能做。

：这样就无形把生产周期拉长了。

：这就是我们碰到的一个非常实际的问题了。那么接下来欧博项目组老师是怎么做的呢?

二、 第一层觉知： 统计数据， 把生产效率的实际情况搞清楚

（一） 变革前的问题

：变革前工作习惯是，从总经理到所有管理人员都知道生产效率低下，

但不知道以现有设备、现有人员每月到底能生产多少台，不清楚组装车间每天能组装多少台，也不清楚各车间各工序的人均日产量是多少。

（二） 变革后的动作

：针对这个问题，项目组进行了详细的调研，通过数据统计得到以下结果：

（1）总装组每人日均效率为0.15台/人/天；

（2）精装组每人日均效率0.43台/人/天；

（3）电气组每人日均效率0.29台/人/天；

（4）调试组每人日均效率0.39台/人/天；

（5）装配车间整个车间每人日均效率为0.06台/天/人，月人均效率为0.09台/人/天，应该说这个效率是非常低的。

三、 第二层觉知：改变知而不觉的习惯，明确装配分段方案

（一） 变革前的问题

长期以来装配车间产能和人均效率低，公司总经理希望在总装车间实施流水作业以提高生产效率，但没有明确的任务要求，只是跟车间管理人员提过。由于生产部没有形成任务，在接下来的一年时间里，车间也就没有做任何动作。

：那么数据明确了，为了改变大家知而不觉的习惯，欧博项目组制订了装配分段方案。

推行管理变革前，装配车间产能和人均效率比较低，公司总经理也希望在总装车间实施流水作业方式，其实就是分段作业的方式，即把一个人独立完成一台机器装配改为多个工位装配、每人装配一段的流水作业方式。

：就是把装配过程相对标准化，规定第一个阶段装什么，第二个阶段装什么，第三个阶段装什么，然后由不同的人装配不同的段。现在他们是交给一个人，从哪儿开始装都可以，只要装配完成即可。

其实，他们现在的生产过程就是非标准化的。非标准化就意味着你能装，别人就不一定能装了，而且非标准化要求一个人掌握每一个工段的装配，并且实施装配。毫无疑问，这样的效率低，因为分工越专业，效率就越高。不进行分工，效率自然低。他们原来想改变，但为什么一直没做成呢？

：提出流水作业这个想法已经一年了，但是没有一个明确的任务要求，大家不知道实现流水化作业到底应该怎么做，从什么地方开始做，需要具备什么条件等。那时老板只是跟车间人员提，生产部也没有形成任务，最后就是任何动作都没有，大家只是口头上谈。

：企业中类似的现象非常多，例如很多品质经理、品质总监经常说，下个月一定要重点抓品质，提高品质合格率。但实际上品质合格率却往往并未提升。这说明有想法的人很多，但真正去改变企业的人却很少，这是什么原因呢？

：我认为八个字“议而不决，决而不行”。

：为什么会“议而不决，决而不行”呢？

：因为讲讲又不累，也不麻烦，但真正自己去做，或者进行协调时，很多管理人员就会觉得很辛苦。

：说到底，讲起来容易，做起来麻烦，大家怕麻烦就没有去做了。那老板不去督促大家做吗？

：老板也怕麻烦。

：老板其实也不想把自己放在麻烦当中，老板也想做甩手掌柜。他希望他一提要求，大家马上就按他的要求去做；他一提什么创意，大家马上就去实施。一层一层的管理人员其实都有这一种想法，这就导致很多好的想法，没有办法真正实现。

（二） 变革后的动作

问题	实施动作
从总经理到车间员工都知道效率低，但没有采取任何动作	（1）由装配主管在 9 月 5 日召开分段装配讨论会，对各段的装配工时和单价进行初步确认 （2）按照分段标准，装配车间组长从 8 月 15 日至 8 月 25 日进行数据收集，每天登记每位装配师傅的完成情况，并形成汇编数据

1. 对各段的装配工时和单价进行初步确认并分段

：变革后的第一个做法是，欧博项目组老师督促装配主管在 9 月 5 日召开了分段装配讨论会，这就不是只提个想法，而是要切切实实解决问题了。通过召开装配分段讨论会，对各段的装配工时和单价进行初步确认。装配分段分解表如表 8 –1 所示。

表 8 –1　装配分段分解表

总装分段分解与单价（单位：元）							
分段	段项	产品机型 每段内容	斜床 36/42/25 机	平床 36/42 机	斜床 36/42/刀塔机	斜床 36/42/车铣机	斜床 36/42 刀塔车铣机
1	底盘块	底盘边孔、油机、水泵、液压站、主轴电机	70	65	100	120	120
2	大罩门	油缸、编码器（车铣的装刹车）、大罩门底盘门、拉大罩吊大罩，锁大罩，主轴电机护罩	70	65	70	120	120
3	床身钻孔	床身拖板孔、主轴、底盘床身安装孔、车头箱安装孔，吊上安装	80	70	80	100	100

续表

总装分段分解与单价（单位：元）							
分段	段项	产品机型 / 每段内容	斜床 36/42/25 机	平床 36/42 机	斜床 36/42/刀塔机	斜床 36/42/车铣机	斜床 36/42 刀塔车铣机
4	防护罩安装	隔板、防罩、副板、收尾清理、	70	50	80	80	80
5		拉料	平分	平分	平分	平分	平分
6		刀塔安装			30		30
7		单价	290 元/台	250 元/台	360 元/台	420 元/台	450 元/台

这还不是系统的分段，系统分段是把装配分成几段，每一段包括哪些动作、有哪些装配要求，这里只是把一台机械设备的主要部件分解出来，定出各部件的单价。以前是一个整体单价，就是一台机装完了，按整台机计算工人工资。现在是把钱分段付，例如一种机床，装底盘块能拿多少工资，装大罩门能拿多少工资。

：就等于把一台机器总的装配单价进行了分段分解，实际上也就是对一台机器进行了分段工时的确定。例如做这一段大概要多少工时，做那一段大概需要多少工时，因为单价与工时对应。

：具体请看装配车间分段方案。

装配车间分段装配方案

一、目的

为提高装配车间人均效率及品质，将装配工序进行分段控制，特制订此产能提升攻关方案。

二、适用范围：装配车间。

三、实施时间：本方案实施日期从9月7日开始。

四、攻关小组组织

组长：汪超　　副组长：钟爱广　　顾问：汪总、欧博项目组

组员：覃安立　姚宗海　岳超全　岳勇　曾昱泳　杨建华　张继荣　杨才照　廖江群　刘旭苏　　稽核：姜波

五、小组成员职责

（1）组长：负责攻关活动的决策。

（2）副组长：负责组织组人力资源，确保每天合理排产及每天生产任务的完成。

（3）组员：按组要求组织班组员工按时完成每天的工作任务。

（4）顾问：负责对攻关活动实施过程的指导。

六、提升目标：提升20%产能。

七、分段攻关动作

（1）清单分段：责任人：杨才照

①标准25/36/42清单　9月9日　②标准36/42车铣清单　9月11日

③准36/42刀塔清单　9月13日　④准36/42车铣刀塔清单　9月14日

⑤6142整体及加长　9月17日　⑥修复受控文档　9月21日

（2）分段备料：责任人：廖江群

根据分段清单按时完成备料（根据备料作业动作控制卡），备完物料后并在每个卡板上面备注A段、B段、C段、D段和F段物料。

（3）装配人员分工：责任人：钟爱广　完成时间：9月6日

A段：张继荣、杨建华　B段：岳勇、覃安立　C段：岳超全、曾显泳　D段：姚宗海

（4）各段单价：责任人：钟爱广　完成时间：9月6日（并制订各段单价表）

普通斜床CKX6136/CKX6142/CKX6125

A段：单价65元/台　B段：单价85元/台　C段：单价70元/台　D段：单价70元/台

（5）工序交接单、各段计件工资统计表；责任人：刘旭苏　完成时间：9月6日

（6）A段装配工序：责任人：装配员工 完成时间：每天

底盘所有大罩安装孔（底盘与大罩固定位置孔）→钻孔、攻牙→底盘脚→油机加注油→油机门（门销与门锁）装→胶管水泵接管并锁好→水管接头→通到底盘上面→液压站不接高压油管回油管→加液压油、油箱固定→水面计油面计→安装主轴电机（电机架皮带轮固定）→电机架上好→螺丝不锁紧→放水孔螺丝安装→装主轴电机拆、装、更换、配置机床要求的电机为准（刀塔机、车铣机一样、车铣主轴伺服电机，调试电机）。

（7）B段装配工序：责任人：装配员工　完成时间：每天

床身配件拉料→精装拉床身→床身X、Z轴前、后内防护安装孔→限位开关支架孔锁紧→撞块支架锁紧→调机前副板→主轴安装→车头箱安装孔→底盘过桥

孔→Z轴前护罩支架孔（钻车头箱四个）→伺服电机→联轴器→油封→润滑油管连接→清洁→床身锁紧→车头箱锁紧→连接主轴皮带→锁紧电机。装好X、Z撞块、撞块支架锁好。伺服电机护罩孔、Z轴后护罩挡板孔（注：刀塔机要钻线槽孔）。

（8）C段装配工序：责任人：装配员工　完成时间：每天

报拉料→调试好锥度后→编码器→车头箱编码器支架轴孔（注：车铣机装刹车器、刹车器支架孔、刹车盘、主轴同步轮）→油缸、接水槽→回油管、高压油管、回水管连接、油缸支架、行程锁母→斜床伺服电机更换→拉大罩→吊大罩→锁大罩→活动门→侧边门→箱门→油缸门→门锁→门杆→油机门门锁门销→水箱门门锁门销铭牌→名牌→液压站盖板。副板量中心高磨。

（9）D段装配工序：责任人：装配员工　完成时间：每天

隔板→装X、Z轴前护罩支架、螺丝孔→伺服电机护罩→Z轴零点开关护罩→Z轴后护罩挡板→护罩耳朵锁紧孔→联轴器护罩→胶条→清洁→护罩耳朵焊接→冷却水管连接（主轴电机护罩防尘罩）伺服电机线压紧（车铣机要固定变压器）。

（10）E段装配工序：责任人：装配员工　完成时间：每天

刀塔安装打表→刀塔油管连接→油管支架钻孔攻牙安装→刀塔护罩钻孔攻牙安装。

八、数据汇总及奖惩标准

（1）奖惩：请参考具体奖惩条例。

（2）以上数据每天由刘旭苏在10：00前统计汇总交给装配主管，并对每天报表数据进行检查、记录。

（3）以上责任人未按时完成，处罚5元/次。在攻关过程中，对应责任人未出现，处罚事项者奖励责任人10元/周。

九、附则

（1）每周四由汪超组织攻关小组成员召开攻关总结会议，总结经验，调整思路。

（2）攻关于9月28日结束，9月29日上午汪超组织攻关组长及攻关小组成员进行总结。

（3）攻关期间所有成员不得缺席，特殊事情请假须经攻关组长同意，否则按旷工处理。

十、汇签

张继荣		曾显泳	
杨建华		岳超全	
岳勇		覃安立	
姚宗海		杨才照	
确认人员签名		廖江群	

组长：　　　　　　车间主管：　　　　　　审核：

：大家可以看到，这个方案对装配工序如何分段做了详细的说明，并且实施货物清单分段，仓库只需要备齐某种机床某段工序需要的物料即可，这些物料发给车间，车间就可进行该段工序的装配，不再需要一次性把装配该机床所需的全部物料备好。哪一段的物料备齐了，负责这一段的装配工就可以开始工作了。

：装底盘的时候，底盘需要哪些物料配合，仓库就把这些物料备好，底盘就开始装，这就是分段备料。

：同时我们把装配人员也进行了分段。假设A段专门装底盘，那么负责装底盘的人是哪些，把人员固定下来，也包括各段的单价都确定下来。同时我们也把每一段所包含的装配工艺明确下来。

：等于把每一段的工序工艺标准化。以前靠个人的经验来做，没有把装配工艺标准化，导致甲员工有可能先做这个动作后做那个动作，乙员工可能先做那个动作后做这个动作。

总的来讲，这个装配分段的指导原则就是先把我们所做的事情觉知清楚，觉知这些事情还可以分割成哪些更细小的事情。

通过装配分段，我们把装配一个机器的总过程进行了细化，觉知到了更加细节的部分。针过这些细节，我们确定标准，然后把这些切割成一段一段的事与人对应、与时间对应、与单价对应、与物料对应。这是一个化整为零的做法。

对于YS公司的机床装配来说，化整为零让装配过程更加清晰，大家不仅清楚机床装配的整体情况，对每一段每一节的装配更是了如指掌。

把事情搞清楚，把细节搞清楚，把它规定好，然后再实施管理，这是做好管理的前提。这样就减少了对员工经验的依赖，也提高了做事的效率，而且不打乱仗。所以，做好管理，要先觉知，而且是细节化的觉知。

2. 统计每段的装配工时

：按照我们的分段标准，装配组长从 8 月 15 日到 8 月 25 日进行数据收集，收集什么数据呢？就是每一段的每一个动作的装配工时是多少。

以前虽有工时数据，但都是估计的，没有人准确测算过。那么在这里，就实际测算一下从 8 月 15 日到 8 月 25 日这一段时间内，每一种机型 A 段装一个零件需要多长时间，B 段装一个零件需要多长时间，以此形成每种机型装配的总时间表（如表 8－2 所示）。

表 8－2　总装安装 CKP6136/CKP6142 平床机床用工时表

段号及物料名称	时间/分钟	备注
拉料对料	45	
1. 床身钻孔攻丝	100	
1. 底盘床身安装孔钻孔攻丝	40	70
1. 吊床身锁紧	20	
1. 安装主轴加吊上锁好	30	
2. 安装油缸加接油管	30	
2. 安装编码器	12	
2. 拉大罩、吊大罩	20	65
1. 装伺服电机	25	
2. 装大罩门、底盘门	80	
1. 钻主轴箱安装孔	18	
3. 装主轴电机	45	
3. 钻底盘边孔、攻丝	13	65
3. 油机安装	11	
3. 水泵安装	20	
4. 隔板、防护罩安装	130	50
2. 锁大罩	18	
2. 装主轴电机护罩	20	
4. 清洁、收尾、自检	20	
3. 液压站安装	80	总 250
合计：	777	分钟
合计：	12.95	小时
该统计表由以下人员确认：姚宗海　曾显泳　岳勇　覃安立		

注：物料名称中的序号代表段，1 就表示 A 段，2 就表示 B 段，依此类推。

：原来分段统计的单价是凭经验讨论出来的，而不是实际测算出来的。

本来单价对应着工时，但以前那种对应并不科学，并不标准，更多的是依据经验。现在我们通过实际测试，把它变得更科学一点，更合理一些，使它更加标准化。

：但这个也不是绝对准确，也只能说相对准确。

四、 第三层觉知： 实施备料分段，确保日计划完成的物料

（一） 变革前的问题

> 车间生产没有分段，机台配置是一张汇总表。物控安排仓库物料准备要全部一次到位，经常出现需要先装的底盘零件有，但因为整机物料不齐套，计划员不能下达正式冷冻日计划任务，仓管员只能按整机有什么来备料。但在生产装配的时候，生产装配师傅装到具体部件时，又可能发现仓库的整机备料有缺失，于是又停下来到仓库去领料。装完一台机，到仓库领料八九次，严重影响生产计划进度。

：以前备料是一次性全部备齐，但一次性备料往往又会因为各种遗漏而无法实实在在做到位。也就是说，表面上仓管员把物料一次性备好了，但实际上经常缺东西。而仓管员认为物料都给车间了，也没法讲清到底缺哪个，只有在做的过程中，才能发现具体少什么。当车间反反复复领料时，工作效率就被影响了。

实行分段备料后，仓库分段备料，是 A 段的就备 A 段的料，是 B 段的就备 B 段的料。这样，备料时的遗漏现象就会大大减少。同时，A 段的料备齐了，负责 A 段装配的工人就可以先做了，就不会出现工作拖拉的情况。

（二）变革后的动作

问题	实施动作
物料清单没有分段，备料始终处于欠料状态，冷冻日计划不能下达，反复领料	(1) 技术部工艺员在9月6日18：00下班前，按照生产计划将物料清单分段交到仓库备料 (2) PMC从9月7日开始编制日分段计划，仓库按照分段清单实施分段备料，每天下午16：00前完成第二天的冷冻日计划备料，备完物料后在每个卡板上面备注A、B、C、D和F段物料

1. 将物料清单分段交到仓库备料

：针对欠料问题我们所做的第一个动作是，技术部工艺员在9月6日18：00下班前，按照生产计划机台型号将物料清单分段交到仓库备料，如表8－3所示。

表8－3 CKX6142机总装零件明细表

订单编号			YS1209－30	数量	1	台	版本				
备料时间				领料时间							
序号	装配工段	货架编号	零件名称	零件图号	规格/型号	每台数量	单位	台数	需求量	实发量	现存
1	A	A11001	直接头	无	G3/8”转G1/2”	1	件	1	1		
2	A	A11－002	风冷器弯接头	无	1/2”－14	2	件	1	2		
3	A	A11－007	一位阀体	无	70×70	1	件	1	1		
4	A	A11－007－1	英制喉塞（PT牙）附送件	无	1/4”	2	件	1	2		
5	B	A52－033	油封密封圈	无	Φ28×Φ45×8	1	件	1	1		
6	B	C41－003	X－普森A2－5主轴车头箱	X30000	390×270×245	1	件	1	1		
7	B	C51－005	Z轴前护罩	X20051	696×520×133	1	件	1	1		
8	B	C51－006	X轴前护罩	X20052T	854×240×90	1	件	1	1		
9	C	C22－003	水箱门	X10039T	315×255	1	件	1	1		
10	C	C23－001	油机门	X10044T	315×315	1	件	1	1		
11	C	C53－001	大罩大门	X40005	605×930×160	1	件	1	1		

：如表 8－3 所示，装配工段 A 段需要哪些零件，需求量是多少，仓库就按照明细把 A 段、B 段、C 段和 D 段的物料分别准备好。以前他们不这样分，现在等于按工段制订 BOM 表。

：以前有 BOM 表，但不是按工段来做。

没有分段，就没办法分段备料；没有办法分段备料，就没有办法下日计划。为什么呢？因为原先只能规定一台机器多少天做完，并且到了最后才知道能不能完成。

：这个工段划分就是以天为单位的。就是在正常情况下，每一个工段在一天之内是可以完成的，这样就便于制订日计划。

2. 编制日分段计划

：第二个动作是 PMC 从 9 月 7 日开始编制日分段计划，仓库按照分段清单实施分段备料，每天下午 16：00 前完成第二天的冷冻日计划备料，备完物料后在每个卡板上面备注 A 段、B 段、C 段、D 段和 F 段物料。

：分段备料完全是为日计划做准备的，有日计划才便于日考核，有日考核才能调动员工的积极性，才能对他的效率提升有很大的刺激作用。

：对，这样才能评估工作的好坏。

：也才能知道他的进度是快了还是慢了，否则等到最后装出来再说，那个时候黄花菜都凉了。

：对，已经来不及了。日滚动分段计划和进度看板如表 8－4 所示。

表 8－4　总装车间 5 日滚动计划

10 月 6 日至 10 月 9 日总装组：（A 段、B 段、C 段、D 段）　调试组 H（入库）										
序号	客户名称	订单编号	机型	10 月 6 日	10 月 7 日	10 月 8 日	10 月 9 日	10 月 10 日	欠料情况	备注
				计划	计划	计划	计划	计划		
1	爱德威	YS1207451	CKX112—双主轴		H				不欠	
2	法兰帝	YS1207450	CKP6132					DH	不欠	
3	爱德威	224	CKX6142 整体加长		H				不欠	
4	华飞五金	YS1209541	CKP6142 加长					H	不欠	

续表

10月6日至10月9日总装组：（A段、B段、C段、D段） 调试组H（入库）										
序号	客户名称	订单编号	机型	10月6日	10月7日	10月8日	10月9日	10月10日	欠料情况	备注
				计划	计划	计划	计划	计划		
5	爱德威	YS1207452	CKX112—双主轴		D		H		不欠	
6	销售预测	库存9-29-1	CKX6142（兰域YS1208526）		H				欠H40双刀架，10月9日到	
7	销售预测	10/13	CKX6142（兰域YS1208527）		H				欠H40双刀架，10月9日到	
8	销售预测	10/15	CKX6142（兰域YS1208528）		H				欠H40双刀架，10月9日到	
9	销售预测	10-38	CKP6136	B段、C段	D		H			
10	YS1209566	鑫光	CKX6125	A段、B段	C	D		H	床身9月7日完成安装，同步轮编码器配件8日到，10月9日到底盘脚毛坯，10月11日完成车	

：从表8-4大家可以看到客户名称，10月6日至10月10日计划要做什么。例如，10—38 CKP6136这款产品，就要做B、C这两段，鑫光CKX6125要做A、B两段，这样就可以安排日任务了，每天就可以针对装配的达成情况以及效率进行日考核。图8-2就是我们的分段备料区。

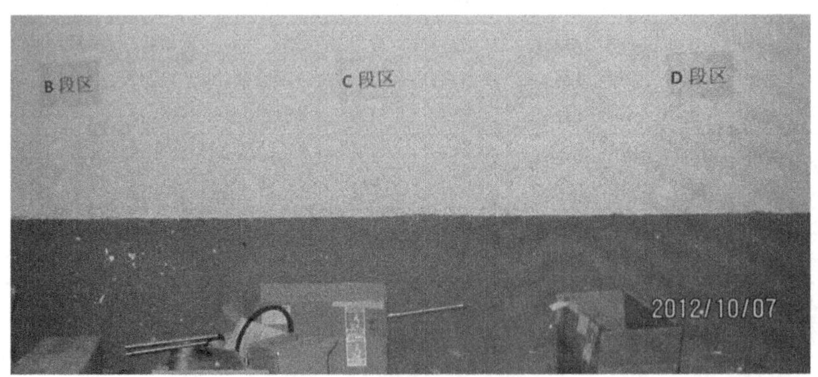

图8-2 仓库备料分段图片

：以段为标准摆放物料，不同段的物料放置在不同区域里面。

：实物备好以后，就放到这个区域里，这样不仅账面上有备料，还有一个实物的备料区。

：对，然后还有一个备料看板，如图 8－3 所示：

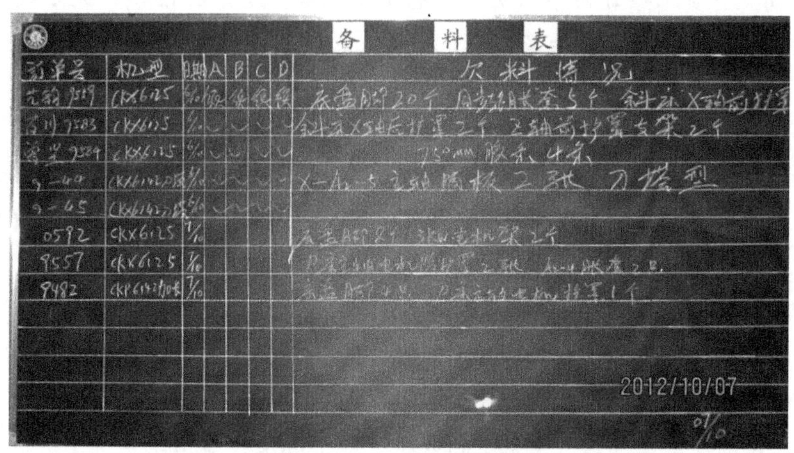

图 8－3　YS 公司备料表

从图 8－3 大家可以看到，这张备料看板的内容也是分段的。例如第一个机型分 A、B、C、D 四段领料，每领走一段的物料，仓管员就在这里写一个“领”字。这样什么料领走了，什么料还没领，一下就清楚了。

五、第四层觉知：实施分段装配任务日计划，现场协调异常

（一）变革前的问题

现场任务不明确。知道欠料，但具体任务应当完成到什么程度，车间和计划都不知道；何时应该完成，不知道。能不能完成就变成很正常的事情，客户询

> 问何时可以交货，只能估计，确切的时间没人知道。
>
> 由于一台整机装配至少在三天以上，在装配的时候又经常缺料，于是车间安排生产时，就给一个员工同时下达几台机型的装配任务，但到底每天能完成哪台机，不能完成的机台每天具体的完成状况，不清楚也不没有要求。
>
> 车间生产员工每日任务不明确，也没有明确、规范的任务下达方式，完不完成没有生产进度跟进，结果大多数机台的生产周期长达 5 天以上，最长的甚至超过 15 天。

：分段备料完成了，接下来就是在实际的生产过程中实施分段装配任务日计划了。以前的工作习惯是现场任务不明确，知道欠料，但具体任务应当完成到什么程度，车间和计划部都不知道。因为没有办法评估，工人装哪个都可以，所以也就没有办法规定员工每天要做到哪一步。

所以何时应该完成也不知道，当然完不成就变得很正常的事情了。客户询问何时可以交货，只能估计，确切的时间没人知道。由于一台整机装配至少要三天以上，装配时又经常缺料，于是车间就想了一个办法，就是给一个工人同时下达几台机器的装配任务。

：有什么装什么，好像大家的时间都充分利用起来了，但最后每台都做不出来。

：对，而且谁也讲不清楚。到底哪台机器今天能够装出来，装不出来的机器装到了哪一步 PMC 也不清楚，也没法要求员工每天完成什么。

：这样，效率的提高就越来越依赖员工的积极性了。装配一台机器的进度是快还是慢，是今天完成还是明天完成，就全靠员工，这样一来，管理越来越弱。

：在公司看来，只要工人的活儿不停就行。

：让工人凭良心做事，管理越来越弱，效率肯定是低的，因为管理才有效率。

：所以车间生产员工每天的日任务也无法明确，也没有明确、规范的任务下达方式。任务不明确，没有生产进度的跟进，结果大多数机台的生产周期就更长了，有的长达 5 天以上，最长的甚至超过 15 天。

：把这么多物料一下都给员工，让员工自己看着办，员工总能找到活干，并且一天到晚都忙忙碌碌。这样看似效率提高了，但因为没有管理，怎么去调动每个人的积极性，怎么去约束员工就成了问题，结果完成一台机的装配由 3 天变成 5 天，甚至 15 天。这就是放弃管理的结果。

：这是一种偷懒的做法。

：其实，问题出在理念上。长期稳定的效率不可能来自所谓的良心，只能来自严格的管理。如果每个人都可以凭着自己的良心就能把事做好，企业还要什么管理？要管理的原因在于企业最终要靠管理才能有效益，放弃管理，肯定没有效益。

（二） 变革后的动作

问题	实施动作
车间生产员工每日任务不明确，也没有明确、规范的任务下达方式，完不完成没有进度跟进。	（1）9 月 7 日由总装组长正式实施日生产计划，每人可同时装 3 ~5 台，每人批量生产，提高个人生产效率 （2）从 9 月 7 日开始装配组长每天按照生产计划在前一天下午按照分段生产要求和员工个人实际情况做好任务分工，并在第二天早会上宣读下达任务 （3）将特殊机型机床另分给每天提前完成分配段数的人员，从装配开始到完工都由他们独立操作

：针对这个问题，由总装组长于 9 月 7 日正式实施日生产计划，每人可同时装 3 ~5 台的同段工序）。每人批量生产，提高个人的生产效率。同时，从 9 月 7 日开始，装配组长每天按照生产计划，在前一天下午按照分段生产要求和员工个人实际情况做好任务分工，并在第二天早会上宣读并下达任务。9 月的分段记录统计表如表 8 –5 所示。

表 8 –5　装配车间每天的工作安排表

序号	日期	客户	订单号	机型	工段	操作员	计划完成时间	实际完成时间	数量
1	9 月 7 日	库存	9 – 18	CKX6136	B	覃安立	9 月 7 日	9 月 7 日	1
2	9 月 7 日	库存	9 – 12	CKX6136	B	姚宗海	9 月 7 日	9 月 7 日	1
3	9 月 7 日	库存	9 – 13	CKX6136	B	姚宗海	9 月 7 日	9 月 7 日	1
4	9 月 7 日	华亿宝	8524	CKX6136	B	姚宗海	9 月 7 日	9 月 7 日（未按时完成）9 月 8 日	1

续表

序号	日期	客户	订单号	机型	工段	操作员	计划完成时间	实际完成时间	数量
5	9月7日	库存	9－18	CKX6136	A	曾显泳	9月7日	9月7日	1
6	9月7日	库存	9－12	CKX6136	A	曾显泳	9月7日	9月7日	1
7	9月7日	库存	9－13	CKX6136	A	曾显泳	9月7日	9月7日	1
8	9月7日	亚欣	7475	CKX6142	B	张继荣	9月7日	9月7日	1
9	9月7日	可时达	8512	CKX6125	D	张继荣	9月7日	9月7日	1
10	9月7日		8520	CKX6136	D	岳超全	9月7日	9月7日	1
11	9月8日	库存	9－15	CKX6136	B	覃安立	9月8日	9月8日	1
12	9月8日	库存	9－16	CKX6136	B	覃安立	9月8日	9月8日	1
13	9月8日	亚欣	7475	CKX6142	A	覃安立	9月8日	9月8（未按时完成）9月9	1
14	9月8日	库存	9－17	CKX6136	B	姚宗海	9月8日	9月8（未按时完成）9月10	1
15	9月8日	库存	9－12	CKX6136	D	姚宗海	9月8日	9月8日	1
16	9月8日	库存	9－13	CKX6136	D	姚宗海	9月8日	9月8（未按时完成）9月9	1
17	9月8日	华亿宝	8524	CKX6136	A	曾显泳	9月8日	9月8日	1
18	9月8日	库存	9－12	CKX6136	C	曾显泳	9月8日	9月8日	1
19	9月8日	库存	9－13	CKX6136	C	曾显泳	9月8日	9月8日	1
20	9月8日	库存	9－15	CKX6136	A	张继荣	9月8日	9月8日	1
21	9月8日	库存	9－16	CKX6136	A	张继荣	9月8日	9月8日	1
22	9月8日	库存	9－17	CKX6136	A	张继荣	9月8日	9月8日	1

：由表8－5可以看到，装配车间每天的工作任务。例如9月7日，生产哪个客户的订单，该订单是什么种类机型，员工今天到底完成哪一个工段，实际完成了没有，这些情况一一填进这张表，每天都这样。

：把每个人的任务定得很死，然后进行结果追踪和考核，这就是约束出效率。

：表8－5中第四项，订单号为8524的订单9月7日没有完成，就可以直接评估操作员当日的工作绩效，并要求他9月8日必须完成。每天规定任务，才能够对员工进行日考核。考核之后，没做完的要求员工限期内把它做完。

：这在以前是不可能的。要是以前，例如9月7日没完成，我们不知道，就无法对他施加压力，由他自己看着办，完成日期可能从9月7日拖到9月8日、9月9日，拖成3天、5天，甚至15天。因为你没有随时提醒和敲打，员工自己有时候也不知不觉地往后拖延了，这就是没有管理的结果。

：每天提前完成分配段数的人员，就把一些特殊机型分给他们装配。这些特殊机型没有办法标准化，且单价高，将其完成的装配员工挣得会更多。所以把这些特殊机型另分给那些已经完成了当天任务的员工去装，由他们从头到尾独立操作。

：以原来的方式运作，员工完不成装配，没有办法处罚他；员工完成装配且效率很高，也没有办法奖励他。没奖没罚，依靠员工所谓的良心，这样的管理是非常糟糕的。现在有奖有罚，员工也是得利了。

：除了正常的奖励考核之外，将这种特殊机型交给当天提前完成任务的员工来做，其实就是对他们的一种奖励，增加了他们的收入。

：这样，员工的积极性就更高了。

六、第五层觉知：实施现场激励评比排名，提升个人效率

（一）变革前的问题

> 没有统计数据，每人每天到底能装多少不知道，每台机器安装到底要多少时间不知道。员工做事凭心情，车间管理人员要哄着员工工作。
>
> 由于整机装配技术要求高，全部学会主轴安装和自我检验周期长，新员工边装边学效率低。短期内老师傅培训新员工又没有好处，谁都不想带新员工，造成新员工培训困难，而没有一年以上的装配工作经验，新员工又不能独立装配。

：他们以前的管理实际上是一种依赖式的管理，拜托式的管理。表面上好像是靠员工的积极性，靠员工的良心，实际上管理者也好，企业方也好，都放弃了管理者该做的基本工作。生产依赖员工的经验，企业的效率肯定很差。

（二）变革后的动作

问题	实施动作
没有统计数据，没有激励措施，员工任务完不完成一个样，新员工培训困难，没有一年以上的装配工作经验，不能独立装配	（1）从9月7日开始，装配统计员按照分段要求，每天统计操作工个人的生产段数和生产效率，这些数据每天10：00前统计汇总完毕并交给装配主管 （2）将特殊机型机床另分给每天提前完成分配段数的人员，从开始到完工都由他们独立操作 （3）激励和PK：按时完成任务的奖励5元/段，未按时完成的成乐捐1元/段；每三天小结一次，以“周”为单位进行统计，任务完成最高者奖励20元/周；连续四周每周评为“周产能之星”奖励500元/月 （4）装配主管将精装、电器、调试班组的富余人员调整到总装工序，工资采用计件方式，上述人员由装配师傅带领并按5：5分成计算工资，直到独立操作再按照1：9计算工资，所有机台的装配质量和进度由装配师傅担全责

1. 统计个人效率统计表

：针对没有统计数据的问题，第一，从9月7日开始，装配统计员每天统计操作工个人的生产段数和生产效率，9月的个人效率统计表如表8－6所示（以姚宗海为例）。

：从表8－6可以看到员工姚宗海生产段数和生产效率数据。例如，姚宗海在9月11日这一天，A段他做了几段，B段他做了几段，总共做了几段，所用的工时是多少，这些信息都有。有了这些数据，就可以计算出他每天的工作效率了。

：把标准跟实际情况比较，我们就知道，他比标准做得更好，还是比标准做得更差。我们该奖该罚就很清楚了，并且每天都可以实施奖罚。

：表8－6是效率统计表，后面还会有奖罚表。对每天提前完成分配段数的人员，不仅将特殊机型给这个员工做，而且对按时完成任务的，每段奖励5元，一周发一次奖金。未按时完成的，每段乐捐1元。每3天一小结，以周为单位，进行统计，任务完成最高者奖励20元每周。连续四周每周被评为周产能之星的，月奖励500元。

表8-6　个人每天效率表

姓名	日期	9/7	9/8	9/9	9/10	9/11	9/12	9/13	9/14	9/15	9/16	9/17	9/18	9/19	9/20	9/21	9/22	9/23	9/24	9/25	9/26	9/27	9/28	9/29	总计
姚宗海	A段					4			1				2					2				1			
	B段					1	3			2	2	3	2	3	2	1		1	2	2	1			2	
	C段							3	2														1		
	D段																						1		
	总段数	3	3	1	3	5	3	3	3	2	2	3	4	3	2	1		3	2	2	1	1	2	3	
	时间	11.5	11.5	8.5	11.5	11.5	8.5	11.5	11.5	8.5	8.5	11.5	11.5	10	8.5	8.5		8.5	11.5	11.5	11.5	8.5	10.5	8.5	
	效率	0.26	0.26	0.12	0.26	0.43	0.35	0.26	0.26	0.24	0.24	0.26	0.35	0.30	0.24	0.12		0.35	0.17	0.17	0.09	0.12	0.19	0.35	
覃安立	日期	9/7	9/8	9/9	9/10	9/11	9/12	9/13	9/14	9/15	9/16	9/17	9/18	9/19	9/20	9/21	9/22	9/23	9/24	9/25	9/26	9/27	9/28	9/29	
	A段						1	1	1		1			1							1				
	B段																	1			1				
	C段									2		1				3	2		2	3	1	5	3	3	
	D段					3				2	2	2	4	3	2										
	总段数	1	3	2	2	3	1	1	1	4	3	3	4	4	2	3	2	1	2	3	3	5	3	3	
	时间	11.5	11.5	8.5	11.5	11.5	8.5	8.5	11.5	8.5	8.5	11.5	11.5	11.5	8.5	11.5	8.5	8.5	11.5	11.5	11.5	11.5	10.5	8.5	
	效率	0.09	0.26	0.24	0.17	0.26	0.12	0.12	0.09	0.47	0.35	0.26	0.35	0.35	0.24	0.26	0.24	0.12	0.17	0.26	0.26	0.43	0.29	0.35	

：今天给员工安排任务，要他做 A 段，他把 A 段完成了，就在正常单价的基础上，再奖励他 5 元。如果今天给安按排了两段，他两段都完成了，那么除了单价以外再奖励他 10 元。那要是没有完成的呢？

：那就每段乐捐 1 元。

：1 元的处罚实际上只是象征性的，只是让员工知道，公司对他的评价是他没有完成任务，让员工心里有个数。

：其实一个月内，哪怕他每天都完不成，最多也就罚一百多元，。

：这种处罚意义不大，关键是让员工觉得有人评价他的工作，有人在不断审视他的工作，注意他的工作。所以，我经常讲，觉知是最好的管理，为什么呢？因为员工知道你在觉知他，知道你清楚他的工作，他的工作心态就不一样。就像我知道老板在审视我的工作一样，那种心态还是不一样的。

对员工来说，如果管理者都不知道他该干成什么样，他工作起来的心态可能就不一样。被人盯着的感觉和没人盯着那是两码事。YS 公司的激励考核等于让员工所做的一切，都在大家的关注中。就像一个人，他坐在台下可以做小动作，坐在台上就一个小动作也没有了，为什么？众目睽睽，大家都盯着他，所以，**注意是最好的管理。**

2. 激励方案

：其实 YS 公司的激励包含日激励、周激励以及月激励。日激励就是每人每天完成自己的分段任务有奖励；周激励就是周 PK，任务完成最高者 周能够有 20 元奖励；月激励也是月 PK，每个月连续四周能拿到产能之星的奖励 500 元。这是一个很有层次的激励方式。总装车间产能提升激励方案如表 8－7 所示。

表 8－7 总装车间产能提升激励方案

<table>
<tr><th>序号</th><th>总装车间</th><th>员工</th><th>调试检验组</th><th>组长</th><th>备注</th></tr>
<tr><td>1</td><td>未能按生产计划完成</td><td>成长 1 元/段</td><td rowspan="6">（1）每周按计划生产时间内完成奖励 2 元/台
（2）每周未按生产计划时间完成成长乐捐 1 元/台</td><td rowspan="6">另作规定</td><td rowspan="6">总装车间已计划完成时间报检为准；无缺物料及品质异常</td></tr>
<tr><td>2</td><td>按生产计划完成</td><td>奖励 5 元/段</td></tr>
<tr><td>3</td><td>按生产计划提前 0.5 天完成</td><td>奖励 10 元/段</td></tr>
<tr><td>4</td><td>按生产计划提前 1 天完成</td><td>奖励 20 元/段</td></tr>
<tr><td>5</td><td>按生产计划提前 1.5 天完成</td><td>奖励 30 元/段</td></tr>
<tr><td>6</td><td>按生产计划提前 2 天完成</td><td>奖励 40 元/段</td></tr>
</table>

：这就是YS公司的一个激励标准：未按计划完成的，乐捐（成长）每段1元；按计划完成的，奖每段5元。提前半天完成，每段奖励10元；如果提前两天完成，则每段奖励40元。

：在原有单价的基础上，又增加奖励。这样一来，员工就不觉得管理人员仅仅在约束他，员工也明白，其实约束的目的也是要让他拿更多的钱。所以做好管理，最终是要让员工觉得管理人员管他是为他好。

：让员工觉得管理者在帮他。

：从管理者的角度来讲，我管你，帮你把事做好，是帮你挣更多的钱。这样就没有对立，没有冲突，管人是为了帮人，那还有什么管不了的呢？管理者如果不帮下属，只是管，管下属好像就是为了让下属一定要按他的要求做，而下属自己没有好处，下属肯定与管理者对立、对抗。

：装配车间产能提升奖励明细表如表8－8所示。

表8－8　装配车间产能提升奖励明细表

序号	月产量	汪林康、汪超	钟爱广	备注
1	80台以下	成长（乐捐）100元/台	成长（乐捐）80元/台	月核算
2	80台	奖励1000元	800元	月核算
3	81～90台	增奖60元/台	增奖60元/台	月核算
4	91～100台	增奖80元/台	增奖80元/台	月核算
5	100台以上	增奖100元/台	增奖100元/台	月核算

：表8－8是按月进行奖励的明细表，还有按天统计的奖励明细表，如表8－9所示。

表8－9　分段效率激励统计表

序号	日期	客户	订单号	机型	工段	操作员	计划完成时间	实际完成时间	数量
1	9月7日	亚欣	7475	CKX6142	B	张继荣	9月7日	9月7日	1
2	9月7日	可时达	8512	CKX6125	D	张继荣	9月7日	9月7日	1
3	9月8日	库存	9－15	CKX6136	A	张继荣	9月8日	9月8日	1
4	9月8日	库存	9－16	CKX6136	A	张继荣	9月8日	9月8日	1

续表

序号	日期	客户	订单号	机型	工段	操作员	计划完成时间	实际完成时间	数量
5	9月8日	库存	9－17	CKX6136	A	张继荣	9月8日	9月8日	1
6	9月9日	库存	9－14	CKX6136	A	张继荣	9月9日	9月9日	1
7	9月9日	欧瑞精工	8492	CKX6125	A	张继荣	9月9日	9月9日	1
8	9月10日	库存	9－19	CKX6136	A	张继荣	9月10日	9月10日	1
9	9月10日	库存	9－20	CKX6136	A	张继荣	9月10日	9月10日	1
10	9月10日	库存	9－17	CKX6136	D	张继荣	9月11日	提前半天9月11日9：00	1
确认人：				完成任务合计：					10

按时计划完成9段×5元/段＝奖励45元　提前半天完成计划1段×10元/段 ＝奖励10元　合计奖励55元

序号	日期	客户	订单号	机型	工段	操作员	计划完成时间	实际完成时间	数量
1	9月7日	库存	9－18	CKX6136	B	覃安立	9月7日	9月7日	1
2	9月8日	库存	9－15	CKX6136	B	覃安立	9月8日	9月8日	1
3	9月8日	库存	9－16	CKX6136	B	覃安立	9月8日	9月8日	1
4	9月8日	亚欣	7475	CKX6142	A	覃安立	9月8日	9月8日（未按时完成）9月9日	1
5	9月9日	欧瑞精工	8492	CKX6125	B	覃安立	9月9日	9月9日	1
6	9月9日	库存	9－14	CKX6136	B	覃安立	9月9日	9月9日（未按时完成）9月10日	1
7	9月10日	库存	9－19	CKX6136	B	覃安立	9月10日	9月10日	1
8	9月10日	库存	9－20	CKX6136	B	覃安立	9月10日	9月10日	1
确认人：				未按时完成2段完成任务合计：					6

按时计划完成6段×5元/段＝奖励30元 未按时完成计划2段×1元/段＝乐捐2元

序号	日期	客户	订单号	机型	工段	操作员	计划完成时间	实际完成时间	数量
1	9月7日	库存	9－12	CKX6136	B	姚宗海	9月7日	9月7日	1
2	9月7日	库存	9－13	CKX6136	B	姚宗海	9月7日	9月7日	1
3	9月7日	华亿宝	8524	CKX6136	B	姚宗海	9月7日	9月7日（未按时完成）9月8日	1
4	9月8日	库存	9－17	CKX6136	B	姚宗海	9月8日	9月8日（未按时完成）9月10日	1
5	9月8日	库存	9－12	CKX6136	D	姚宗海	9月8日	9月8日	1
6	9月8日	库存	9－13	CKX6136	D	姚宗海	9月8日	9月8日（未按时完成）9月9日	1
7	9月9日	库存	9－18	CKX6136	D	姚宗海	9月9日	9月9日	1
8	9月10日	华亿宝	8524	CKX6136	D	姚宗海	9月10日	9月10日	1
9	9月10日	库存	9－15	CKX6136	D	姚宗海	9月10日	9月10日	1

续表

序号	日期	客户	订单号	机型	工段	操作员	计划完成时间	实际完成时间	数量
10	9月10日	欧瑞精工	8492	CKX6125	D	姚宗海	9月10日	9月10日（未按时完成）9月11日	1
确认人：			未按时完成　4段				完成任务合计：		6

按时计划完成6段×5元/段=奖励30元　未按时完成计划4段×1元/段=乐捐4元

序号	日期	客户	订单号	机型	工段	操作员	计划完成时间	实际完成时间	数量
1	9月7日	库存	9-18	CKX6136	A	曾显泳	9月7日	9月7日	1
2	9月7日	库存	9-12	CKX6136	A	曾显泳	9月7日	9月7日	1
3	9月7日	库存	9-13	CKX6136	A	曾显泳	9月7日	9月7日	1
4	9月8日	华亿宝	8524	CKX6136	A	曾显泳	9月8日	9月8日	1
5	9月8日	库存	9-12	CKX6136	C	曾显泳	9月8日	9月8日	1
6	9月8日	库存	9-13	CKX6136	C	曾显泳	9月8日	9月8日	1
7	9月9日	库存	9-18	CKX6136	C	曾显泳	9月9日	9月9日（未按时完成）9月10日	1
8	9月9日	库存	9-15	CKX6136	C	曾显泳	9月9日	9月9日	1
9	9月10日	库存	9-16	CKX6136	C	曾显泳	9月10日	9月10日（未按时完成）9月11日	1
10	9月10日	华亿宝	8524	CKX6136	C	曾显泳	9月10日	9月10日	1
11	9月10日	欧瑞精工	8492	CKX6125	C	曾显泳	9月10日	9月10日	1
确认人：			未按时完成　2段				完成任务合计：		9

按时完成计划9段×5元/段=奖励45元 未按时完成计划2段×1元/段=乐捐2元

奖励合计金额：160元　　　　乐捐合计金额：8元

批准：　　　组长确认：　　　车间主管：　　　制表：刘旭苏 2012.9.11

：以张继荣为例，9月7日、9月8日、9月9日和9月10日这四天，他按时完成计划的是九段，那么在原有单价基础上每段还有5元的奖励，这四天我们就要奖励他45元；他提前半天完成的有一段，一段奖励10元，那么合计奖励他55元；分配给他的工段他都完成了。

：按时完成的是九段，那么就奖励45元，还有一段是提前半天完成的，提前完成奖励更高，再增加10元。

：再看覃安立，他需要完成的总数是八段，其中按时完成了六段，有两段未完成，那么他的奖励是30元。未按时完成计划的是两段，每段乐捐1元，总共乐捐2元。

：合计还挺合算。

：对，他还可以获得 28 元的奖励。

：也许他们关注更多的倒并不是奖罚，而是没完成天天都被管理者算账，那种感觉不一样，并且他自己也天天算着账。这就是明明白白做管理，员工明明白白去做事，效果很不同。

：最后装配主管可以将精装、电器、调试班组的富余人员调整到总装工序。

：因为经过分段装配，把工艺顺序弄清楚之后，就可以让别人照着做了。

：对，前面几道工序可以调人来给总装车间帮忙了。

：因为他们知道怎么帮了。帮忙有什么好处呢？

：这些人员由装配师傅带领，并按 5:5 比例计算工资。例如精装组调人员过来，跟装配师傅一起装配机器，他就按照这个机器的单价拿工资，但其中的一半，要给装配师傅。

但是从精装调过来的这个人，当他达到可以独立操作的时候，我们就可以按照 1:9 的方式结算他的工资，精装的人拿 90%，装配师傅拿 10%。

：师傅有一点奖励，这样他就愿意带徒弟了。

：因为最后所有机台的装配质量和进度都由装配师父负责，在生产很紧急的情况下，我们也能够从其他班组调人过来帮忙。

：有利益捆绑，总之是清清楚楚的。

七、 动作完成后的数据变化

表 8－10　5～9 月装配车间各班组每天人均效率统计表（台/人）

部门指标	5 月	6 月	9 月	9 月比 5 月增加（%）
精装组每日人均效率	0.64	0.64	0.88	37.50%
电气组每日人均效率	0.34	0.39	0.54	58.82%
总装组每日人均效率	0.21	0.28	0.35	66.67%

：从表 8－10 中我们可以了解 5～9 月的数据变化。我们是 9 月 7 日正式导入这种分段装配计划模式的，相对于之前，精装组每日人均效率由 5 月的 0.64 台提升到 0.88 台，提升了 37.5%；电气组每日人均效率由 0.34 台提升到 9 月的 0.54 台，提升了 58.82%；总装组每日人均效率由 5 月的 0.21 提升到 9 月的 0.35，提升了 66.67%，员工的产能提高了一半多。

八、 变革感悟： 单位划小， 效率更高

：分段控制法的指导原则是，单位划得越小，效率就越高。

：为什么单位越小，效率越高？

：因为单位越小，才能针对这个单位，进行更频繁的管理动作，不管是激励也好，检查也好，还是动作规定也好，都要频繁地做管理动作。

：就是说单位越小，我们的控制和约束就越细、越准。就好像你天天知道自己手上有多少钱，你就会精打细算，不会由着自己乱花。也就是约束出效率，现在一般大家的看法是激励出效率。当然 YS 公司的案例也有激励，但首先是约束，约束在前，激励在后。

怎么约束？就是把原来粗略的，一个人从头做到尾，做多少天不知道的生产任务，分成一段一段。每一段用什么物料来做，每一段要多长时间，每一段多少工价，每一段给谁来做，每一段做好了怎么奖、怎么罚，把这些情况都规定清楚。对日计划、日备料和日考核来说，这是一个非常大的约束动作。原来他们没有约束，现在有了。

怎样理解约束？在一般人的观念当中，你约束我，我就被绑住了，我没有积极性了；你不约束我，我按照我的经验，按照我的良心做事，我做起来应该更痛快；我更痛快，效率应该更高；现在你约束我，我不痛快，我很不舒服，效率会更低。

按照一般人的理解，约束会让做事的人不舒服，不舒服就会降低效率。而实际上结果不是这样，为什么约束反而提高了效率呢？

：其实我们跟 YS 公司下面的装配员工沟通的时候，他们一开始也是这样想的。

：也认为约束反而会降低效率，甚至会把人约束走了？

：对，因为员工觉得欧博项目组老师懂什么，他最懂，知道怎么做才最快。

：关键还不是欧博项目组老师懂什么，而是原来他们为什么想了那么久，包括老板想了那么久，不敢实施。他们就怕约束得太死，那些有经验的师傅会走掉。

：但实际上装配工人跟我们讲，真正把分段装配实施下去之后，习惯了这种做法，效率提升了，他们就觉得其实这样做更轻松了，为什么？他不用想今天到底要装什么，别人告诉他计划就行了。而且也不用担心装着装着就没料了，还要反复跑到仓库找，仓库都帮他备好了，这样他的工作很简单。

：换句话说，约束的前提是标准化；标准化以后，很多事情就不打乱仗了；不打乱仗，大家的心情舒畅了，就不用一天到晚地胡思乱想了。

：对，轻松了很多。

：因为物料是分段备的，该做的东西，都清清楚楚准备好了。他今天该完成的任务也清清楚楚，这样就免得他自己动妄念了，不用总是想，从哪里装起呢？从这个地方，还是那个地方呢？实际上约束的目的就是让人很单纯地去做事。

标准导致约束，约束导致效率，这里面抓住了人最核心的一种东西——单纯才有效率。因为复杂，特别是头脑复杂，就没有做得成的事。约束会让人做事的心态非常单纯，因为很简单，只能这样做，不能那样做。

在高速公路开车，速度为什么会更快？因为司机只能沿这个方向走，如果开车时一会儿想拐弯，一会又想调头，还想让自己的速度快，那是不可能的。为什么在北京的内环汽车跑的速度那么慢？很大原因是内环路上随时有车上下。如果把路口封闭，保证车都能跑得快，为什么？汽车只能往前冲。

所以单纯才能提高效率，这是约束出效率的第一点。还有别的原因吗？

：约束之后，才能激励；标准化以后，才能够做到相对公平。大家做事有一个固定的标准，根据这个标准才能够评价谁做得好，谁做得不好；做得好的才能给奖励，做得不好就可以处罚他。

：标准是激励的前提，没有标准怎么激励？就只能凭感觉激励了，结果就是最后谁也不服气。所以，标准化好像是约束了人，但是标准化奠定了激励的基础。就像这个案例中，有那么多人不断地拿奖励，就算受了点罚，算下来还是奖得多，罚得少。

所以标准化更便于我们有效激励，否则奖励都没办法实行。以前员工做事很随意，心情好像很轻松，但其实，妄念很多很杂，不单纯，那种轻松未必是真正的轻松。在那种方式下，员工随意做，老板也不敢批评，员工经常把工作的时间浪费了，把老板的效益浪费了。总之，双方都是受害人。

约束出效率，还要从整体和个体的对比来看。很多人特别强调每个人有积极性，意思就是说，每个人凭良心做、凭经验做、随意做，做起来更痛快、效率更高，这往往是对个人来讲的。对个人来讲，他有可能产生这样的积极性，但从整体上来讲，那一定是约束出效率。

就像我们过红绿灯，如果大家都凭自己的积极性，都想冲过去，那就麻烦了，对不对？

：积极性越高越堵。

：积极性越高越堵，因为都想冲过去，这种积极性是互相干扰的。但红灯行、绿灯停属于约束，有约束反而效率就高了。

所以，对于整体来讲，永远是规矩在前、标准在前、约束在前，然后在这个基础上才有可能有序，有序才有可能有效率。**也就是说，有序是效率的基础，激励是效率的保证。用欧博的话说就是控制是基础，激励是根本，觉知是关键。**

2014 新书预告:“变局”系列丛书

实体店销量下滑、线上线下冲突不断,互联网、大数据、OTO……,市场一线的压力让企业痛苦,扑面而来的新名词、新玩法又让企业焦虑甚至恐惧。

谁都不想成为恐龙,怎么办?希望2014 年陆续推出的“变局”系列丛书,能帮助企业看清方向,心中有数!

- 《变局下的**营销模式**升级》程绍珊　叶宁著

营销模式怎么变,无外乎三种方式:客户驱动模式、技术驱动模式、资源驱动模式!

- 《变局下的**白酒**企业重构》杨永华著

白酒行业从扩容式增长——“你增长,我也增长”,变成竞争式增长——“你死我活”,产业整合大势中,谁能活下来?需要哪些条件?怎样才能做到?

- 《变局下的**快消品**营销实战策略》杨永华著

通胀了,成本增加,涨价也不是长久办法,如何从一招一式的被迫应战变成心中有数的“系统战”?

- 《变局下的**工业品**企业 7 大机遇》叶敦明著

产业链条的整合机会、盈利模式的复制机会、营销红利的机会、工业服务商转型机会、渠道的合纵连横机会、借船出海的资本机会、电商机会……

- 《变局下的**农牧**企业 9 大成长策略》彭志雄著

食品安全、纵向延伸、横向联合、品牌建设……是挑战,又都是机遇!

- 《变局下的……》敬请关注

BRACE 北京博瑞森图书

图书导读

为了帮助读者更快、更方便地找到自己需要的书，让书发挥最大价值，我们精心制作了这份导读，希望对大家有所帮助！

博瑞森的书，最适合谁来读？

经营者（老板、总经理、董事长、企业家、合伙人、厂长等）和**管理者**（企业高层、中层和部分基层管理者）以及企业的**骨干员工**（思考如何为企业创造更大的价值），你就是我们的读者，共同的战友！

因为我们相信，你就是影响企业发展大局的关键人物，影响你，帮助你，和你共同学习成长，就是和中国企业一起成长！

博瑞森的书，最大特点？

我们坚持“企业视角，本土实践”的出版理念，要对企业实践产生实实在在的作用。

“本土”——理论和思想可以来自古今中外，但一定要适应本土；

“实战”——作者都是从企业、市场中摸爬滚打出来的，实战性是渗到骨子里的；

博瑞森的书，怎样“读”，作用好？

免费电子版，手机随时“读”

我们**90%**的书都提供**免费**的**全文电子版**，下载到手机（或Pad、电脑）里，让惜时如金的你，获得最大程度的阅读自由！

操作方法：回复图书编号（封底下部或内文第1页底部的4位数字）和你的邮箱地址。例如回复“1205 + zhang＊＊＊@126.com”到手机13611149991，2个工作日内即可在邮箱收到图书的全文电子版。

QQ群，读者间讨论着“读”

加入“**博瑞森读者群（202230847、190415943）**”的QQ讨论群，你的困惑、感受和读者、作者随时深入讨论！

操作方法：入群口令为“图书名称 + 手机号”。提个醒，群里有事说事，别乱发广告、搞笑段子，会被踢的。

作者见面会，带着问题“读”

“书看了，很好，但还是不知道该怎么做！”——正常，实践没有那么容易。参加作者见面会，带着自己的问题，现场指点很重要！

操作方法：作者见面会每月都有，不收取任何费用。加入我们的微信公号

(bookgood2005)查看或给 bookgood2014@126.com 发封邮件,咨询详情。

微信、书摘邮件,天天点滴“读”

“书太厚,不容易读”——通过我们的微信公号(bookgood2005)或者你的个人邮箱,你每周都会收到 2 次博瑞森书的精品书摘,三五百字,便于精华快速地吸收。

操作方法:加入我们的微信公号,或回复你的邮箱地址即可。

更多方式的“读”

我们知道,以上这些还远远不够,你的感受、不满随时告诉我们(13611149991,bookgood@126.com),我们一起创造更多、更精彩的“读”……

分类导读图+书目

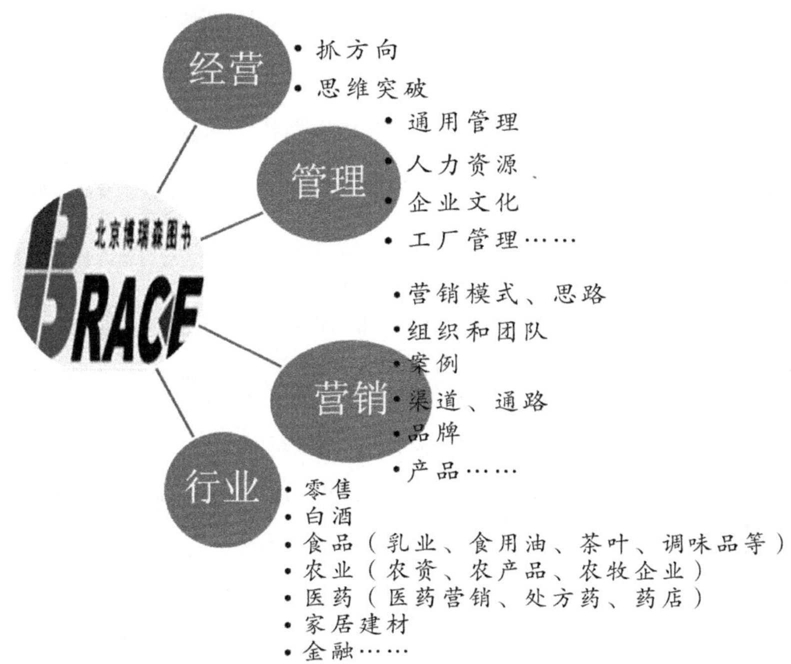

更多实战好书,请关注**“博瑞森图书直营店—淘宝网”**

行业类：零售、白酒、食品/快消品、农业、医药、建材家居			
	书名．作者	内容/特色	读者价值
零售	**涨价也能卖到翻** 村松达夫 【日】	提升客单价的15种实用、有效的方法	日本企业在这方面非常值得学习和借鉴
零售	**1. 总部有多强大，门店就能走多远** **2. 超市卖场定价策略与品类管理** **3. 连锁零售企业招聘与培训破解之道** 【3待出版】 IBMG国际商业管理集团 著	国内外标杆企业的经验+本土实践量化数据+操作步骤、方法	通俗易懂，行业经验丰富，宝贵的行业量化数据，关键思路和步骤
零售	**零售：把客流变成购买力** 丁 昀 著	如何通过不断升级产品和体验式服务来经营客流	如何进行体验营销，国外的好经营，这方面有启发
白酒	**变局下的白酒企业重构** 杨永华 郭 旭 著	帮助白酒企业从产业视角看清趋势，找准位置，实现弯道超车的书	行业内企业要减少90%，自己在什么位置，怎么做，都清楚了
白酒	**1. 白酒营销的第一本书** **2. 白酒经销商的第一本书** 唐江华 著	华泽集团湖南开口笑公司品牌部长，擅长酒类新品推广、新市场拓展	扎根一线，实战
食品	**乳业营销第一书** 侯军伟 著	对区域乳品企业生存发展关键性问题的梳理	唯一的区域乳业营销书，区域乳品企业一定要看
食品	**食用油营销第一书** 余 胜 著	10多年油脂企业工作经验，从行业到具体实操	食用油行业第一书，当之无愧
食品	**中国茶叶营销第一书** 柏 龑 著	如何跳出茶行业"大文化小产业"的困境，作者给出了自己的观察和思考	不是传统做茶的思路，而是现在商业做茶的思路
食品	**变局下的快消品营销实战策略** 杨永华 著	通胀了，成本增加，如何从被动应战变成主动的"系统战"	作者对快消品行业非常熟悉、非常实战
食品	**调味品营销第一书** 陈小龙 著	国内唯一一本调味品营销的书	唯一的调味品营销的书，调味品的从业者一定要看
农业	**农资营销实战全指导** 张 博 著	农资如何向"深度营销"转型，从理论到实践进行系统剖析，经验资深	朴实、使用！不可多得的农资营销实战指导
农业	**农产品营销第一书** 胡浪球 著	从农业企业战略到市场开拓、营销、品牌、模式等	来源于实践中的思考，有启发
农业	**变局下的农牧企业成长9大策略** 彭志雄 著 【待出版】	食品安全、纵向延伸、横向联合、品牌建设……	唯一的农牧企业经营实操的书，农牧企业一定要看
医药	**新医改下医药营销与团队管理** 史立臣 著	探讨新医改对医药行业的系列影响和医药团队管理	帮助理清思路，有一个框架
医药	**医药营销与处方药学术推广** 马宝琳 著	如何用医学策划把"平民产品"变成"明星产品"	有真货、讲真话的作者，堪称处方药营销的经典！
医药	**新医改了，药店就要这样开** 尚 锋 著	药店经营、管理、营销全攻略	有很强的实战性和可操作性
建材家居	**建材家居营销实务** 程绍珊 杨鸿贵 主编	价值营销运用到建材家居，每一步都让客户增值	有自己的系统、实战
建材家居	**建材家居门店销量提升** 贾同领 著	店面选址、广告投放、推广助销、空间布局、生动展示、店面运营等	门店销量提升是一个系统工程，非常系统、实战
工业品	**工业品解决方案营销真案例** 刘祖轲 著 【待出版】	用10个真案例讲明白什么是工业品的解决方案式营销，实战、实用	有干货、真正操作过的才能写得出来
工业品	**变局下的工业品企业7大机遇** 叶敦明 著 【待出版】	产业链条的整合机会、盈利模式的复制机会、营销红利的机会、工业服务商转型机会……	工业品企业还可以这样做，思维大突破
金融	**精品银行管理之道** 崔海鹏 何屹 主编	中小银行转型的实战经验总结	中小银行的教材很多，实战类的书很少，可以看看

续表

经营类:企业如何赚钱,如何抓机会,如何突破,如何"开源"			
	书名.作者	内容/特色	读者价值
抓方向	让经营回归简单.升级版 宋新宇 著	化繁为简抓住经营本质:战略、客户、产品、员工、成长	经典,做企业就这几个关键点!
	公司由小到大要过哪些坎 卢 强 著	老板手里的一张"企业成长路线图"	现在我在哪儿,未来还要走哪些路,都清楚了
	企业二次创业成功路线图 夏惊鸣 著	企业曾经抓住机会成功了,但下一步该怎么办?	企业怎样获得第二次成功,心里有个大框架了
	老板经理人双赢之道 陈 明 著	经理人怎养选平台、怎么开局,老板怎样选/育/用/留	老板生闷气,经理人牢骚大,这次知道该怎么办了
	企业文化的逻辑 王祥伍 黄健江 著	为什么企业绩效如此不同,解开绩效背后的文化密码	少有的深刻,有品质,读起来很流畅
	使命驱动企业成长 高可为 著	钱能让一个人今天努力,使命能让一群人长期努力	对于想做事业的人,'使命'是绕不过去的
思维突破	跳出同质思维,从跟随到领先 郭 剑 著	66个精彩案例剖析,帮助老板突破行业长期思维惯性	做企业竟然有这么多玩法,开眼界
	7个转变,让公司3年胜出 李 蓓 著	消费者主权时代,企业该怎么办	这就是互联网思维,老板有能这样想,肯定倒不了
	麻烦就是需求 难题就是商机 卢根鑫 著	如何借助客户的眼睛发现商机	什么是真商机,怎么判断、怎么抓,有借鉴
管理类:效率如何提升,如何实现经营目标,如何"节流"			
	书名.作者	内容/特色	读者价值
通用管理	1. 让管理回归简单.升级版 2. 让用人回归简单 3. 让经营回归简单.升级版 宋新宇 著	宋博士的"简单"三部曲,影响20万读者,非常经典	被读者热情地称作"中小企业的管理圣经"
	边干边学做老板 黄中强 著	创业20多年的老板,有经验、能写、又愿意分享,这样的书很少	处处共鸣,帮助中小企业老板少走弯路
	阿米巴经营的中国模式 李志华 著	让员工从"要我干"到"我要干",价值量化出来	阿米巴在企业如何落地,明白思路了
	欧博心法:好管理靠修行 曾 伟 著	用佛家的智慧,深刻剖析管理问题,见解独到	如果真的有'中国式管理',曾老师是其中标志性人物
	1. 用流程解放管理者 2. 用流程解放管理者2 张国祥 著	中小企业阅读的流程管理、企业规范化的书	通俗易懂,理论和实践的结合恰到好
人力资源	走出薪酬管理误区 全怀周 著	剖析薪酬管理的8大误区,真正发挥好枢纽作用	值得企业深读的实用教案
	回归本源看绩效 孙 波 著	让绩效回顾"改进工具"的本源,真正为企业所用	确实是来源于实践的思考,有共鸣
	集团化人力资源管理实践 李小勇 著	对搭建集团化的企业很有帮助,务实,实用	最大的亮点不是理论,而是结合实际的深入剖析
	人才评价中心.超级漫画版 邢 雷 著	专业的主题,漫画的形式,只此一本	没想到一本专业的书,能写成这效果
	我的人力资源咨询笔记 张 伟 著	管理咨询师的视角,思考企业的HR管理	通过咨询师的眼睛对比很多企业,有启发
	本土化人力资源管理8大思维 周 剑 著	成熟HR理论,在本土中小企业实践中的探索和思考	对企业的现实困境有真切体会,有启发
企业文化	华夏基石方法:企业文化落地本土实践 王祥伍 谭俊峰 著	十年积累、原创方法、一线资料,和盘托出	在文化落地方面真正有洞察,有实操价值的书
	企业文化的逻辑 王祥伍 著	为什么企业之间如此不同,解开绩效背后的文化密码	少有的深刻,有品质,读起来很流畅
	企业文化激活沟通 宋杼宸 安琪 著	透过新任HR总经理的眼睛,揭示出沟通与企业文化的关系	有实际指导作用的文化落地读本

续表

生产管理	高员工流失率下的精益生产 余伟辉　著	中国的精益生产必须面对和解决高员工流失率问题	确实来源于本土的工厂车间，很务实
	车间人员管理那些事儿 岑立聪　著	车间人员管理中处理各种“疑难杂症”的经验和方法	基层车间管理者最闹心、头疼的事，‘打包’解决
	1. 欧博心法：好管理靠修行 2. 欧博心法：好工厂这样管 曾　伟　著	他是本土最大的制造业管理咨询机构创始人，他从400多个项目、上万家企业实践中锤炼出的欧博心法	中小制造型企业，一定会有很强的共鸣
	欧博工厂案例1：生产计划管控对话录 欧博工厂案例2：品质技术改善对话录 欧博工厂案例3：员工执行力提升对话录 曾　伟　著　【待出版】	最典型的问题、最详尽的解析，工厂管理9大问题27个经典案例	没想到说得这么细，超出想象，案例很典型，照搬都可以了

营销类：把客户需求融入企业各环节，提供“客户认为”有价值的东西

	书名．作者	内容/特色	读者价值
营销模式	变局下的营销模式升级 程绍珊　叶宁　著	客户驱动模式、技术驱动模式、资源驱动模式	很多行业的营销模式被颠覆，调整的思路有了！
	卖轮子 科克斯　【美】	小说版的营销学！营销核心理念巧妙贯穿其中，贵在既有趣，又有深度	经典、有趣！一个故事读懂营销精髓
	弱势品牌如何做营销 李政权　著	中小企业虽有品牌但没名气，营销照样能做的有声有色	没有丰富的实操经验，写不出这么具体、详实的案例和步骤，很有启发
组织和团队	升级你的营销组织 程绍珊　吴越舟　著	用“有机性”的营销组织力替代“营销能人”，把营销团队变成“铁营盘”	营销队伍最难管，程老师不愧是营销第1操盘手，步骤、方法都很成熟
	用数字解放营销人 黄润霖　著	通过量化帮助营销人员提高工作效率	作者很用心，很好的常备工具书
	成为优秀的快消品区域经理 伯建新　著	37个“怎么办”分析区域经理的工作关键点	可以作为区域经理的‘速成催化器’
	一位销售经理的工作心得 蒋　军　著	一线营销管理人员想提升业绩却无从下手时，可以看看这本书	一线的真实感悟
案例	我们的营销真案例 联纵智达研究院　著	五芳斋粽子从区域到全国/诺贝尔瓷砖门店销量提升/利豪家具出口转内销/汤臣倍健的营销模式/娃哈哈联销体	选择的案例都很有代表性，实在、实操！
	招招见销量的营销常识 刘文新　著	如何让每一个营销动作都直指销量	适合中小企业，看了就能用
产品	产品炼金术 史贤龙　著	帮助企业对打造畅销产品有一个全局性、框架性的认识	必须具备的思维和方法，避免在产品上再犯大的错
品牌	中小企业如何建品牌 梁小平　著	中小企业建品牌的入门读本，通俗、易懂	对建品牌有了一个整体框架
	采纳方法：破解本土营销8大难题 朱玉童　编著	全面、系统、案例丰富、图文并茂	希望在品牌营销方面有所突破的人，应该看看
渠道通路	传统行业如何用网络拿订单 张　进　著	给老板看的第一本网络营销书	适合不懂网络技术的经营决策者看
	采纳方法：化解渠道冲突 朱玉童　编著	系统剖析渠道冲突，21个最新的渠道冲突案例、情景式讲解，37篇专题讲义	系统、全面
	快消品营销与渠道管理 谭长春　著	将快消品标杆企业渠道管理的经验和方法分享出来	可口可乐、华润的一些具体的渠道管理经验，实战

欧博工厂管理丛书

书名及作者	内容简介
欧博心法:好管理靠修行 曾伟　著	曾伟既是佛学的资深研究者,又多年从事工厂管理咨询工作,自己也是老板,深谙管理之道,本书做到了深入浅出地讲解佛理与其中的管理智慧
欧博心法:好工厂这样管 曾伟　著	工厂管理无非就是:人难管、事难控,本书从管人和管事两个方面帮助读者解决问题,分享了欧博多年实践中总结的方法、经验
欧博工厂案例1:生产计划管控对话录 曾伟　曾子豪　著	欧博实行驻厂式咨询,本书精选8个关于生产计划的落实案例,采用对话的方式,对实操案例进行了夹叙夹议的讲解,从问题分析到解决方案提出,最后重点在如何帮助工厂一步步落实,案例系统、细节、全面、实操
欧博工厂案例2:品质技术改善对话录 曾伟　曾子豪　著	本书精选8个关于工厂品质管理的落实案例,从问题分析到解决方案提出,最后重点在如何帮助工厂一步步落实,案例系统、细节、全面、实操
欧博工厂案例3:员工执行力提升对话录 曾伟　曾子豪　著	本书精选7个案例,关于工厂成本控制、人员绩效考核、薪酬方案制定、细节管理提升效率、内部横向控制、人员执行力提升几个具体问题,采用对话的方式,案例系统、细节、全面、实操